# EMPREDIMIENTO
# &
# MARKETING

*Principios básicos de Emprendimiento, Mercadeo, Ventas y atención al Cliente.*

WebConnectionUSA.com
Business Owners Advisors
*Helping Business Do Business !*

La mención de organizaciones o autoridades específicas en este libro no implica el respaldo de los autores o el editor, ni implica que estas organizaciones o autoridades específicas respalden este libro, su contenido, a sus autores o al editor.



Impreso y publicado en los Estados Unidos de América.
Diseño y Portada WEBCONNECTIONUSA
**ISBN: 978-0-578-27912-1**

WEBCONNECTIONUSA
P.O. Box 771012 Orlando FL 32877.
*www.WebConnectionUsa.com*

*" Cada uno ponga al servicio de los demás
el don que haya recibido, administrando fielmente
la gracia de Dios en sus diversas formas"*
*1 Pedro 4:10 NVI*

*" El verdadero emprendedor*
*es aquel que logra convertir*
*sus **sueños** en **visiones**,*
*sus **visiones** en **proyectos***
*y sus **proyectos** en **empresas**."*

## INDICE

# Prefacio

Hace muchos años, después de retirarme de servicio público, tuve la oportunidad y bendición de conocer a un visionario. Nuestra formación profesional, aunada a la disciplina y filosofía personales comunes derivadas de la formación militar y policial, facilitaron una sólida amistad y comprensión que luego fueron la base para la fundación y consolidación de una de las organizaciones multinacionales más importantes de seguridad electrónica en Latinoamérica, con empresas en Colombia, Brasil y México.

Esa misma experiencia me permitió participar en la fundación y organización de otro número importante de empresas relacionadas con la consultoría empresarial, integración de tecnología, internet, diseño web, e-marketing y publicad digital en Colombia y trasladar esos conocimientos a nuestra organización actual en los Estados Unidos, dedicada especialmente a la consultoría y soporte profesional en esas áreas.

Estos conocimientos, fruto de innumerables ejercicios industriales de prueba y error, sumados a la preparación académica y constante actualización, son los que pretendemos poner a disposición de nuestros lectores.

Hoy en día, al hacer un recuento de nuestras experiencias empresariales, o emprendimientos, identifico que el éxito de nuestros proyectos radicó en la oportuna y adecuada combinación de dos talentos principales: la VISION, entendida como esa natural y bien aplicada facultad de reconocer servicios y productos comercializables, su oportunidad en el tiempo, y su viabilidad logística de producción y oferta, y la CAPACIDAD ORGANIZACIONAL, que fue la que permitió que esas visiones se convirtieran en una realidad industrial.

Pero estas condiciones esenciales no hubieran tenido ninguna resonancia sin un muy bien logrado plan de promoción, mercadeo, ventas y servicio al cliente, principios básicos que son los que trataremos en este libro.

# Introducción

Cuando empecé a incursionar en los terrenos del mercadeo, o marketing, como se lo conoce hoy internacionalmente, me sorprendió gratamente la similitud con términos que dada mi carrera profesional previa relacionada con temas de seguridad, me eran comunes referencias, teles como "objetivo", "estrategia", "campaña", "planeación", "investigación" y otros cuantos.

Mas aun, al profundizar en los estudios relacionados y sesiones académicas, la experiencia organizacional también fue un facilitador para la comprensión de los procesos empresariales y su metodología.

Por último, ya enfrentado a los retos reales de la fundación y administración de las empresas en las que estuve, y estoy, involucrado, el reconocimiento y vigencia de esos conceptos básicos han sido un norte y una herramienta invaluables.

De ellos pude sacar las siguientes conclusiones:

***El verdadero emprendedor, o empresario, es ordenado.***

No es casual que a las entidades comerciales o empresas se le denomine "organizaciones". Por supuesto que una empresa, y su fundador o fundadores, están obligados a ser organizados. ¿Pero que es "ser organizado"? Simplificando el concepto es *hacer lo que corresponde, con los recursos que corresponden, en el tiempo que corresponde* para un fin claramente definido.

***El emprendedor exitoso es metódico.***

Este concepto básico va de la mano del anterior: *No puede haber orden sin método ni método sin orden.* El método apropiado, o la manera óptima de aplicar los recursos, obtiene el máximo potencial de esos recursos. El método exitoso es oportuno, controlado y acertado.

***El empresario exitoso es un trabajador incansable***

¿Qué hubiera sido de los grandes maestros en las artes sin el esfuerzo, la dedicación y las incontables horas de trabajo dedicadas a sus obras? ¿Miguel Ángel y sus ayudantes hubieran jamás entregado a la humanidad ese incomparable fruto del talento humano? Beethoven, y los grandes compositores no hubieran sido sino desconocidos ambientadores de reuniones sin las largas jornadas de trabajo dedicadas a sus partituras. *La perezosa comodidad y el emprendimiento son enemigos naturales.*

***El empresario exitoso es un verdadero líder***

Lograr que socios y colaboradores dediquen su mejor esfuerzo para sacar adelante y lograr el éxito de un proyecto es el principal logro de un verdadero empresario. Su liderazgo lleva al equipo a trabajar en aras de la empresa no en aras de su líder. El secreto está en lograr que el equipo identifique al proyecto con su líder y a su líder con el proyecto. *Cumplir la visión y la misión para llegar a la meta deben ser el objetivo, el líder debe ser el guía.*

***El verdadero emprendedor es agradecido.***

*El verdadero empresario nunca permite que su éxito nuble su reconocimiento y conciencia de que lo que ha logrado se lo debe a otros.* Primero a Dios Nuestro Señor, de quien recibimos nuestros talentos, y luego a ese sin fin de personas que nos han acompañado en nuestros proyectos, aquellos que creyeron en nuestros sueños, aquellos que nos tendieron la mano cuando fue necesario y aquellos que nos otorgaron su tiempo, sus esfuerzos y habilidades para ponerlos al servicio de nuestros emprendimientos. A todos ellos nunca debemos dejar de estarles agradecidos.

# 1

# Un poco de Historia

*"La Historia de la Humanidad,*
*es la historia del Emprendimiento."*

# 1
# Un poco de Historia

## Emprendimiento y Comercio en la Historia

Desde los primeros núcleos humanos en los que los miembros determinaban, respondiendo a los retos del ambiente, trabajar en equipo para actividades tales como la caza, la agricultura o la construcción de refugios y viviendas, condiciones comunes tales como el diseño, la planeación y la ejecución de proyectos fueron intrínsecos.

Mas adelante, la interacción con culturas y comunidades de otras regiones y el intercambio de bienes generaron la chispa comercial y los fundamentos de promoción y mercadeo que hoy nos ocupan. De ahí se hace imperativo este recorrido breve por la historia de la civilización.

La palabra comercio viene del latín "commercium" (compra y venta de mercancías), formada del prefijo con- (junto) y la palabra "merx" (mercancía: mercado, mercurio, y merced).

La Historia del Emprendimiento y por ende del Marketing se origina por tanto en la iniciación de relaciones de intercambio entre las tribus aborígenes de los distintos continentes miles de años atrás. Se tienen referencias muy antiguas de intercambios o "trueque" de objetos entre las comunidades hasta la aparición de elementos aceptados genéricamente, como cristales de obsidiana, que tuvieron un tratamiento similar a lo que hoy podría considerarse como "moneda".

### Prehistoria

Como ya indicamos, el comercio se originó a partir de la comunicación humana en tiempos prehistóricos. El comercio era la principal interacción de los pueblos prehistóricos, que intercambiaban bienes y servicios entre sí en una economía de trueque antes de la innovación de la moneda moderna. Algunos autores fechan la historia del comercio cerca de 150.000 años a. C.

En la región mediterránea, el primer contacto entre culturas involucró a miembros de las comunidades, principalmente utilizando el río Danubio, en un momento que comenzó entre 35.000 y 30.000 años a. C. Algunos sugieren los orígenes del comercio en el comienzo mismo de las transacciones en tiempos prehistóricos. Además de suplir las necesidades de autosuficiencia tradicionales, el comercio se convirtió en uno de los principales recursos de los pueblos prehistóricos, que intercambiaban lo que tenían por bienes y servicios entre sí.

Se cree que el comercio tuvo lugar a lo largo de gran parte de la historia humana registrada. Hay evidencia del intercambio de obsidiana y pedernal durante la Edad de Piedra. Se cree que el comercio de obsidiana tuvo lugar en Nueva Guinea desde el 17.000 a. C. El primer uso de la obsidiana como elemento de intercambio comercial en el Cercano Oriente data del Paleolítico Inferior y Medio.

El comercio en la Edad de Piedra fue investigado por excavaciones en 1901. Se cree que el comercio comenzó por primera vez en el suroeste de Asia. La evidencia arqueológica del uso de obsidiana proporciona datos sobre cómo este material fue cada vez más la opción preferida en lugar del pedernal desde el Mesolítico tardío hasta el Neolítico, lo que requirió intercambio ya que los depósitos de obsidiana son raros en la región mediterránea. Existen evidencias que sugieren que los primeros comerciantes negociaban con obsidiana a distancias de hasta 900 kilómetros dentro de la región del Mediterráneo.

El comercio en el Mediterráneo durante el Neolítico de Europa fue mayor en este material. Las redes existían alrededor del año 12.000 A. d. Anatolia, en el Asia Occidental, fue la fuente principal del comercio con el Levante, Irán y Egipto según estudios de 1990. Las fuentes de Milos, en Grecia y Lipari, en Italia, se encuentran entre las más extendidas del comercio en la región del Mediterráneo según lo conocido por la arqueología.

## Comercio posterior

Los materiales utilizados para crear joyas se comercializaron en Egipto desde el año 3000 a. C. Las rutas comerciales de largo alcance aparecieron por primera vez en el tercer milenio a. C., cuando los sumerios de Mesopotamia comerciaban con la civilización Harappa del valle del Indo. Los fenicios eran comerciantes marítimos destacados, que viajaban a través del mar Mediterráneo y tan al norte como Gran Bretaña en busca de fuentes de estaño para fabricar bronce. Con este propósito establecieron colonias comerciales que los griegos llamaron emporios. A lo largo de la costa del Mediterráneo, los investigadores han encontrado una relación positiva entre qué tan bien conectada estaba una ubicación costera y la prevalencia local de sitios arqueológicos de la Edad del Hierro. Esto sugiere que el potencial comercial de un lugar fue un determinante importante de los asentamientos humanos.

Desde el comienzo de la civilización griega hasta la caída del Imperio Romano en el siglo V, un comercio económicamente lucrativo trajo especias valiosas a Europa desde el Lejano Oriente, incluidas India y China. El comercio romano permitió que su imperio floreciera y perdurara. La última República Romana y la Pax Romana del imperio produjeron una red de transporte estable y segura que permitió el envío de bienes comerciales sin temor a una piratería significativa, ya que Roma se había convertido en la única potencia marítima efectiva en el Mediterráneo con la conquista de Egipto y el cercano oriente

En la antigua Grecia, Hermes era el dios del comercio y de los pesos y medidas. En la antigua Roma, Mercurio era el dios de los mercaderes, cuya festividad la celebraban los mercaderes el día 25 del quinto mes. El concepto de libre comercio era una antítesis de la voluntad y dirección económica de los soberanos de los antiguos estados griegos. El libre comercio entre estados se vio sofocado por la necesidad de estrictos controles internos a través de impuestos para mantener la seguridad del tesoro del soberano, lo que, sin embargo, permitió el mantenimiento de un mínimo de civilidad dentro de las estructuras de la vida comunitaria funcional.

La caída del imperio romano y la subsiguiente Edad Media trajeron inestabilidad a Europa occidental y casi el colapso de la red comercial en el mundo occidental. Sin embargo, el comercio siguió floreciendo entre los reinos de África, Oriente Medio, India, China y el Sudeste Asiático. Algo de comercio ocurrió en el oeste. Por ejemplo, los radhanitas eran un gremio o grupo medieval de comerciantes judíos que comerciaban entre los cristianos de Europa y los musulmanes del Cercano Oriente.

**Primeros desarrollos en el dinero y las finanzas formales**

El antiguo Egipto fue el hogar de casi la mitad de la población mundial en el siglo 30 antes de Cristo. Las ciudades-estado de Sumer desarrollaron una economía comercial y de mercado basada originalmente en el dinero de los productos básicos del siclo, que era una cierta medida de peso de la cebada, mientras que los babilonios y sus vecinos de las ciudades-estado desarrollaron más tarde el primer sistema de precios utilizando una métrica de varios productos. que estaba fijado en un código legal. Los primeros códigos de leyes de Sumer podrían considerarse la primera ley financiera escrita y tenían muchos atributos que todavía se usan en el sistema de precios actual; tales como cantidades codificadas de dinero para tratos comerciales, tasas de interés, multas por 'irregularidades', reglas de herencia, leyes sobre cómo se debe gravar o dividir la propiedad privada, etc. Un resumen de estas leyes, se encuentra en la ley babilónica.

Los templos son los primeros acreedores documentados de la historia con interés, comenzando en Sumer en el tercer milenio. Al cobrar intereses y rentas de la tierra sobre sus propios activos y propiedades, los templos ayudaron a legitimar la idea de la deuda que genera intereses y la búsqueda de ganancias en general. Más tarde, si bien los templos ya no incluían los talleres artesanales que caracterizaron la Mesopotamia del tercer milenio, en sus funciones de embajada legitimaron el comercio con fines de lucro, además de ser grandes beneficiarios.

## Antigüedad: Era Clásica

El Imperio aqueménida fue la única civilización en toda la historia que conectó a más del 40% de la población mundial, lo que representa aproximadamente 49,4 millones de los 112,4 millones de habitantes del mundo alrededor del año 480 a. C. Más tarde, el Imperio Romano se expandió hasta convertirse en uno de los imperios más grandes del mundo antiguo con un estimado de 50 a 90 millones de habitantes (aproximadamente el 20% de la población mundial en ese momento) y cubriendo cinco millones de kilómetros cuadrados en su apogeo en 117 d. C. Finalmente, India y China representaron más de la mitad del tamaño de la economía mundial durante los siguientes 1500 años.

## Expedición y comercio exterior con el Imperio Romano

Los dos cambios principales en la actividad comercial debido a la expedición conocida por el recuento histórico son los liderados por Alejandro Magno, que facilitó el comercio multinacional, y la conquista del Imperio Romano de Julio César de Francia y Gran Bretaña.

Durante la época del comercio de Occidente con Roma, Egipto era el más rico de todos los lugares dentro del Imperio Romano. Los mercaderes de Roma adquirieron productos de Persia a través de Egipto, a través del puerto de Berenice, y posteriormente, por el Nilo.

## Introducción de la moneda

Según Heródoto y la mayoría de los eruditos modernos, los lidios fueron los primeros en introducir el uso de monedas de oro y plata. Se cree que estas primeras monedas estampadas se acuñaron alrededor del 650 al 600 a. C. y se fabricaron con diferentes denominaciones y valores según su composición y fracción.

**Desarrollo en la conciencia y el pensamiento económicos.**

El primer economista, al menos desde la opinión generada por la evidencia de los escritos existentes, es considerado Hesíodo, por el hecho de haber escrito sobre el tema fundamental de la escasez de recursos, en trabajos y días.

El Arthashastra, una obra india que incluye secciones sobre economía política se compuso entre los siglos II y III a. C. y, a menudo, se atribuye al pensador indio Chanakya.

Los pensadores griegos y romanos hicieron varias observaciones económicas, especialmente Aristóteles y Jenofonte. Muchos otros escritos griegos muestran comprensión de conceptos económicos sofisticados. Por ejemplo, una forma de la Ley de Gresham se presenta en Ranas de Aristófanes.

Bryson de Heraclea fue un neoplatónico que se cita por haber influido mucho en los primeros estudios económicos musulmanes.

**Región Indo-Pacífica**

La primera verdadera red de comercio marítimo en el Océano Índico fue la de los pueblos austronesios de la isla del sudeste asiático, quienes construyeron los primeros barcos oceánicos. Iniciado por los pueblos indígenas animistas de Taiwán y Filipinas, el Camino Marítimo, conocido como Ruta del Jade, era una extensa red comercial que conectaba múltiples áreas en el sudeste y este de Asia. Sus productos principales estaban hechos de jade extraído de Taiwán por pueblos indígenas taiwaneses animistas y procesados principalmente en Filipinas por filipinos indígenas animistas, especialmente en Batanes, Luzón y Palawan. Algunos también fueron procesados en Vietnam, mientras que los pueblos de Malasia, Brunei, Singapur, Tailandia, Indonesia y Camboya también participaron en la red comercial masiva dirigida por animistas. Los participantes en la red en ese momento tenían una población mayoritariamente animista.

Esta vía marítima fue una de las redes comerciales marítimas más extensas en el mundo prehistórico. Existió durante al menos 3000 años a. C., alcanzando su producción máxima del 2000 a. C. al 500 d. C., más antigua que la Ruta de la Seda en Eurasia continental y la posterior Ruta Marítima de la Seda. La Ruta del Jade comenzó a decaer durante sus siglos finales desde el 500 d. C. hasta el 1000 d. C. Todo el período de la ruta fue una época dorada para las diversas sociedades animistas de la región.

Los navegantes del sudeste asiático también establecieron rutas comerciales con el sur de la India y Sri Lanka ya en el año 1500 a. C. (banano y caña de azúcar); además de conectar las culturas materiales de India y China. Los indonesios, en particular, comerciaban especias, principalmente canela y casis, con África Oriental utilizando catamaranes y botes estabilizadores y navegando con la ayuda de los vientos del oeste en el Océano Índico. Esta red comercial se expandió llegando hasta África y la Península Arábiga, lo que resultó en la colonización austronesia de Madagascar en la primera mitad del primer milenio d. C. Continuó hasta tiempos históricos, convirtiéndose más tarde en la Ruta Marítima de la Seda.

## Mesoamérica

Se sabe que el surgimiento de redes de intercambio en las sociedades precolombinas de México y sus cercanías ocurrió en los últimos años antes y después del 1500 a. C. Hay evidencia de comercio marítimo establecido con las culturas del noroeste de América del Sur y el Caribe.

Las redes comerciales llegaron al norte hasta las regiones hoy conocidas como Oasisamerica que define el sudoeste precolombino de América del Norte. Se extiende desde la actual Utah hasta el sur de Chihuahua, y desde la costa del Golfo de California hacia el este hasta el valle del río Bravo. Su nombre proviene de su posición en relación con las regiones similares de Mesoamérica y Aridoamérica en su mayoría nómada. Los antropólogos estadounidenses suelen utilizar el término Gran Suroeste para describir esta región. A diferencia de sus vecinos nómadas aridoamericanos, los habitantes de Oasis tenían principalmente sociedades agrícolas.

**La Edad Media**

En la Edad Media, la economía mundial se expandió lentamente con el aumento de la población y el comercio. La ruta de la seda se utilizó para el comercio entre Europa, Asia Central y China. Durante el período temprano de la Edad Media, Europa era un remanso económico, sin embargo, a finales del período medieval surgieron ricas ciudades comerciales. En Italia, se crearon los primeros sistemas modernos de contabilidad y finanzas. El campo de la economía islámica también fue introducido y los primeros billetes se utilizaron en la dinastía Tang de China en el siglo IX, con un uso ampliado durante la dinastía Song.

Durante la Edad Media, el comercio se desarrolló en Europa mediante el intercambio de artículos de lujo en las ferias comerciales. La riqueza se convirtió en bienes muebles o de capital. Se desarrollaron sistemas bancarios donde el dinero a cuenta se transfirió a través de las fronteras nacionales. Los mercados de mano a mano se convirtieron en una característica de la vida de la ciudad y estaban regulados por las autoridades.

Europa occidental estableció una red comercial compleja y expansiva con los buques de carga como el principal caballo de batalla para el movimiento de mercancías. Muchos puertos desarrollarían sus propias redes comerciales extensas. La ciudad portuaria inglesa de Bristol comerciaba con pueblos de lo que hoy en día es Islandia, a lo largo de la costa occidental de Francia y hasta lo que ahora es España.

Durante la Edad Media, Asia Central era el centro económico del mundo. Los sogdianos dominaron la ruta comercial este-oeste conocida como la Ruta de la Seda desde el siglo IV d. C. hasta el siglo VIII d. C., con Suyab y Talas entre sus principales centros en el norte. Eran los principales comerciantes de caravanas de Asia Central.

Desde la Edad Media, las repúblicas marítimas, en particular Venecia, Pisa y Génova, jugaron un papel clave en el comercio a lo largo del Mediterráneo. Desde el siglo XI hasta finales del XV, la República de Venecia y la República de Génova fueron importantes centros comerciales. Dominaron el comercio en el Mediterráneo y el Mar Negro, teniendo el monopolio entre Europa y el Cercano Oriente durante siglos.

Desde el siglo VIII al XI, los vikingos y los varegos comerciaron mientras navegaban desde y hacia Escandinavia. Los vikingos navegaron hacia Europa occidental, mientras que los varegos hacia Rusia. La Liga Hanseática fue una alianza de ciudades comerciales que mantuvo un monopolio comercial sobre la mayor parte del norte de Europa y el Báltico, entre los siglos XIII y XVII.

**La era de la vela y la revolución industrial**

El explorador portugués Vasco da Gama fue pionero en el comercio europeo de especias en 1498 cuando llegó a Calicut, India, después de navegar alrededor del Cabo de Buena Esperanza en el extremo sur del continente africano. Antes de esto, el flujo de especias a Europa desde la India estaba controlado por las potencias islámicas, especialmente Egipto. El comercio de especias fue de gran importancia económica y ayudó a impulsar la Era de los Descubrimientos en Europa. Las especias traídas a Europa desde el mundo oriental eran algunas de las mercancías más valiosas por su peso, a veces rivalizando con el oro.

A partir de 1070, los reinos de África occidental se convirtieron en miembros importantes del comercio mundial. Esto se produjo inicialmente a través del movimiento de oro y otros recursos enviados por comerciantes musulmanes en la red comercial transahariana. A partir del siglo XVI, los comerciantes europeos compraban oro, especias, telas, madera y esclavos de los estados de África Occidental como parte del comercio triangular. A menudo, esto se hacía a cambio de telas, hierro o conchas de cauri que se usaban localmente como moneda.

Fundado en 1352, el Sultanato de Bengala era una de las principales naciones comerciales del mundo y, a menudo, los europeos se referían a él como el país más rico para comerciar.

En los siglos XVI y XVII, los portugueses obtuvieron una ventaja económica en el Reino de Congo debido a diferentes prácticas comerciales. Mientras que los comerciantes portugueses se concentraron en la acumulación de capital, en Congo se atribuyó un significado espiritual a muchos objetos de comercio. Según el historiador económico Toby Green, en Congo "dar más que recibir era un símbolo de poder y privilegio espiritual y político".

En el siglo XVI, las Diecisiete Provincias eran el centro del libre comercio, no imponían controles de cambio y defendían la libre circulación de mercancías. El comercio en las Indias Orientales estuvo dominado por Portugal en el siglo XVI, la República Holandesa en el siglo XVII y los británicos en el siglo XVIII. El Imperio español desarrolló vínculos comerciales regulares a través de los océanos Atlántico y Pacífico.

En 1776, Adam Smith publicó el artículo “Una investigación sobre la naturaleza y las causas de la riqueza de las naciones.” Criticó el mercantilismo y argumentó que la especialización económica podría beneficiar a las naciones tanto como a las empresas. Dado que la división del trabajo estaba restringida por el tamaño del mercado, dijo que los países que tuvieran acceso a mercados más grandes podrían dividir el trabajo de manera más eficiente y, por lo tanto, volverse más productivos. Smith dijo que consideraba "engaños" todas las racionalizaciones de los controles de importación y exportación, que dañan a la nación comercial en su conjunto en beneficio de industrias específicas.

En 1799, la Compañía Holandesa de las Indias Orientales, anteriormente la compañía más grande del mundo quebró, en parte debido al auge del libre comercio competitivo.

## Era moderna temprana

La era moderna temprana fue una época de mercantilismo, nacionalismo y comercio internacional. El declive del feudalismo vio cómo se fortalecían nuevos marcos económicos nacionales. Después de los viajes de Cristóbal Colón se abrieron nuevas oportunidades para el comercio con el Nuevo Mundo y Asia, las nuevas monarquías poderosas querían un estado militar más poderoso para impulsar su estatus. El mercantilismo fue un movimiento político y una teoría económica que defendía el uso del poder militar del estado para asegurar que los mercados locales y las fuentes de suministro estuvieran protegidos. El primer billete de banco en Europa fue emitido por el Banco de Estocolmo en 1661.

## La revolución industrial

La historia económica en lo que se refiere al crecimiento económico en el sentido moderno ocurrió por primera vez durante la Revolución Industrial en Gran Bretaña y luego en el resto de Europa, debido a la gran cantidad de conversión de energía que se estaba produciendo.

La máquina de vapor Watt, alimentada principalmente por carbón impulsó la Revolución Industrial en Gran Bretaña y el mundo.

El crecimiento económico se extendió a todas las regiones del mundo durante el siglo XX, cuando el PIB mundial per cápita se quintuplicó. El mayor crecimiento se produjo en la década de 1960 durante la reconstrucción de la posguerra. Cierto aumento en el volumen del comercio internacional se debe a la reclasificación del comercio dentro del país al comercio internacional, debido al aumento del número de países y los cambios resultantes en las fronteras nacionales.

En particular, los contenedores marítimos revolucionaron el comercio en la segunda mitad del siglo, al abaratar el transporte de mercancías, especialmente a nivel internacional. Estas ganancias no han sido uniformes en todo el mundo; todavía hay muchos países donde las personas, especialmente los niños pequeños, mueren a causa de lo que ahora son enfermedades prevenibles.

## Siglo 20

La Gran Depresión fue una gran recesión económica que se extendió desde 1929 hasta finales de la década de 1930. Durante este período, hubo una gran caída en el comercio y otros indicadores económicos.

Muchos consideraron que la falta de libre comercio era la causa principal de la depresión que provocó el estancamiento y la inflación. Solo durante la Segunda Guerra Mundial terminó la recesión en los Estados Unidos. También durante la guerra, en 1944, 44 países firmaron el Acuerdo de Bretton Woods, destinado a prevenir barreras comerciales nacionales, para evitar depresiones. El acuerdo estableció reglas e instituciones para regular la economía política internacional: el Fondo Monetario Internacional y el Banco Internacional de Reconstrucción y Fomento, más tarde dividido en el Banco Mundial y el Banco de Pagos Internacionales. Estas organizaciones comenzaron a funcionar en 1946 después de que suficientes países ratificaran el acuerdo. En 1947, 23 países acordaron el Acuerdo General sobre Aranceles Aduaneros y Comercio para promover el libre comercio.

La Unión Europea se convirtió en el mayor exportador mundial de bienes y servicios, siendo el mayor mercado de exportación para unos 80 países.

## Siglo 21

A pesar de los reveses relacionados con la crisis económica mundial o la "Gran Recesión", que se basó principalmente en la vivienda y un aumento en el uso del apalancamiento tanto por parte de los bancos como de los hogares, a finales del siglo XX y principios del XXI se han producido grandes aumentos en el PIB mundial.

Gran parte de este aumento se debe a innovaciones tecnológicas, como Internet, teléfonos inteligentes y muchos otros avances tecnológicos que han cambiado la forma en que vive e interactúa gran parte de la población, a diferencia de cualquier otro período económico de la historia.

Hoy en día, el comercio es simplemente un subconjunto dentro de un sistema complejo de empresas que intentan maximizar sus ganancias ofreciendo productos y servicios al mercado, que consiste tanto en individuos como en otras empresas, al menor costo de producción. El sistema de comercio internacional ha ayudado a desarrollar la economía mundial pero, en combinación con acuerdos bilaterales o multilaterales para reducir los aranceles o lograr el libre comercio, a veces ha perjudicado los mercados del tercer mundo para productos locales.

Por otra parte el inmenso desarrollo de las comunicaciones ha permitido el novedoso concepto de Globalización, que presenta opciones comerciales nunca vistas en el desarrollo de la civilización, ofreciendo la posibilidad de procesos de intercambio y adquisición de productos y servicios en cantidades no previstas y presentando nuevos retos para la promoción y mercadeo de esos productos y servicios.

**Globalización**

Es el proceso de interacción e integración entre personas, empresas y gobiernos a nivel mundial. La globalización se ha acelerado desde el siglo XVIII debido a los avances en la tecnología del transporte y las comunicaciones. Este aumento en las interacciones globales ha provocado un crecimiento en el comercio internacional y el intercambio de ideas, creencias y cultura. La globalización es ante todo un proceso económico de interacción e integración que está asociado a aspectos sociales y culturales. Sin embargo, las disputas y la diplomacia también son aspectos importantes de la historia de la globalización moderna.

Económicamente, la globalización involucra bienes, servicios, datos, tecnología y los recursos económicos del capital. La expansión de los mercados globales liberaliza las actividades económicas de intercambio de bienes y fondos. La eliminación de las barreras comerciales transfronterizas ha hecho más factible la formación de mercados globales. Los avances en el transporte, como las locomotoras de vapor, los barcos de vapor, los motores a reacción y los portacontenedores, y los avances en la infraestructura de telecomunicaciones, como la comunicación satelital, Internet y los teléfonos móviles, han sido factores importantes en la globalización y han generado una mayor interdependencia de las actividades económicas y culturales al rededor del mundo.

Aunque muchos estudiosos ubican los orígenes de la globalización en los tiempos modernos, otros rastrean su historia mucho antes de la era europea de los descubrimientos y los viajes al Nuevo Mundo, y algunos incluso hasta el tercer milenio. El término globalización apareció por primera vez a principios del siglo XX, reemplazando al término francés anterior "mondialization", desarrolló su significado actual en algún momento de la segunda mitad del siglo XX y se hizo popular en la década de 1990. La globalización a gran escala comenzó en la década de 1820 y, a fines del siglo XIX y principios del siglo XX, impulsó una rápida expansión en la conectividad de las economías y culturas del mundo.

En el año 2000, el Fondo Monetario Internacional (FMI) identificó cuatro aspectos básicos de la globalización: el comercio y las transacciones, los movimientos de capital e inversión, la migración y el movimiento de personas, y la difusión del conocimiento. Los procesos globalizadores afectan y son afectados por la organización empresarial y del trabajo, la economía, los recursos socioculturales y el entorno natural. La literatura académica comúnmente divide la globalización en tres áreas principales: globalización económica, globalización cultural y globalización política.

# 2

# Organización Empresarial

*"Su Plan de Negocios,*
*el primer paso hacia el éxito".*

# 2
# Organización Empresarial

**Los Planes de Negocios lo ayudan a convertir su Visión en un Proyecto Empresarial**

No es posible concebir un emprendimiento sin una cuidadosa evaluación anticipada de los aspectos, gestiones, requisitos y soluciones que se necesitan para aterrizar y volver un proyecto industrial una realidad.

Un buen plan de negocios lo guía a través de cada etapa necesaria para iniciar y administrar su negocio. Utilizará su plan de negocios como una hoja de ruta sobre cómo estructurar, administrar y hacer crecer su nuevo negocio. Es una forma de pensar en los elementos clave de su negocio.

**Un buen Plan de Negocios es la mejor presentación a la hora de buscar inversionistas para su Proyecto Empresarial**

Los planes comerciales pueden ayudarlo a obtener financiamiento o atraer nuevos socios comerciales. Los inversores quieren sentirse seguros de que verán un retorno de su inversión. Su plan de negocios es la herramienta que utilizará para convencer a las personas de que trabajar con usted, o invertir en su empresa, es una opción inteligente.

**Su Plan de Negocios, base de su Manual de Funciones**

Un Plan de Negocios bien estructurado y redactado, que incluya las distintas etapas de implementación de su proyecto, le facilitara la elaboración del Manual de Funciones de sus empleados en todos los niveles: Directivo, Administrativo y Operativo, determinando los procesos de selección, capacitación y desempeño de su planta de personal.

Igualmente facilitara la descripción de las actividades generales y específicas de manera organizada y completa, definiendo los recursos técnicos y logísticos de cada área.

De esta manera además le será mas fácil hacer el estudio de costos, fijos y variables, y la proyección financiera de inversión inicial, a corto, mediano y largo plazo y las proyecciones de ingreso comparativas para calcular el alcance de los niveles de equilibrio financiero y utilidad.

## Distintos Planes de Negocios

No hay una manera correcta o incorrecta de escribir un plan de negocios. Lo importante es que su plan satisfaga sus necesidades. Elija un formato de plan de negocios que funcione para usted.

La mayoría de los planes de negocios se dividen en una de dos categorías comunes: Plan de Negocios Tradicional o Resumido.

## Plan de Negocios Tradicional

Los planes de negocios tradicionales son más comunes, usan una estructura estándar y lo alientan a entrar en detalles en cada sección. Tienden a requerir más trabajo por adelantado y pueden tener docenas de páginas.

Este tipo de plan es muy detallado, lleva más tiempo escribirlo y es completo. Los prestamistas e inversores comúnmente solicitan este plan.

Es posible que prefiera un formato de plan de negocios tradicional si está muy orientado a los detalles, desea un plan integral o planea solicitar financiamiento de fuentes tradicionales.

Cuando escribe su plan de negocios, no tiene que ceñirse al esquema exacto de un formato de plan de negocios. En su lugar, utilice las secciones que tengan más sentido para su empresa y sus necesidades. Los planes de negocios tradicionales usan alguna combinación de estas nueve secciones.

### Presentación Preliminar

Cuéntale brevemente a tu lector cuál es tu empresa y por qué tendrá éxito. Incluya su declaración de misión, su producto o servicio e información básica sobre el equipo de liderazgo, los empleados y la ubicación de su empresa. También debe incluir información financiera y planes de crecimiento de alto nivel si planea solicitar financiamiento.

**Descripción de la compañía**

Utilice la descripción de su empresa para proporcionar información detallada sobre su empresa. Entra en detalles sobre los problemas que resuelve tu negocio. Sea específico y enumere los consumidores, la organización o las empresas a las que su empresa planea atender.

Explique las ventajas competitivas que harán que su negocio sea un éxito. ¿Hay expertos en su equipo? ¿Has encontrado la ubicación perfecta para tu tienda? La descripción de su empresa es el lugar para presumir de sus puntos fuertes.

**Análisis de mercado**

Necesitará una buena comprensión de la perspectiva de su industria y del mercado objetivo. La investigación competitiva le mostrará qué están haciendo otras empresas y cuáles son sus puntos fuertes. En su investigación de mercado, busque tendencias y temas. ¿Qué hacen los competidores exitosos? ¿Por qué funciona? ¿Puedes hacerlo mejor? Ahora es el momento de responder a estas preguntas.

**Organización y Administración**

Dígale a su lector cómo se estructurará su empresa y quién la administrará.

Describa la estructura legal de su negocio. Indique si tiene o tiene la intención de incorporar su negocio como una corporación C o S, formar una sociedad general o limitada, o si es un propietario único o una LLC.

Use un organigrama para establecer quién está a cargo de qué en su empresa. Muestre cómo la experiencia única de cada persona contribuirá al éxito de su empresa. Considere incluir currículos y currículos de los miembros clave de su equipo.

## Líneas de servicios o productos

Describe qué ofrece o pretende ofrecer en venta o qué servicio presta o se propone ofrecer. Explique cómo beneficia a sus clientes y cómo es el ciclo de vida del producto. Comparta sus planes para la propiedad intelectual, como los derechos de autor o las solicitudes de patentes. Si está investigando y desarrollando su servicio o producto, explíquelo en detalle.

## Financiamiento

Dependiendo de sus fondos iniciales son propios o busca financiación, es imperativa la proyección presupuestal de su proyecto.

Si planea buscar financiación, aquí es donde describirá sus requisitos de financiación. Su objetivo es explicar claramente cuántos fondos necesitará durante los próximos cinco años y para qué los utilizará.

Especifique si desea deuda o capital, los términos que desea que se apliquen y el período de tiempo que cubrirá su solicitud. Proporcione una descripción detallada de cómo usará sus fondos. Especifique si necesita fondos para comprar equipos o materiales, pagar salarios o cubrir facturas específicas hasta que aumenten los ingresos. Siempre incluya una descripción de sus futuros planes financieros estratégicos, como pagar deudas o vender su negocio.

## Proyecciones financieras

Complemente su solicitud de financiamiento con proyecciones financieras. Su objetivo es convencer al lector de que su negocio es estable y será un éxito financiero.

Si su negocio ya está establecido, incluya declaraciones de ingresos, balances y estados de flujo de efectivo de los últimos tres a cinco años. Si tiene otra garantía que podría poner contra un préstamo, asegúrese de incluirla ahora.

Proporcione una perspectiva financiera prospectiva para los próximos cinco años. Incluya estados de ingresos previstos, hojas de balance, estados de flujo de efectivo y presupuestos de gastos de capital. Para el primer año, sea aún más específico y use proyecciones trimestrales, o incluso mensuales. Asegúrese de explicar claramente sus proyecciones y relacionarlas con sus solicitudes de financiación.

Este es un gran lugar para usar gráficos y tablas para contar la historia financiera de su negocio.

**Marketing y ventas**

No existe una única manera de abordar una estrategia de marketing. Su estrategia debe evolucionar y cambiar para adaptarse a sus necesidades únicas.

Su objetivo en esta sección es describir cómo atraerá y retendrá a los clientes. También describirá cómo sucederá realmente una venta. Se referirá a esta sección más adelante cuando haga proyecciones financieras, así que asegúrese de describir minuciosamente sus estrategias completas de marketing y ventas.

**Apéndices**

Use apéndices para proporcionar documentos de apoyo u otros materiales que se hayan solicitado especialmente. Los elementos comunes que se incluyen son historiales de crédito, currículos, imágenes de productos, cartas de referencia, licencias, permisos o patentes, documentos legales, permisos y otros contratos.

## Plan de Negocios Resumido

Aunque siempre recomendamos que en lo posible tenga como primera opción un Plan de Negocios tradicional completo y elaborado, si considera que su proyecto empresarial no requiere de muchos detalles e información puede acudir a un Plan de Negocios resumido.

Este tipo de plan tiene un enfoque más general, rápido de escribir y solo contiene elementos básicos. Normalmente suelen servir para presentaciones preliminares. Bancos o inversionistas pueden requerir información más completa y detallada dependiendo de su proyecto.

Los planes de negocios resumidos son menos comunes pero aún usan una estructura estándar. Se enfocan en resumir solo los puntos más importantes de los elementos clave de su plan. Pueden tardar menos tiempo en su elaboración y, por lo general, se presentan en un documento de pocas páginas.

Es posible que prefiera un formato de Plan de Negocios Resumido si desea explicar o iniciar su negocio rápidamente, su negocio es relativamente simple o si planea cambiar y perfeccionar su plan de negocios con regularidad.

Los formatos de Plan de Negocios Resumidos generalmente presentan gráficos que utilizan solo un puñado de elementos para describir la propuesta de valor, la infraestructura, los clientes y las finanzas de su empresa. Son útiles para visualizar compensaciones y hechos fundamentales sobre su empresa.

**Presentación Preliminar**

Describa brevemente su proyecto empresarial y por qué tendrá éxito. Incluya sus productos o servicios e información básica sobre el equipo gerencial, los empleados y la ubicación de su empresa.

Haga una breve referencias a los aspectos más relevantes del mercado: consumidores potenciales, competencia, proyección de ventas.

**Marketing y ventas**

Describa brevemente los procesos de promoción, publicidad, captación de clientes, ventas y servicio postventa que planea poner en práctica o esta aplicando en la actualidad.

**Asociaciones esenciales**

Tenga en cuenta las otras empresas o servicios con los que trabajará para administrar su negocio. Piense en proveedores, fabricantes, subcontratistas y socios estratégicos similares.

**Actividades esenciales**

Enumere las formas en que su empresa obtendrá una ventaja competitiva. Resalte cosas como la venta directa a los consumidores o el uso de la tecnología para aprovechar la economía colaborativa.

**Recursos esenciales**

Enumere cualquier recurso que aprovechará para crear valor para su cliente. Sus activos más importantes podrían incluir personal, capital o propiedad intelectual. No olvide aprovechar los recursos comerciales favorables que pueden estar disponibles para mujeres, veteranos, nativos americanos y empresas de minorías.

**Propuesta de valor**

Haga una declaración clara y convincente sobre el valor único que su empresa aporta al mercado.

**Relaciones con clientes**

Describa cómo los clientes interactuarán con su negocio. ¿Es automatizado o personal? ¿En persona o en línea? Piense en la experiencia del cliente de principio a fin.

**Segmentos de clientes**

Sea específico cuando nombre su mercado objetivo. Su negocio no será para todos, por lo que es importante tener una idea clara de a quién servirá su negocio.

**Canales**

Enumere las formas más importantes en que hablará con sus clientes. La mayoría de las empresas utilizan una combinación de canales y los optimizan con el tiempo.

## Estructura de costos

¿Se centrará su empresa en reducir costos o maximizar el valor? Defina su estrategia, luego enumere los costos más significativos que enfrentará al seguirla.

## Flujo de ingresos

Explique cómo su empresa realmente ganará dinero. Algunos ejemplos son las ventas directas, las cuotas de membresía o la venta de espacios publicitarios. Si su empresa tiene múltiples fuentes de ingresos, enumérelas todas. También debe incluir información financiera y planes de crecimiento de si planea solicitar financiamiento.

## Presentación

Independientemente de si se trata de un Plan de Negocios Tradicional o Resumido, debe ser presentado como un documento ordenado cronológica y temáticamente, susceptible de constante actualización.

El proceso de redacción de un Plan de Negocios y sus etapas, normalmente evoluciona con el tiempo y la conceptualización puede tener variaciones prácticas para adaptarse mejor a condiciones de ejecución tales como disponibilidad de recursos, procesos industriales preliminares obligatorios al lanzamiento del negocio al público o condiciones que presentan más difícil proyección tales como licencias y permisos, procedimientos legales, importaciones, manufactura, adquisición de materias primas, y en general toda gestión que se escape de nuestro directo control.

La bondad de un bien pensado, estructurado y redactado Plan de Negocios es que ofrece un marco teórico de todo el proceso empresarial, permitiendo su actualización y adaptación a las condiciones variables que se puedan presentar, respondiendo a los retos de manera organizada, y facilitando su anticipación y tratamiento apropiado y oportuno.

## Confidencialidad

Su Plan de Negocios es CONFIDENCIAL. Muchos ejercicios empresariales han fracasado porque el emprendedor, o emprendedores, no supieron mantener la debida reserva sobre sus ideas y proyectos.

Esta bien, de manera apropiada, consultar y asesorarse de personas con conocimientos especializados que nos pueden aportar soluciones en las distintas etapas de nuestro proyecto empresarial, pero la información sobre el mismo debe tener tratamiento restringido.

La experiencia de seguridad empresarial nos permite acudir a algunas recomendaciones aplicables:

- Si no es estrictamente necesario, no lo comente.

Detalles de su proyecto que no requieran obligatoriamente ser comunicados a terceros, deben ser conocidos solo con base en la regla de "necesidad de conocimiento".

- Fraccione la información relativa a su proyecto de tal manera que solo los interesados lo conozcan en su integralidad.

Si requiere comunicar apartes de su proyecto, solo provea aquellos aspectos que sean necesarios para el cumplimiento de tareas relativas a la ejecución de su plan.

- Mantenga vigentes "Acuerdos de Confidencialidad".

Toda persona que sea necesario involucrar en el proyecto debe firmar un Acuerdo o Contrato de Confidencialidad (En ingles NDA: Non-Disclosure Agreement) que obliga a la debida reserva con respecto a la información recibida so pena de consecuencias legales. Consulte con un especialista si no está familiarizado con este procedimiento.

# 3

# Psicología del Consumidor

*"Cómo las personas adquieren su percepción sobre una marca y cómo esta se traduce en comportamientos de compra".*

# 3
# Psicología del Consumidor

Las empresas están desarrollando constantemente enfoques más ajustados para ganar clientes y fidelizarlos. La psicología del comprador se ha convertido en una consideración central para las organizaciones que desean mejorar su comercialización, reconocimiento de marca y relaciones con los clientes. Para comprender las motivaciones de su clientela, es necesario al revisar el concepto de psicología del comprador. En este capítulo, revisamos qué es la psicología del comprador, por qué es importante y analizamos varios ejemplos para aplicar los conceptos de la psicología del comprador a su negocio.

## Psicología del Comprador

La psicología del comprador es el área de estudio que combina conocimientos de economía, psicología y comunicaciones. Busca comprender cómo las personas forman sus creencias sobre una marca y sus productos y cómo esos sentimientos se traducen en comportamientos de compra. La psicología del comprador representa una evolución que se aleja de las ideas demasiado simplistas sobre la motivación del comprador y el valor del marketing patrocinado por la empresa.

Anteriormente, la mayoría de las empresas creían que el razonamiento económico directo impulsaba el comportamiento del consumidor. Por ejemplo, una empresa podría haber asumido que los consumidores prefieren a su competidor simplemente porque sus costos son más bajos. Esa empresa ajustaría su precio y trataría de informar al público de sus nuevas tarifas con una campaña publicitaria tradicional. Hoy en día, las empresas reconocen que muchos otros factores además del precio influyen en el pensamiento de los clientes y que la publicidad tradicional no es la mejor manera de hacerlos cambiar de opinión.

La psicología del comprador es importante porque ayuda a las empresas a desarrollar reputaciones como auténticas y atractivas, cumpliendo con las expectativas de los consumidores de hoy. Las empresas pueden utilizar la psicología del comprador para estudiar problemas estratégicos desde una variedad de perspectivas y crear productos y marcas que ofrezcan soluciones. Ahorra tiempo y dinero a las organizaciones, ya que adoptan prácticas comerciales que reflejan cómo los consumidores realmente toman decisiones de compra, en lugar de adivinar sus procesos de pensamiento.

La psicología del comprador también es importante a medida que se realiza más marketing en línea, donde los consumidores pueden investigar y revisar negocios y evitar los anuncios tradicionales. Si hay una brecha entre cómo se presenta una empresa y cómo trata realmente a los clientes, los consumidores aprenden rápidamente y prestan atención a otras marcas. Para alinear la percepción de una marca, el producto y la experiencia del usuario, se requiere una apreciación de cómo piensan los consumidores y qué priorizan cuando compran.

**Trata las emociones y los hechos como igualmente importantes.**

El costo de sus productos importa, pero no importa más que las emociones del consumidor. De hecho, las emociones a menudo influyen en los consumidores más que el costo. Existen varias dinámicas emocionales que pueden ser el principal impulsor de una compra o de una negativa a comprar:

• **Atracción por un producto:** Las emociones positivas pueden anular las preocupaciones sobre el costo y brindarle a su empresa más flexibilidad en la fijación de precios. Si cree que podría presentar un producto excepcional a un precio más alto de lo normal, no descarte de inmediato la posibilidad de que valga la pena.

• **Lealtad a una marca:** La lealtad se traduce en clientes habituales, que son esenciales para el éxito de la mayoría de las empresas. El servicio atento al cliente, la calidad constante del producto y la presentación auténtica contribuyen a las relaciones en las que los consumidores pueden aceptar precios más altos para respaldar una marca confiable.

• **Decepción:** Los consumidores tienen expectativas bien definidas, a menudo como resultado de lo que les promete un negocio. Violar el acuerdo que representa una compra crea una profunda desconfianza difícil de superar, incluso con buenos precios.

• **Sentimientos de desprecio:** Si los clientes no se sienten apreciados, pueden incurrir en costos sustanciales para comunicar su insatisfacción. Por ejemplo, los consumidores pueden gastar tiempo, esfuerzo y dinero conduciendo distancias más largas para encontrar los mismos servicios que podrían obtener cerca si su proveedor local no los trata bien.

## Usa la novedad para crear valor.

La experiencia de algo novedoso, o nuevo, tiene un efecto profundo en la memoria de las personas. Las empresas que introducen productos con características sorprendentes y creativas se ganan la admiración duradera de sus clientes. Incluso si su producto no es particularmente innovador, puede enfatizar su novedad en sus esfuerzos de marketing. Si opera una tienda en línea, considere tener una página dedicada a sus lanzamientos más recientes. Puede etiquetar elementos como nuevos en las redes sociales o presentar varios productos nuevos juntos para generar entusiasmo entre sus clientes.

## Cuenta para la aversión a la pérdida.

La aversión a la pérdida es un principio psicológico que describe cómo muchas personas hacen un gran esfuerzo para evitar la pérdida de algo que valoran, como el dinero. Cuando los consumidores no confían en la calidad de un producto, su aversión a la pérdida afecta su disposición a realizar una compra. Las garantías de calidad y las políticas de devolución flexibles ayudan a reducir la ansiedad que los compradores experimentan a menudo mientras compran.

**Crea un sentido de acción comunitaria.**

Las personas disfrutan del sentido de pertenencia que surge al participar en acciones o tendencias comunitarias. Muchas empresas presentan testimonios y reseñas de clientes para dar a los compradores confianza en sus productos, pero hacerlo también afecta la psicología del comprador. Cuando los consumidores ven que las personas que admiran o en las que confían disfrutan de su producto, se inclinan a probarlo. Esta perspectiva de la psicología del comprador ha contribuido al surgimiento de personas influyentes en las redes sociales que crean sus propias comunidades y guían a sus seguidores hacia marcas confiables.

Cuando sea posible, utilice un lenguaje comunitario para invitar a los clientes a su marca. Si corresponde, considere establecer asociaciones con personas influyentes y creadores de contenido que puedan recomendar o modelar su producto.

**Convierte el desarrollo de productos en una historia.**

Las historias no solo entretienen a las personas, sino que también las ayudan a comprender el mundo y a razonar para tomar decisiones. Cuando las personas pueden identificar su marca como parte de una narrativa más amplia, se apegan a su éxito y perciben su marca como ambiciosa e identificable.

La mayoría de los productos tienen una historia que contar que describe cómo una empresa reconoció un problema, usó la creatividad para encontrar una solución y fabricó un bien o servicio que influyó positivamente en la vida de las personas. El mayor activo de la historia de su producto es que es auténtico. Sus estrategias de marketing y promoción de su marca se vuelven mucho más simples si puede comunicar a sus clientes las dificultades y los logros que dieron origen a su producto.

**Cumple con prioridades a corto y largo plazo.**

Los consumidores a menudo evalúan las compras utilizando dos mentalidades. Cuando piensan a corto plazo, buscan productos para conocer las posibilidades e imaginar la gratificación que les proporcionaría una compra. Al evaluar el largo plazo, quieren saber que un producto puede durar años y brindarles disfrute con el tiempo.

Puede abordar esta característica de la psicología del comprador al enfatizar la durabilidad y versatilidad de su producto en los esfuerzos de marketing. Comparta testimonios de clientes que han disfrutado de su marca durante un largo período y comunique su compromiso con la atención al cliente para que los compradores puedan estar seguros de que su inversión es sólida.

**Elimina factores de decepción.**

Los puntos débiles son características de una experiencia de usuario que frustran a los clientes. Psicológicamente, interrumpen el proceso de compra e introducen dudas en las transacciones, lo que genera una pérdida de ingresos. Por ejemplo, alguien podría querer comprar un suéter en línea y esperar que el minorista tenga una guía de tallas. Si no hay uno disponible, es probable que el consumidor no se arriesgue a ordenar el tamaño incorrecto y decida no comprar.

Asegúrese de que cada paso de la experiencia de sus clientes sea lo más sencillo posible brindándoles la información que necesitan para realizar una compra, incluidas las estructuras de precios, las políticas de devolución y las especificaciones del producto. Pregunte a los usuarios sobre los puntos débiles que han experimentado y priorice la búsqueda de soluciones.

**Destaca a sus clientes.**

Las personas ganan sus títulos, etiquetas y calificaciones cuando otra persona o institución les otorga la distinción. Esto sigue siendo cierto para la relación entre empresas y clientes. Si destaca a sus compradores de una manera que refuerce su identidad de consumidor, se inclinarán a identificarse con su marca. Por ejemplo, un minorista deportivo podría dirigirse a sus clientes como "atletas de alto rendimiento" en los materiales promocionales para que adopten la mentalidad de los atletas dispuestos a invertir en equipos y ropa. Determine las etiquetas positivas que se aplican a su audiencia y use un lenguaje que les permita cumplir ese rol.

## Psicología del Marketing

Entender el complejo proceso con el que se lleva la mente de los consumidores es el santo grial del marketing. Es la clave para crear campañas de marketing exitosas y ampliar el alcance de cualquier producto que ofrezca.

Como cualquier individuo que haya visto grandes campañas de marketing corporativo, debe estar al tanto de que dejar una huella positiva en la mente de los consumidores y comprender la psicología del comprador no es fácil.

A continuación presentamos algunos ejemplos que evalúan los siguientes aspectos:

• La psicología del marketing. ¿Cómo encaja la psicología en el marketing de varios tipos de productos? Cuál es el proceso por el que los especialistas en marketing logran llevar a los consumidores a una decisión de compra?

• Publicidad y Anuncios Comerciales. ¿Cuáles son los conceptos ideales para una publicación comercial exitosa? Los fundamentos detrás de la creación de comerciales son más complejos de lo que se piensa.

### AEROLÍNEAS

Imagínese subirse a un taxi y pedirle al conductor que lo lleve de regreso a casa después de un largo vuelo. En lugar del habitual saludo, el taxista le informa que el equipaje que coloca en el maletero tiene una tarifa adicional bastante alta gracias a la "nueva política de la aerolínea".

Lo más probable es que se sienta indignado y confundido porque un beneficio que antes era gratuito se volvió costoso y se agregó al precio del viaje.

Algunas aerolíneas entienden su indignación. El escenario anterior, se identifica con la frustración de muchos viajeros por la forma en que las aerolíneas parecen agregar tarifas cada vez más caras a la experiencia de volar. Aprovechan los obstáculos y las dificultades que experimentan muchos viajeros todos los días, invitándolos a que vuelen con una aerolínea que no los hará pasar por esa experiencia negativa.

Estas estrategias de marca se basan en una comprensión de lo que los consumidores quieren en una aerolínea y por qué eligen una en particular. ¿Están más interesados en la comodidad a costa de precios más altos o prefieren elegir una aerolínea económica que aporte una sensación de desatención a la experiencia de viaje?

Los conceptos de la psicología del consumidor ayudan a identificar las razones por las que los consumidores desarrollan sentimientos positivos o negativos hacia marcas como las de las aerolíneas. Al explorar los conceptos de satisfacción del cliente y lealtad a la marca, las empresas se posicionan mejor para superar a la competencia.

**Aerolíneas: Una Industria única.**

A diferencia de las organizaciones que venden marcas de automóviles, alcohol o alimentos, las aerolíneas existen como parte de la industria de servicios en las que varias empresas compiten para ofrecer la mejor experiencia a pesar de productos finales relativamente similares.

Por ejemplo, todas las personas vuelan aviones con un objetivo principal en mente: llegar a alguna parte. Si elige volar con una aerolínea en especial, depende en gran medida de qué tan bien esas compañías le vendan su experiencia de viaje.

Según estudios sobre el servicio de las aerolíneas clásicas, hay cuatro condiciones únicas que las aerolíneas deben tener en cuenta si esperan superar a la competencia:

- **Intangibilidad.**

Los servicios no se pueden sostener, tocar ni ver antes de la decisión de compra. Cuando sube a un avión, el pasajero espera ciertas cualidades como comodidad, un vuelo tranquilo y un servicio rápido por parte de los auxiliares de vuelo. Estas cualidades, si bien son importantes para los viajeros, generalmente son imposibles de evaluar hasta después de comprar un boleto de avión.

- **Inconsistencia.**

Los precios y la promoción de los servicios cambian rápidamente. La industria de las aerolíneas cambia y se ajusta constantemente para satisfacer las preocupaciones económicas y la demanda de los consumidores. Por ejemplo, los boletos de avión aumentan rápidamente de precio a medida que se acerca la fecha de salida, y algunas aerolíneas ajustan políticas como las tarifas de equipaje sin previo aviso.

- **Inseparabilidad.**

La marca del proveedor de servicios y el servicio no se pueden separar. Las aerolíneas son conocidas principalmente por el servicio que brindan: volar. Las aerolíneas deben destacar las cualidades de su servicio para tener éxito.

- **Disponibilidad.**

Las empresas deben gestionar los bienes y productos asociados a sus servicios. Las aerolíneas son responsables de administrar la calidad de sus aeronaves, la comida a bordo que brindan y otras comodidades asociadas con una experiencia de vuelo satisfactoria.

Además, para ayudar a los clientes a evaluar y comparar proveedores de servicios, las empresas deben hacer todo lo posible para comercializar el servicio como algo tangible. Esto significa esfuerzos de marketing que muestren los beneficios directos de usar ese servicio, beneficios que se basan en una comprensión psicológica de lo que los consumidores realmente quieren.

Por ejemplo, si una aerolinea se promociona a sí misma como una empresa que valora su tiempo. El mensaje de la marca de la compañía señala que Delta "lo respeta a usted y a su tiempo, y reconoce los desafíos de viajar hoy". Delta promete que al elegir su aerolínea, llegará a su destino a tiempo con poco estrés.

Por el contrario, la nueva campaña de marketing de American Airlines se centra en la facilidad de viajar con sus aviones. Los comerciales promocionan el wifi en vuelo de la compañía, lo que le permite viajar "sin poner su vida en pausa".

Al promocionarse como el mejor proveedor de servicios disponible, las aerolíneas construyen sus marcas en la mente de los consumidores. Para retener a estos clientes, y atraer a aquellos descontentos con la competencia, las aerolíneas se enfocan en aumentar la lealtad del consumidor a través de promociones especiales y mejorar el sentido de pertenencia del consumidor.

- **Pertenencia.**

Cómo las aerolíneas convencen a los consumidores para que se queden? Una aerolínea puede mantener buena atención durante años, solo para dar una mala experiencia reciente. Eso podría llevar a sus clientes a cambiar de compañía aérea y darle oportunidad a la competencia.

Sin embargo, si han acumulado miles de puntos de millas de viajero frecuente en su aerolínea preferida, suficientes para obtener un estatus especial que les da acceso a vuelos gratuitos, mejoras de asientos y áreas de espera VIP, eso podría disuadirlos de cambiar.

Las aerolíneas aplican con frecuencia estrategias de marketing de lealtad, que buscan mejorar el sentido de estatus y pertenencia social del consumidor. Estos conceptos psicológicos son herramientas poderosas para las aerolíneas que luchan constantemente con problemas de viaje que escapan a su control, como la seguridad del aeropuerto y patrones climáticos desafortunados.

Los seres humanos se sienten atraídos por los sistemas basados en el estatus y por las oportunidades que elevan su estatus en esos sistemas. De ahí a que los programas de fidelización de las aerolíneas mejoran la sensación de bienestar y la autoestima de los clientes. Se sienten queridos y necesitados por esa aerolínea en particular, y son recompensados con beneficios personales que mejoran su sentido de reputación.

Los programas de recompensas, como las millas de viajero frecuente, además generan anticipación en el consumidor para viajes futuros y los alientan a aumentar la cantidad de millas acumuladas. A medida que aumentan las millas, también aumenta la lealtad y la motivación para usar esa aerolínea en particular.

Para las aerolíneas, la retención de clientes, el aumento de la lealtad y la participación en publicidad boca a boca positiva son las claves del éxito futuro. De hecho, solo un pequeño porcentaje de viajeros se ven influenciados por las campañas publicitarias realizadas por las propias aerolíneas, lo que reafirma la importancia de estos factores. Esto significa continuar considerando los fundamentos psicológicos de los esfuerzos de acercamiento al consumidor. Los consumidores tienen una necesidad psicológica de pertenencia y bienestar, aspectos que las aerolíneas deben reconocer para sobrevivir en una economía tumultuosa.

## APLICACIONES PARA TELÉFONOS MóVILES Y TABLETS

Una imagen familiar: un hombre en un autobús se sienta encorvado sobre un teléfono inteligente mientras su dedo se mueve metódicamente por la pantalla. Debajo de este simple gesto hay una nueva forma revolucionaria de interactuar con el mundo. Es probable que este hombre hipotético esté revisando su lista de aplicaciones, buscando la que convertirá su viaje en autobús en una oportunidad para trabajar, jugar, comunicarse o educarse. Su teléfono inteligente ofrece un portal al mundo que le brinda un acceso sin precedentes a herramientas para la vida.

Los dispositivos móviles se han vuelto tan populares porque funcionan como computadoras verdaderamente portátiles. Con el desarrollo de aplicaciones (apps) para teléfonos inteligentes y tablets, ahora es posible acceder e interactuar con todas las herramientas y contenidos que ofrece Internet. Las aplicaciones permiten a los usuarios acceder a mapas, encontrar cupones, realizar negocios y jugar para pasar el tiempo. Con cientos de aplicaciones nuevas que aparecen diariamente, hay una aplicación para satisfacer cada necesidad. El desafío para los especialistas en marketing de aplicaciones es hacerse notar por encima de la competencia. Los especialistas en marketing deben convencer a los consumidores de que su aplicación es la más útil, creativa e intuitiva disponible.

**Marketing de aplicaciones.**

Las aplicaciones se presentan como un antídoto contra el desorden de Internet, tomando las funciones más útiles y agradables y envolviéndolas en un paquete fácil de usar. Esta es una de las características más atractivas del uso de aplicaciones y un argumento común en el marketing de aplicaciones. Se muestra a las personas realizando tareas importantes, como pagar facturas o hacer reservas, todo mientras viajan en un taxi. Las aplicaciones se comercializan a sí mismas como una versión simplificada de Internet a la que se puede acceder desde cualquier lugar.

El marketing de aplicaciones también destaca la naturaleza moderna de la tecnología. Los anuncios en negrita que dicen "Millones de descargas" sugieren que hay algo popular y atractivo en la aplicación. Otras aplicaciones se comercializan como indicadores de estilo de vida, lo que implica algo sobre las personas que las usan. Se muestra a los jóvenes de moda usando aplicaciones para complementar su estilo o acceder a eventos exclusivos. El mensaje en todos estos anuncios es que una aplicación mejorará la identidad de una persona. Tenerlo es un signo de relevancia cultural.

La naturaleza misma de la aplicación significa que a menudo se comercializa como un producto desechable. Se invita a los consumidores a gastar centavos en una novedad tonta que pueden usar varias veces y luego descartar sin gastar mucho dinero. Los especialistas en marketing de aplicaciones a menudo invitan a los consumidores a ser impulsivos y descargar una aplicación en cualquier momento. Al presentar las aplicaciones como divertidas, simples y consistentemente baratas, los especialistas en marketing pueden alentar a los consumidores a descargar aplicaciones sin pensar mucho en su calidad o utilidad.

**Uso de aplicaciones en el mundo.**

Un estudio conjunto realizado por Google y The Mobile Marketing Association encuestó a miles de usuarios de teléfonos inteligentes en todo el mundo para averiguar cómo estaban incorporando los dispositivos a sus vidas. Una de las ideas más reveladoras fue la disparidad entre las descargas totales de aplicaciones por parte de los usuarios en diferentes países.

Japón encabezó la lista con 45 aplicaciones instaladas en un teléfono promedio. Se considera que los japoneses son usuarios de teléfonos inteligentes "activos". Aprovechan la oportunidad de usar su teléfono inteligente en todos los aspectos de sus vidas. Los autores del estudio consideran que los japoneses son un modelo de uso global de teléfonos inteligentes que avanza hacia el futuro.

## COMPUTADORES

### Marketing y psicología: una relación significativa

Los especialistas en marketing exitosos tienen una sólida comprensión del comportamiento del consumidor y reconocen los factores motivadores que hacen que las personas pasen de querer un producto o servicio a comprarlo. La publicidad efectiva atrae a un consumidor en un nivel emocional o racional, dependiendo de si quiere o necesita el producto.

Un hombre estaciona su tráiler en un restaurante y camina hacia la parte de atrás con una computadora portátil. Abre el tráiler para revelar una vaca blanca y negra y le pregunta cómo está. Sorprendentemente, la vaca responde y recita varias quejas. El hombre sonríe y le presenta la computadora portátil a la vaca, quien dice con asombro: "¿Una puerta de enlace?"

¿Qué tiene que ver una vaca con las computadoras? Para Gateway, es una cuestión de marca. La serie de comerciales de la vaca Holstein para esta importante compañía de computadoras refuerza el distintivo diseño de vacas en blanco y negro de Gateway, al mismo tiempo que atrae el sentido de diversión y entretenimiento de los consumidores con una vaca parlante.

La marca es solo una forma de marketing que se basa en la comprensión de la psicología del consumidor. También es una de las tácticas más utilizadas por los especialistas en marketing informático, cuyos productos suelen representar una inversión significativa para el consumidor. Los profesionales de la industria informática necesitan un sólido conocimiento sobre lo que impulsa a las personas a comprar una determinada marca, para resaltar los puntos fuertes de sus productos en sus mensajes de marketing.

**Cómo las empresas de informática captan a los consumidores.**

Cuando se trata de marketing de computadoras la marca es esencial. La mayoría de los consumidores no sienten que están comprando “una computadora”. En cambio, están comprando una Dell, una Mac o una Compaq. Cuando alguien menciona que tiene una computadora nueva, la primera pregunta que se suele hacer es: "¿Qué marca?"

Los vendedores de computadoras se esfuerzan por desarrollar la lealtad a la marca, lo que hace que los consumidores sigan comprando en su empresa cada vez que actualizan o reemplazan sus computadoras. Debido a que las computadoras son artículos costosos, en lugar de compras impulsivas, la lealtad a la marca suele ser el factor decisivo en las compras de los consumidores.

La diferenciación es una estrategia de marca popular en la industria informática. La mayoría de los vendedores de computadoras se enfocan en el aspecto más fuerte de sus gamas de productos y refuerzan ese aspecto a través de sus mensajes publicitarios. Por ejemplo, las campañas de Toshiba a menudo se centran en la innovación y las nuevas y emocionantes tecnologías, lo que contrasta con el principal competidor Compaq, una empresa que se anuncia a sí misma como confiable y cómoda.

Otro concepto psicológico popular que ayuda a los especialistas en marketing a vender computadoras a través de la marca es el "efecto halo". Hay pocas empresas de electrónica que sólo producen computadoras. La mayoría de ellos ofrecen una variedad de productos electrónicos de consumo, como el iPod y el iPhone de Apple, además de computadoras. Mediante el "efecto halo", la satisfacción con los demás productos de la empresa se refleja positivamente en la misma marca de computadoras, sin necesidad de invertir en marketing específico para computadoras.

Si bien puede parecer que las características son el punto de venta más importante para las computadoras, la verdad es que la marca cuenta más para los consumidores. La identidad personal es un fuerte motivador para las ventas, y los especialistas en marketing informático trabajan para garantizar que la identidad asociada con sus productos sea atractiva para sus grupos demográficos objetivo.

## GIMNASIOS

Imagine dos anuncios de televisión diferentes para gimnasios locales. En la primera, se ve a un fisicoculturista levantando enormes pesas mientras las mujeres echan miradas furtivas a su físico musculoso. Es consciente de su mirada y sonríe para sí mismo mientras comienza otra serie. En el segundo, una mujer está haciendo abdominales mientras el sudor le cae por la frente. Hace una pausa, a punto de darse por vencida, y luego respira hondo y sigue haciendo ejercicio. En la superficie, estos anuncios parecen bastante similares. Muestran a personas atléticas trabajando en sus cuerpos en el gimnasio. Pero el mensaje que comunican a los espectadores es muy diferente.

La forma en que las personas se sienten acerca de sus cuerpos y su salud tiene un efecto profundo en su bienestar psicológico. Ambos anuncios hipotéticos aprovechan diferentes partes de la psique. El anuncio con el culturista comunica a los hombres que un cuerpo atlético los hará más atractivos para las mujeres y aumentará sus posibilidades de encontrar una pareja sexual. El segundo anuncio no tiene nada que ver con el sexo. La imagen de la mujer haciendo ejercicio comunica a los espectadores que pueden ser fuertes y decididos incluso ante la adversidad. Sugiere que el ejercicio es una forma de ganar poder y suficiencia. El objetivo de ambos anuncios es lograr que las personas se unan a un gimnasio, pero usan diferentes mensajes psicológicos para hacer ese planteamiento.

La imagen propia y la autoestima están estrechamente relacionadas. Las personas que piensan que se ven atractivas suelen tener niveles más altos de autoestima. Estar en forma crea una sensación de confianza, mientras que el sobrepeso puede producir una ansiedad significativa. Los propietarios de gimnasios entienden esto y adaptan su publicidad para recordárselo a los espectadores.

El marketing de gimnasios generalmente se enfoca en dos poderosos instintos. El primero es el deseo de estar en forma y, por extensión, sexualmente atractivo. Esta es la razón por la cual una gran cantidad de anuncios de gimnasios se enfocan en el cuerpo descubierto de hombres y mujeres extremadamente atléticos. Los hombres se muestran grandes y musculosos, mientras que las mujeres se muestran ágiles y delgadas. El mensaje es que con dedicación en el gimnasio, el cliente también puede ser tan atractivo como las personas que ve en la pantalla.

El segundo instinto es el deseo de estar sano. Muchas personas comienzan un programa de ejercicios después de un problema de salud o porque se sienten lentas y sedentarias. Los anuncios de gimnasios a menudo destacan su personal capacitado profesionalmente, equipos de última generación y planes de ejercicios científicos como prueba de que pueden brindar los beneficios para la salud que la gente busca. Estos anuncios también reconocen que la mayoría de las personas no tienen ganas de ir al gimnasio. Tratan de presentar sus gimnasios como lugares divertidos y sociales donde la gente promedio está logrando objetivos de acondicionamiento físico que nunca pensaron que serían capaces de lograr.

Nadie quiere ser considerado perezoso, feo o incapaz. Al mostrar a los espectadores todos los beneficios potenciales de ponerse en forma, los especialistas en marketing de gimnasios animan a las personas a levantarse de sus sofás y entrar en la sala de pesas.

**Razones para obtener una membresía de gimnasio.**

Aparentemente, las personas obtienen membresías en gimnasios porque quieren un lugar para hacer ejercicio. Pero la razón específica por la que quieren estar en un gimnasio puede ser más matizada e inesperada. Explorando los factores psicológicos que afectan la asistencia al gimnasio se identifican varias razones que motivan a una persona a afiliarse por primera vez como miembro del gimnasio:

- Novedad
- Control de peso
- Logro personal
- Autocontrol
- Confianza y autoestima
- Alivio del estrés

Los especialistas en marketing de gimnasios confían en información como esta para establecer una conexión más íntima con los clientes potenciales. Saben que no todo el mundo va al gimnasio para convertirse en un fisicoculturista. El corredor que hace una milla extra en la caminadora es un modelo de autocontrol y logro. La mujer que escapa de su agitada vida hogareña tomando una clase semanal de spinning es un ejemplo perfecto del alivio del estrés que proviene del ejercicio. Imágenes como estas aparecen en los anuncios de gimnasios porque hablan de la complicada relación que muchos de nosotros tenemos con nuestra salud y nuestro cuerpo. El ejercicio aprovecha áreas centrales de nuestra psicología y no está motivado puramente por la vanidad. Los especialistas en marketing de gimnasios deben resistir la tentación de llenar sus anuncios con personas hermosas y tonificadas.

Otros estudios de marketing examinan los impulsos psicológicos en conflicto de las personas que asisten al gimnasio con frecuencia y lo disfrutan, con aquellos que lo tratan como un mal necesario. Revelan que los asistentes frecuentes al gimnasio a menudo lo hacen por la sensación de logro, la capacidad física y la camaradería que obtienen al estar en el gimnasio. Los usuarios poco frecuentes del gimnasio a menudo se obsesionan con la discrepancia entre sus propios cuerpos y el "ideal" que se presenta en los medios. Esto sugiere que el marketing de los gimnasios puede tener un mayor impacto al evitar centrarse en la batalla contra el aumento de peso. Presentar el gimnasio como un lugar divertido y activo que no esté dominado por la conciencia corporal puede tener un impacto más fuerte en la persona promedio.

## LIBROS

Es de noche en la ciudad. Un relámpago destella en el fondo cuando una adolescente se para en el techo de un rascacielos, y una voz en off dramática explica que la niña tiene el poder de salvar el mundo. No es un tráiler de la última película de suspenso paranormal, es un comercial de la tercera novela de la serie Maximum Ride del autor James Patterson. Estos tipos de comerciales, presentados por televisión y, a veces, en salas de cine antes de los avances, transmiten el mensaje de que los libros son tan emocionantes como sus películas o programas de televisión favoritos.

El marketing novedoso exitoso requiere una comprensión de la psicología del consumidor, especialmente cuando hay tantas formas inmediatas de entretenimiento que compiten por la atención del consumidor. Es esencial que los especialistas en marketing comprendan por qué las personas leen ficción y qué hace que una novela sea atractiva para su grupo demográfico objetivo.

**Cómo los especialistas en marketing de libros captan la atención del consumidor.**

La comercialización de libros es un campo desafiante. Dado que la mayoría de los consumidores tienen menos tiempo libre que nunca para el entretenimiento, la ficción tiene que competir con las películas, la televisión e Internet. Además, se publican cientos de miles de novelas cada año, por lo que estas campañas tienen que hacer que los libros se destaquen de novelas similares, al mismo tiempo que se comparan con otras formas de entretenimiento.

**Marketing de libros tradicional.**

Con las grandes editoriales, gran parte del marketing de una novela comienza antes de que el libro esté disponible para la venta. Las portadas de los libros son una herramienta de marketing esencial; de hecho, según una encuesta de 300 libreros realizada por la Asociación Estadounidense de Libreros (ABA), el 75 por ciento informó que la portada era el aspecto más importante en las decisiones de los consumidores para comprar libros.

Otra estrategia tradicional de marketing previa a la publicación son las reseñas comerciales, como las que aparecen en el New York Times, y USA Today. Las novelas se envían a estas publicaciones para su revisión al menos cinco meses antes de su publicación. Estas fuentes de revisión juegan con la psicología del consumidor porque son fuentes confiables y expertas. Los revisores prestigiosos son vistos como líderes de opinión, definidos como grandes influenciadores del comportamiento de compra del consumidor. Como resultado, las novelas que reciben reseñas favorables a través de estos intercambios generalmente disfrutan de mayores ventas.

**Psicología de marketing de libros.**

Los especialistas en marketing pueden aplicar varias estrategias psicológicas diferentes para publicitar libros de novelas, según el mercado objetivo. Cuando están comercializando directamente a los lectores, estos profesionales a menudo confían en la psicología de la popularidad. Muchos consumidores hacen compras basándose en lo que la mayoría de los demás están comprando. Es por eso por lo que la capacidad de colocar las palabras "Bestseller del New York Times" en la portada de una novela puede garantizar mejores ventas. La frase les dice a los consumidores que un número significativo de personas ya ha comprado el libro.

Otro aspecto de la psicología popular en el marketing de novelas es la celebridad relativa del autor. Los lectores compran libros de autores conocidos porque tienen fuertes identidades de marca asociadas a su trabajo. Por ejemplo, una vez que la primera novela de la serie Harry Potter de J.K. Rowling se convirtió en un gran éxito de ventas, las ventas de los libros posteriores de la serie se dispararon.

Sin embargo, esta estrategia también puede funcionar en contra de los vendedores en el campo de la publicación. El primer lanzamiento de Rowling después de Harry Potter fue una novela para adultos, y muchos consumidores compraron el libro porque disfrutaron de su trabajo anterior, solo para sentirse decepcionados por la violencia y los temas para adultos de "The Casual Vacancy", como lo demuestra la avalancha de críticas negativas de los consumidores en los sitios web como Amazon.

Ofrecer muestras gratis es otra técnica de marketing común para los anunciantes involucrados en publicaciones impresas. La idea es que, al ofrecer a los consumidores la posibilidad de leer partes de la novela de forma gratuita, generalmente a través de un extracto que se publica en línea o en una revista impresa, querrán comprar la novela para leer el resto. Esta estrategia se basa en una técnica llamada condicionamiento operante, para incluir refuerzo positivo y promesa futura. Las muestras gratuitas prometen que, si los lectores disfrutan de la porción de muestra, también disfrutarán del resto del libro.

Una vivienda es una de las compras más grandes y menos frecuentes que hará en un comprador su vida. Representa todo tu estilo de vida. Esta importante adquisición se basa no solo en las finanzas, sino también en las emociones. El comprador evalúa si es el barrio correcto, si se acomoda a su estilo de vida, a sus hábitos y a lo que considera cómodo y agradable. Cuando un comprador encuentra la vivienda que le gusta, simplemente "siente" que es la correcta. Los vendedores de bienes raíces exitosos saben qué botones emocionales activar para asegurar una venta. Hacen publicidad cuidadosamente, asegurándose de despertar sentimientos en los posibles compradores.

Una compañía americana de bienes raíces, publico una serie de comerciales llamados "¿Qué te mueve?" para abordar múltiples datos demográficos en diferentes redes. Dos temas incluyeron "Contrayendo Matrimonio", en el que un hombre le propone matrimonio a su novia en el sótano de su madre, y "Gemelos", que representa el viaje de un futuro padre que prepara un hogar para la llegada de sus gemelos.

Ambos comerciales, a pesar de ser breves y específicos, conectan a los espectadores a nivel psicológico. El primer comercial, utiliza el humor para relacionarse con adultos jóvenes que planean invertir en una casa después del matrimonio. El segundo comercial utiliza la planificación y la preparación como motivación para mudarse a medida que crece su familia.

Las empresas de bienes raíces deben proyectar imágenes seguras y confiables para los consumidores, en gran parte porque la mayor parte de su negocio proviene de referencias y publicidad de boca en boca. Para convencer a los consumidores de que sus empresas son confiables, se anuncian mediante comerciales y estrategias de marketing en Internet que crean marcas conocidas y apreciadas en la mente de los consumidores.

Estas tácticas de marketing se utilizan para provocar una respuesta en el espectador y motivarlo a comprar una casa. Esto requiere una comprensión integral de la psicología utilizada para comercializar bienes raíces. Los compradores de hoy tienen más opciones que nunca para elegir una inmobiliaria. Estas empresas utilizan estrategias que les permiten conectarse con los clientes a nivel emocional y psicológico.

Los especialistas en marketing inmobiliario deben presentar una mezcla de marketing emocional y marketing práctico para atraer a su audiencia. Comprar una casa no es solo una gran inversión financiera; también es una inversión emocional.

Una forma en que los especialistas en marketing atraen a los consumidores es a través del atractivo emocional. Quienes busquen la experiencia de un ambiente familiar saludable responderán a conceptos que incluyen alegría, humor, compromiso y nostalgia. Los especialistas en marketing utilizan comerciales que muestran a una familia numerosa cenando en una hermosa casa, o un gran momento en la vida de una persona, para tocar el corazón. Todo el mundo puede identificarse o añorar estos momentos especiales de la vida.

Algunos estudios indican que alrededor del 65 % de los consumidores en el mercado inmobiliario son parejas casadas. Teniendo esto en cuenta, los anuncios generalmente intentarán conectarse a nivel psicológico con este grupo demográfico al representar a una familia feliz que vive el sueño americano tradicional. Quienes busquen la experiencia de un ambiente familiar saludable responderán a conceptos ya anotados de alegría, humor, compromiso y nostalgia.

Sin embargo, muchos compradores de viviendas buscan características más específicas al comprar una casa. Quieren ahorrar tiempo y dinero con viajes fáciles, vivir en vecindarios de calidad y comprar una casa que sea energéticamente eficiente. Al crear anuncios para personas prácticas, los vendedores de bienes raíces deben presentar minimalismo y eficiencia. Al incorporar imágenes de profesionalismo e independencia, estos vendedores pueden convencer a los consumidores de que harán que el proceso de compra o venta de una casa sea rápido y sencillo.

## SEGUROS DE AUTO

El estudio de los consumidores y su comportamiento de compra es constante. A medida que los especialistas en marketing se adapten a las nuevas investigaciones e innovaciones en psicología y marketing, sus campañas tendrán más éxito para satisfacer las necesidades de los consumidores.

Entender el complejo proceso en la mente de los consumidores es el santo grial del marketing. Es la clave para crear campañas de marketing exitosas y ampliar el alcance de cualquier producto o servicio que se ofrezca. Sin embargo, comprender la psicología del consumidor no es fácil.

Incluso cuando se discuten temas serios como accidentes automovilísticos, las compañías de seguros de automóviles deben involucrar a sus audiencias en formas novedosas para distinguirse de la competencia. Siendo la necesidad de un seguro de automóvil un asunto serio, es sorprendente que muchos de los comerciales estén diseñados para ser divertidos y tontos. Sin embargo, hay una psicología detrás del humor y los anuncios impactantes. Las empresas que ofrecen servicios como seguros de automóviles deben tener campañas de marca sólidas que se queden en la mente de los consumidores.

Los conceptos y métodos de marca están arraigados en la comprensión de la psicología del consumidor. Al comprender lo que realmente capta la mente de sus consumidores, las compañías de seguros de automóviles mejoran las tasas de retención de clientes y atraen nuevos negocios a través de técnicas de marketing efectivas.

La mayoría de los clientes que deciden comprar un seguro de automóvil comienzan explorando la breve lista de marcas que han almacenado en su memoria. El comprador promedio solo puede recordar un número limitado de marcas. Las empresas que deseen estar en esta lista deben participar en estrategias de marca efectivas y memorizables, razón por la cual muchos de sus comerciales presentan situaciones inusuales para un espectador.

**Tácticas usadas para atraer a los clientes.**

Las tres tácticas principales utilizadas para llamar la atención son:

- Humor.
- Miedo.
- Ahorro de dinero.

En el pasado, el humor ha brindado una excelente herramienta para que las compañías de seguros de automóviles permanezcan en la mente de los consumidores. Geico ha utilizado el humor de manera efectiva como una forma de conectarse con los clientes y convertirse en un nombre familiar. El uso de un "gecko" en los comerciales permitió a Geico construir una identidad de marca con reconocimiento de nombre, ya que Geico es similar a un gecko.

Según un estudio realizado por la Universidad de Houston sobre el humor en la publicidad televisiva, "aumenta el recuerdo de la información del anuncio y afecta positivamente la actitud de la marca". El enfoque alegre funciona porque el aspecto cómico atrae a la gente. Los consumidores son bombardeados constantemente con anuncios y otra información, y una campaña divertida permanecerá en sus mentes. Esto es especialmente importante para las empresas que brindan un servicio en el que los consumidores no pueden comparar directamente los bienes físicos.

Sin embargo, otras empresas como Liberty Mutual parecen tener éxito con un enfoque más serio con base en su campaña que promocionaba no enviar mensajes de texto mientras se conduce. La iniciativa de Liberty Mutual muestra que incluso los anuncios serios de seguros de automóviles pueden ser efectivos si transmiten un mensaje relevante para una amplia audiencia.

Liberty Mutual también aprovecha los temores de los consumidores y los accidentes automovilísticos. Los comerciales que incluyen un automóvil que explota o una mujer que salva a un hombre de caminar hacia el tráfico que se aproxima despiertan los temores de las personas a los accidentes y hacen que los consumidores quieran estar protegidos y preparados en caso de emergencia.

Otras empresas como Progressive juegan con la necesidad de las personas de ahorrar dinero. Sus anuncios presentan a "Flo", una amable trabajadora de Progressive que, con cierto humor, muestra a los clientes cómo ahorrar dinero cambiándose a un seguro de Progressive. Anuncios como estos hacen que las personas se sientan empoderadas para elegir lo que quieren en un servicio, mientras al mismo tiempo ahorran dinero.

El humor en la publicidad.

Los anunciantes han utilizado durante mucho tiempo anuncios humorísticos para llamar la atención de las masas. Los especialistas en marketing compiten para crear el comercial más nuevo y extravagante para sorprender a los espectadores.

Sin embargo, los estudios muestran que el simple hecho de tener un anuncio divertido puede no ser efectivo para impulsar las compras. Pueden hacer que su producto o empresa parezca más agradable, pero no contribuirán a su resultado final. Un anuncio humorístico debe tener relevancia junto con lo divertido. Los anuncios deben tener algún tipo de sustancia y utilizar el humor como complemento para que sean efectivos.

Tener un equilibrio entre la comedia y la información es la clave del éxito. Lo ideal es hacer que las personas se rían de algo con lo que puedan relacionarse, al mismo tiempo que les brinda la información que necesitan para comprar.

**Cuando el humor sale mal.**

Allstate publicó un comunicado de prensa "divertido" que mostraba la correlación entre el signo zodiacal de una persona y la cantidad de accidentes automovilísticos que tenía. Desafortunadamente, la gente tomó en serio el comunicado de prensa y creó un lío de relaciones públicas para la empresa. Allstate se vio obligada a retractarse de su comunicado de prensa y disculparse por bromear sobre algo tan grave como los accidentes automovilísticos.

## SEGUROS DE SALUD

Las personas representadas en los comerciales de seguros de salud son perezosas, torpes, propensas a los accidentes o simplemente desafortunadas. Es decir, no son hábiles atletas. Ya sea que las compañías de seguros estén tratando de sugerir que las personas normales necesitan un seguro de salud porque la vida es complicada, o que el seguro de salud es un camino hacia la superación personal, los proveedores de seguros se postulan como aliados confiables en el bienestar del consumidor.

Las aseguradoras se anuncian como confiables y responsables, incluso cuando las personas a las que aseguran no lo son. Los comerciales de seguros de salud intentan conectarse con personas promedio identificables con estilos de vida familiares. El objetivo es establecerse como empresas en las que los consumidores puedan confiar su salud y la salud de sus seres queridos. Este es un tema muy personal, por lo que las aseguradoras utilizan técnicas psicológicas para tranquilizar a los consumidores y crear una base de confianza.

**Creando la necesidad.**

El marketing de seguros de salud tiene la difícil tarea de vender un producto a consumidores que pueden no tener un uso inmediato. Para que la historia sea interesante para los espectadores, la publicidad de seguros muestra la necesidad de un seguro, ya sea destacando una eventualidad como una enfermedad o lesión, o inspirando al espectador a tomar medidas positivas para mejorar su salud.

La mayoría de los consumidores compran un seguro médico por miedo a lo desconocido. Usar este miedo ha sido una táctica popular para las compañías de seguros en el pasado. Un comercial cuenta la historia de dos hombres en el grupo demográfico objetivo de la compañía que repentinamente necesitan un seguro debido a una lesión. Si bien los hombres en el anuncio se lastiman haciendo algo cómicamente exagerado, la sugerencia sigue siendo que las lesiones graves en el hogar pueden ocurrir sin previo aviso. Estos tipos de anuncios intentan exacerbar la necesidad de un seguro e implican que comprar un seguro es lo más responsable.

En el otro extremo del espectro están los comerciales de seguros que alientan a los consumidores a comprar un plan de salud como un paso hacia la superación personal. No es ningún secreto que muchos estadounidenses se esfuerzan por estar lo más saludables posible. Algunas empresas anuncian que su servicio es un paso hacia una mejor salud en general. Animan a los consumidores a hacerse cargo de su propio bienestar comprando un seguro.

## GIMNASIOS

Imagine dos anuncios de televisión diferentes de gimnasios locales. En el primero, se ve a un fisicoculturista levantando enormes pesas mientras las mujeres echan miradas furtivas a su físico musculoso. Es consciente de su mirada y sonríe para sí mismo mientras comienza otra serie. En el segundo, una mujer está haciendo abdominales mientras el sudor le cae por la frente. Hace una pausa, a punto de darse por vencida, y luego respira hondo y sigue haciendo ejercicio. En la superficie, estos anuncios parecen bastante similares. Muestran a personas atléticas trabajando en sus cuerpos en el gimnasio. Pero el mensaje que comunican a los espectadores es muy diferente.

La forma en que las personas se sienten acerca de sus cuerpos y su salud tiene un efecto profundo en su bienestar psicológico. Ambos anuncios hipotéticos aprovechan diferentes partes de la psique. El anuncio con el culturista comunica a los hombres que un cuerpo atlético los hará más atractivos para las mujeres y aumentará sus posibilidades de encontrar una pareja sexual. El segundo anuncio no tiene nada que ver con el sexo. La imagen de la mujer haciendo ejercicio comunica a los espectadores que pueden ser fuertes y decididos incluso ante la adversidad. Sugiere que el ejercicio es una forma de ganar poder y suficiencia. El objetivo de ambos anuncios es lograr que las personas se unan a un gimnasio, pero usan diferentes mensajes psicológicos para hacer ese planteamiento.

La imagen propia y la autoestima están estrechamente relacionadas. Las personas que piensan que se ven atractivas suelen tener niveles más altos de autoestima. Estar en forma crea una sensación de confianza, mientras que el sobrepeso puede producir una ansiedad significativa. Los propietarios de gimnasios entienden esto y adaptan su publicidad para recordárselo a los espectadores.

El marketing de gimnasios generalmente se enfoca en dos poderosos instintos. El primero es el deseo de estar en forma y, por extensión, sexualmente atractivo. Esta es la razón por la cual una gran cantidad de anuncios de gimnasios se enfocan en el cuerpo descubierto de hombres y mujeres extremadamente atléticos. Los hombres se muestran grandes y musculosos, mientras que las mujeres se muestran ágiles y delgadas. El mensaje es que con dedicación en el gimnasio, tú también puedes ser tan atractivo como las personas que ves en la pantalla.

El segundo instinto es el deseo de estar sano. Muchas personas comienzan un programa de ejercicios después de un problema de salud o porque se sienten lentas y sedentarias. Los anuncios de gimnasios a menudo destacan a su personal capacitado profesionalmente, equipos de última generación y planes de ejercicios científicos como prueba de que pueden brindar los beneficios para la salud que la gente busca. Estos anuncios también reconocen que la mayoría de las personas no tienen ganas de ir al gimnasio. Tratan de presentar sus gimnasios como lugares divertidos y sociales donde la gente promedio está logrando objetivos de acondicionamiento físico que nunca pensaron que serían capaces de lograr.

Nadie quiere ser considerado perezoso, feo o incapaz. Al mostrar a los espectadores todos los beneficios potenciales de ponerse en forma, los especialistas en marketing de gimnasios animan a las personas a levantarse de sus sofás y entrar en la sala de pesas.

Aparentemente, las personas obtienen membresías en gimnasios porque quieren un lugar para hacer ejercicio. Pero la razón específica por la que quieren estar en un gimnasio puede ser más matizada e inesperada. Explorando los factores psicológicos que afectan la asistencia al gimnasio se identifican varias razones que motivan a una persona a afiliarse por primera vez como miembro del gimnasio:

- Novedad
- Control de peso
- Logro personal
- Autocontrol
- Confianza y autoestima
- Alivio del estrés

Los especialistas en marketing de gimnasios confían en información como esta para establecer una conexión más íntima con los clientes potenciales. Saben que no todo el mundo va al gimnasio para convertirse en un fisicoculturista. El corredor que hace una milla extra en la caminadora es un modelo de autocontrol y logro. La mujer que escapa de su agitada vida hogareña tomando una clase semanal de spinning es un ejemplo perfecto del alivio del estrés que proviene del ejercicio. Imágenes como estas aparecen en los anuncios de gimnasios porque hablan de la complicada relación que muchos de nosotros tenemos con nuestra salud y nuestro cuerpo. El ejercicio aprovecha áreas centrales de nuestra psicología y no está motivado puramente por la vanidad. Los especialistas en marketing de gimnasios deben resistir la tentación de llenar sus anuncios con personas hermosas y tonificadas.

Otros estudios de marketing examinan los impulsos psicológicos en conflicto de las personas que asisten al gimnasio con frecuencia y lo disfrutan, con aquellos que lo tratan como un mal necesario. Revelan que los asistentes frecuentes al gimnasio a menudo lo hacen por la sensación de logro, la capacidad física y la camaradería que obtienen al estar en el gimnasio. Los usuarios poco frecuentes del gimnasio a menudo se obsesionan con la discrepancia entre sus propios cuerpos y el "ideal" que se presenta en los medios. Esto sugiere que el marketing de los gimnasios puede tener un mayor impacto al evitar centrarse en la batalla contra el aumento de peso. Presentar el gimnasio como un lugar divertido y activo que no esté dominado por la conciencia corporal puede tener un impacto más fuerte en la persona promedio.

## PRENDAS FEMENINAS

La ropa que usamos envía un mensaje sobre quiénes somos, qué queremos y cómo elegimos ser percibidos. Los adultos ven a una persona que usa estilos de ropa conservadores o formales como más autocontrolados y confiables, las personas vestidas con un estilo más elegante transmiten una sensación de posición social y las personas vestidas con un estilo atrevido son vistas como atrayentes e individualistas.

El marketing de ropa aprovecha el poder que tiene la ropa para transformar a las mujeres en otra persona y capitaliza su deseo de convertirse en una versión más ordenada, atractiva y despreocupada de sí mismas. Al ponerse ropa nueva, las mujeres pueden asumir una nueva identidad.

Este vínculo entre la marca y la identidad tiene sus raíces en la comprensión de la psicología del consumidor y cómo los clientes procesan los anuncios. Los profesionales de la industria del marketing de prendas de vestir para mujeres dedican años a diseñar un estilo de vida de marca que represente su ropa, y algunos han tenido más éxito que otros. Los especialistas inteligentes en marketing de ropa se toman el tiempo para aprender los fundamentos psicológicos que alientan a las mujeres a comprar ropa.

Según Desmond Morris en su libro *"Manwatching: A field guide to human behavior."*, "Es imposible usar ropa sin transmitir señales sociales. Cada disfraz cuenta una historia, a menudo muy sutil, sobre su portador". El sentimiento sigue siendo cierto hoy. Esta es la razón por la que comercializar ropa de mujer es algo más que vender telas suaves, hermosos colores y diseños bien confeccionados. Se trata de venderles a las mujeres la oportunidad de expresarse y transformarse, parecer más aceptables para los demás y crear éxito a través de su ropa. Como dijo una vez el diseñador de ropa Ralph Lauren: "Yo no diseño ropa. Yo diseño sueños."

El Dr. Gary Austin Witt en su artículo *"Cómo aumentar sus ventas utilizando una estrategia de marketing psicológico"*, afirma que existen cuatro tipos de botones psicológicos que motivan a los clientes a comprar: necesidades, anhelos, deseos y miedos. Estas son las cosas que las empresas de indumentaria femenina utilizan para atraer a las mujeres. Los vendedores de ropa efectivos no venden ropa mencionando las características de su producto. En su lugar, se centran en la satisfacción que puede proporcionar su ropa.

El marketing efectivo de ropa muestra escenas que la mujer promedio reconoce, solo que mejor. En los anuncios de ropa de mujer, la vida es más fácil, más feliz y satisfactoria de lo que es en realidad.

**Factores influyen en la elección de la tienda y marca de moda.**

- Racional: Precio, aspectos materiales y prácticos de la compra.
- Producto: Calidad, la composición física y el estilo de una pieza.
- Cognitivo: Metas y expectativas. Si la pieza coincide con lo que buscaba el comprador.
- Ambiental: Música, servicio al cliente y facilidad de selección. Si disfruta la experiencia de estar en la tienda.

- Social: Opinión de amigas o compañeras sobre una pieza.
- Cultural: Significado simbólico de la marca adherida a la pieza. Si alguna celebridad u organización benéfica respalda la marca.

**Tallas y comportamiento de compra.**

La mayoría de los minoristas ofrecen en su publicidad estilos de vida de fantasía con modelos que a la mujer promedio le encantaría lucir: altas y delgadas, con una piel perfecta y cabello brillante. Sin embargo, las investigaciones muestran que esta no es en realidad la forma más efectiva de vender ropa.

Es mucho más probable que las mujeres compren ropa cuando las modelos se parecen a ellas. La gran mayoría de las mujeres aumentan significativamente sus intenciones de compra cuando ven un modelo que refleja su edad, talla y raza.

Si bien las mujeres quieren aceptar el sueño que crea la comercialización de ropa, también quieren que sea un sueño alcanzable. Quieren poder imaginarse viviendo realmente con su ropa nueva, no solo posando. Los especialistas en marketing de ropa inteligente pueden usar esta investigación psicológica para elegir cuidadosamente una selección de modelos diversos, alegres y de aspecto natural a los que las mujeres responderán.

## PRENDAS MASCULINAS

El negocio de ropa para hombres genera billones de dólares al año. Eso no se debe a la compra descuidada de calzoncillos y pantalones. Todo, desde jeans de diseñador hasta trajes de negocios y ropa deportiva, está volando de los estantes de todo el mundo, y la competencia por los fabricantes de ropa es dura.

Una empresa exitosa de ropa para hombres tiene que construir una marca sólida que capte la atención de los hombres que quieren que su ropa proyecte un estilo de vida particular. La diferencia entre un diseño exitoso y simplemente otra camisa fuera de etiqueta en el estante es una empresa que sabe lo que sus clientes quieren ser y cómo convencerlos de que su ropa ayudará.

Vender un estilo de vida a través de la publicidad de ropa masculina requiere comprender quién es el cliente y qué quiere. Aquí es donde la ciencia de la psicología es vital para un buen marketing. Hablar con personas del grupo demográfico objetivo, recopilar datos sobre su comportamiento y usar esa información para hacer una publicidad más efectiva puede ayudar a los especialistas en marketing a conectarse con sus clientes en un nivel más profundo que simplemente crear conciencia sobre un producto.

**La lealtad a la marca es la clave**

Algún tipo de lealtad impulsa las ventas múltiples durante un largo período de tiempo. Los hombres tienden a desarrollar lealtad hacia una marca específica, mientras que las mujeres tienden hacia ciertas personalidades. La lealtad tiene éxito cuando los mensajes de la marca se adaptan para crear una experiencia aceptada por diferentes tipos de clientes.

En el negocio de la ropa, los hombres quieren que la marca refleje un estilo de vida particular y una imagen personal. Esta es la razón por la cual algunas líneas de ropa comercializan sus jeans mostrando a los consumidores imágenes de hombres casuales y robustos, mientras que muchas marcas de diseñadores de alta gama venden jeans representando a hombres ricos o incluso famosos. En resumen, es más probable que un hombre que cree que una marca en particular representa el tipo de vida que quiere llevar compre ropa de esa marca.

**El poder de la imagen.**

La ropa masculina se anuncia con frecuencia en la televisión y en revistas para hombres, aunque hoy en día Internet es la plataforma más importante de muchas campañas. Independientemente del medio, los anuncios de ropa para hombres tienden a estar muy orientados a la imagen para capitalizar la tendencia de los hombres a preferir la estimulación visual. Los especialistas en marketing yuxtaponen sus productos con indicadores del estilo de vida que intentan vender. Por ejemplo, un comercial podría sugerir que los trajes de un diseñador en particular hacen que quienes los usan sean más atractivos para las mujeres mostrando a una mujer abrazando a un hombre en uno de los trajes.

Presentar la ropa como transformadora es otra estrategia publicitaria común para la ropa masculina. Los anuncios muestran a hombres que se someten a cambios de estilo de vida poniéndose ropa. Por ejemplo, un anuncio muestra a un hombre que es transportado desde su aburrida oficina a una playa soleada poniéndose un par de sandalias de diseñador. Este tipo de anuncio explota las necesidades de cambio de los hombres y una vida mejor y más placentera.

**La psicología importa.**

Independientemente del estilo de vida que una empresa de ropa intente representar con sus materiales de marketing, la campaña de marketing debe basarse en datos fiables sobre lo que quiere el grupo demográfico objetivo.

Considere el contraste entre el anuncio de Levi's y el anuncio de Armani. Ambos venden jeans, pero usan dos enfoques muy diferentes. El anuncio de Levi's es un ejemplo de una narrativa de "la ropa cambia tu vida", convirtiendo los jeans en una forma mágica para que el hombre del comercial viva una vida más emocionante. El comercial de Armani muestra a un hombre que no necesita transformarse. Él ya encarna la belleza y el lujo que Armani está tratando de vender, por lo que los jeans parecen ser otra parte de su atractivo estilo de vida.

Ambas empresas han investigado qué valoran sus clientes y qué tipo de imagen quieren proyectar. Levi's, Armani y muchas otras empresas de ropa exitosas utilizan la psicología para maximizar el atractivo de sus productos para ciertos tipos de consumidores.

**Vender ropa mostrando menos.**

Expertos en psicología publicitaria realizaron estudios a principios del segundo milenio para determinar cómo ha cambiado el contenido sexual en la publicidad en las últimas tres décadas. Se estableció que la prevalencia del contenido sexual en los anuncios de productos para hombres se ha mantenido constante desde principios de la década de 1980, pero la explicitud del sexo en los anuncios ha aumentado a lo largo de los años. Casi cuatro de cada cinco mujeres que aparecían en los anuncios estaban vestidas sugerentemente, parcialmente vestidas o desnudas. Hay pocas dudas de que los hombres son generalmente más favorables al sexo en la publicidad que las mujeres.

El sexo en los anuncios de productos para hombres se vuelve más explícito cada año, lo que sugiere que los anunciantes compiten para tener los anuncios más sexys del mercado o que los consumidores masculinos requieren una estimulación más intensa hoy que hace 30 años.

## TELÉFONOS MóVILES

**Apple o Android.**

Lo más probable es que seas usuario uno u otro depende de lo que hagas, cuáles son tus valores y cómo te identificas con una marca. Aquellos que usan iPhones tienden a ser más jóvenes, modernos y valoran los dispositivos fáciles de usar, mientras que los fanáticos de Droid probablemente sean mayores, hombres y prefieran características técnicas sólidas a un diseño amigable.

Los vendedores de teléfonos celulares son muy conscientes de los factores que afectan la toma de decisiones del consumidor al comprar teléfonos móviles, factores que tienen en cuenta no solo aspectos como la velocidad, la conectividad y las características especiales, sino también características psicológicas como la personalidad, el estilo de vida y la lealtad a la marca. Esta conciencia se ejemplifica en los anuncios y comerciales de teléfonos móviles, que tienden a enfatizar el estilo y la emoción, mostrando cómo un teléfono podría mejorar el estilo de vida del consumidor.

La investigación del consumidor ayuda a impulsar estos esfuerzos publicitarios, informando a las empresas de lo que quieren sus clientes antes de que sepan que lo quieren. Los fabricantes de teléfonos celulares han capitalizado esta investigación con gran éxito, logrando comprender los tipos de reacciones psicológicas que sus productos, marcas y anuncios provocan en sus clientes.

Los fabricantes de teléfonos celulares ofrecen hoy a los consumidores más opciones que nunca cuando compran nuevos teléfonos móviles. Pero desarrollar un nuevo teléfono es una tarea costosa, lo que significa que los investigadores de mercado deben ayudar a los fabricantes a determinar exactamente lo que los consumidores quieren en un teléfono.

La elección de un consumidor entre uno u otro teléfono es el resultado de varias características, que incluyen:

- Precio.
- Marca.
- Tamaño.
- Interfaz.
- Características técnicas.

Si bien los factores como el precio y las características técnicas son más importantes para los consumidores mayores, la marca y la interfaz son mucho más importantes para las personas más jóvenes.

Los consumidores mayores tienden a valorar los teléfonos que los ayudan a administrar su tiempo de manera más efectiva, ofreciendo características y aplicaciones que alivian las cargas de su vida cotidiana. Para los consumidores más jóvenes que no tienen tantas responsabilidades, estas aplicaciones juegan un papel secundario frente a funciones como cámaras, juegos y navegación web.

Para fines publicitarios, estos hallazgos tienen serias implicaciones. Los investigadores aconsejan a los fabricantes de teléfonos móviles que destaquen las características técnicas de sus teléfonos para atraer a más consumidores potenciales. Sin embargo, este resaltado debe ir más allá de una simple lista de funciones en la jerga técnica para mostrar realmente estas funciones en acción y cómo pueden mejorar la vida de un consumidor.

Apple se ha tomado muy en serio esta información en sus esfuerzos publicitarios para el iPhone. Los comerciales para el iPhone tienden a mostrar exactamente cómo podría afectar su vida cotidiana, sin atascar al espectador con demasiados aspectos técnicos.

Al destacar cómo su teléfono mejora su vida, Apple también desarrolla las características y la personalidad de su marca. Conocidos como fáciles de usar, simples y modernos, los productos de Apple tienden a atraer personalidades específicas, a las que se dirigen los esfuerzos de marketing.

Cuando comercializan productos como teléfonos celulares, las empresas se esfuerzan mucho por diferenciarse de la competencia. Incluso si los teléfonos celulares parecen ofrecer características similares y tener especificaciones técnicas similares, muchas personas desarrollan compromisos intransigentes con marcas específicas.

Si un teléfono celular ofrece muchas de las mismas características que el otro, ¿cómo pueden los consumidores desarrollar tales compromisos? Este compromiso se debe, en gran parte, a los esfuerzos publicitarios de los fabricantes de teléfonos celulares que otorgan personalidades específicas a sus productos.

Las marcas tienen conjuntos de características que atraen tipos específicos de clientes. Al igual que los seres humanos, las empresas y las marcas desarrollan sus propias personalidades con el tiempo. Estas personalidades están formadas por factores dentro y fuera de una empresa, desde el director ejecutivo y los empleados hasta los patrocinadores del producto y las estrategias publicitarias.

Cuanto mayor sea la similitud entre las características que describen a un individuo y las características que describen una marca, mayor será la preferencia de ese individuo por esa marca. Esto explica por qué algunos consumidores desarrollan sentimientos tan fuertes hacia una marca particular de teléfono celular. Hay cinco factores de personalidad de marca que los consumidores consideran al elegir entre marcas competidoras:

- Sinceridad.
- Emoción.
- Competencia.
- Sofisticación.
- Solidez.

Cuando los consumidores ven comerciales o anuncios de teléfonos celulares, sus reacciones están guiadas en gran medida por estos factores de personalidad. Los consumidores almacenan asociaciones marca-personalidad en su memoria y acceden a estas asociaciones cuando toman decisiones de compra. Por ejemplo, la línea Droid generalmente crea comerciales de mucha acción con un toque de ciencia ficción.

Alternativamente, los comerciales de iPhone de Apple tienden a enfatizar la sofisticación, la competencia y la sinceridad. La música lúdica que aparece en los comerciales recuerda una sensación de extravagancia y asombro, mientras que las frecuentes imágenes de celebridades sugieren que el teléfono es el favorito de las personas de clase alta.

Debido a que la asociación marca-personalidad es una condición tan fuerte, los competidores deben esforzarse más para romper esas asociaciones si esperan dominar el mercado.

**Integración de la psicología y el marketing de teléfonos móviles.**

Los esfuerzos publicitarios recientes se centran en comparar los nuevos productos de Samsung con los nuevos productos de Apple, burlándose de los fanáticos acérrimos del iPhone. Mientras los usuarios de Apple esperan en la fila para recibir sus nuevos iPhones, los usuarios de Samsung se acercan a ellos para mostrarles cuántas funciones ya tiene el teléfono Samsung. Como dice Samsung, "la próxima gran cosa ya está aquí" para disgusto de los fanáticos de Apple que han hecho fila durante horas.

Los comerciales de Samsung sugieren que el nivel de competencia y sofisticación que los usuarios de Apple están esperando ya ha llegado, y que al cambiarse a Samsung, no necesitan esperar para alcanzar ese nivel de sofisticación.

Al explorar los factores de personalidad en la marca, Samsung ha visto mayores niveles de éxito con su nueva línea de teléfonos inteligentes. Su experiencia muestra cómo la exploración de los factores psicológicos de la marca tiene un enorme potencial de rentabilidad para las empresas que venden teléfonos móviles.

El éxito futuro de las compañías de telefonía celular se basa en la comprensión de los especialistas en marketing de cómo proyectamos nuestras personalidades en sus productos. Al aprovechar esta información, analizar los factores de personalidad y desarrollar anuncios que reflejen esta comprensión, estas empresas superarán a la competencia y dominarán el mercado.

## APLICACIONES PARA TELÉFONOS MóVILES Y TABLETS

Una imagen familiar: un hombre en un autobús usando su teléfono inteligente con su dedo recorriendo la pantalla. Esta es una nueva forma revolucionaria de interactuar con el mundo en la que una persona tiene acceso a aplicaciones que convierten su viaje en autobús en una oportunidad para trabajar, jugar, comunicarse o educarse. Su teléfono le ofrece un portal al mundo que le brinda un acceso sin precedentes a herramientas útiles para la vida diaria.

Los dispositivos móviles se han vuelto tan populares porque funcionan como computadoras portátiles. Con el desarrollo de aplicaciones para teléfonos inteligentes y tablets, ahora es posible acceder e interactuar con todas las herramientas y contenidos que ofrece Internet. Las aplicaciones permiten a los usuarios acceder a mapas, encontrar cupones, realizar negocios y jugar para pasar el tiempo. Con cientos de aplicaciones nuevas que aparecen diariamente, hay una aplicación para satisfacer cada necesidad. El desafío para los especialistas en marketing de aplicaciones es hacerse notar por encima de la competencia. Los especialistas en marketing deben convencer a los consumidores de que su aplicación es la más útil, creativa e intuitiva disponible.

**Marketing de aplicaciones.**

Las aplicaciones se presentan como un antídoto contra el desorden de Internet, tomando las funciones más útiles y agradables y envolviéndolas en un paquete fácil de usar. Esta es una de las características más atractivas del uso de aplicaciones y un argumento común en el marketing de aplicaciones. Se muestra a las personas realizando tareas importantes, como pagar facturas o hacer reservas, todo mientras viajan en un taxi. Las aplicaciones se comercializan a sí mismas como una versión simplificada de Internet a la que se puede acceder desde cualquier lugar.

El marketing de aplicaciones también destaca la naturaleza moderna de la tecnología. Los anuncios en negrita que dicen "Millones de descargas" sugieren que hay algo popular y atractivo en la aplicación. Otras aplicaciones se comercializan como indicadores de estilo de vida, lo que implica algo sobre las personas que las usan. Se muestra a los jóvenes de moda usando aplicaciones para complementar su estilo o acceder a eventos exclusivos. El mensaje en todos estos anuncios es que una aplicación mejorará la identidad de una persona. Tenerlo es un signo de relevancia cultural.

La naturaleza misma de la aplicación significa que a menudo se comercializa como un producto desechable. Se invita a los consumidores a pagar pequeñas sumas por una novedad que pueden usar varias veces y luego descartar sin gastar mucho dinero. Los especialistas en marketing de aplicaciones a menudo invitan a los consumidores a ser impulsivos y descargar una aplicación en cualquier momento. Al presentar las aplicaciones como divertidas, simples y consistentemente baratas, los especialistas en marketing pueden alentar a los consumidores a descargar aplicaciones sin pensar mucho en su calidad o utilidad.

**Uso de aplicaciones en el mundo.**

Un estudio conjunto realizado por Google y The Mobile Marketing Association encuestó a miles de usuarios de teléfonos inteligentes en todo el mundo para averiguar cómo estaban incorporando los dispositivos a sus vidas. Una de las ideas más reveladoras fue la disparidad entre las descargas totales de aplicaciones por parte de los usuarios en diferentes países.

Japón encabezó la lista con la mayoría de las aplicaciones instaladas en un teléfono promedio. Se considera que los japoneses son usuarios de teléfonos inteligentes "activos". Aprovechan la oportunidad de usar su teléfono inteligente en todos los aspectos de sus vidas. Los autores del estudio consideran que los japoneses son un modelo de uso global de teléfonos inteligentes que avanza hacia el futuro.

## COMPUTADORES

### Marketing y psicología: una relación significativa

Los especialistas en marketing exitosos tienen una sólida comprensión del comportamiento del consumidor y reconocen los factores motivadores que hacen que las personas pasen de querer un producto o servicio a comprarlo. La publicidad efectiva atrae a un consumidor en un nivel emocional o racional, dependiendo de si quiere o necesita el producto.

La promoción de marca es solo una forma de marketing que se basa en la comprensión de la psicología del consumidor. También es una de las tácticas más utilizadas por los especialistas en marketing informático, cuyos productos suelen representar una inversión significativa para el consumidor. Los profesionales de la industria informática necesitan un sólido conocimiento sobre lo que impulsa a las personas a comprar una determinada marca, para resaltar los puntos fuertes de sus productos en sus mensajes de marketing.

**Cómo las empresas de informática captan a los consumidores.**

Cuando se trata de marketing de computadoras la marca es esencial. La mayoría de los consumidores no sienten que están comprando una computadora. En cambio, están comprando una Dell, una Mac o una Compaq. Cuando alguien menciona que tiene una computadora nueva, la primera pregunta que se suele hacer es qué marca.

Los vendedores de computadoras se esfuerzan por desarrollar la lealtad a la marca, lo que hace que los consumidores sigan comprando en su empresa cada vez que actualizan o reemplazan sus computadoras. Debido a que las computadoras son artículos costosos, en lugar de compras impulsivas, la lealtad a la marca suele ser el factor decisivo en las compras de los consumidores.

La diferenciación es una estrategia de marca popular en la industria informática. La mayoría de los vendedores de computadoras se enfocan en el aspecto más fuerte de sus gamas de productos y refuerzan ese aspecto a través de sus mensajes publicitarios. Por ejemplo, las campañas de Toshiba a menudo se centran en la innovación y las nuevas y emocionantes tecnologías, lo que contrasta con el principal competidor Compaq, una empresa que se anuncia a sí misma como confiable y cómoda.

Otro concepto psicológico popular que ayuda a los especialistas en marketing a vender computadoras a través de la marca es el concepto de diversidad. Pocas empresas de electrónica sólo producen computadoras. La mayoría de ellas ofrecen una variedad de productos electrónicos de consumo, como el iPod y el iPhone de

Apple, además de computadoras. Mediante el reconocimiento la satisfacción con los demás productos de la empresa se refleja positivamente en la marca de computadoras, sin necesidad de invertir en marketing específico para computadoras.

Si bien puede parecer que las características son el punto de venta más importante para las computadoras, la verdad es que la marca cuenta más para los consumidores. La identidad personal es un fuerte motivador para las ventas, y los especialistas en marketing informático trabajan para garantizar que la identidad asociada con sus productos sea atractiva para sus grupos demográficos objetivo.

## LIBROS

La comercialización de libros es un campo desafiante. Dado que la mayoría de los consumidores tienen menos tiempo libre que nunca para el entretenimiento, la ficción tiene que competir con las películas, la televisión e Internet. Además, se publican cientos de miles de novelas cada año, además de un sinnúmero de libros informativos sobre desarrollo personal, negocios, emprendimiento, religión, historia, etc., por lo que estas campañas tienen que hacer que los libros se destaquen de publicaciones similares, al mismo tiempo que se comparan con otras formas de entretenimiento e información.

Por estas razones, los comerciales de libros deben ser especialmente atractivos e interesantes.  Estos tipos de comerciales, transmitidos por televisión, a veces, en salas de cine antes de los avances, y hoy por hoy en la Internet, transmiten el mensaje de que los libros son tan emocionantes o informativos como sus películas o programas de televisión favoritos.

El marketing exitoso requiere una comprensión de la psicología del consumidor, especialmente cuando hay tantas formas inmediatas de entretenimiento e información que compiten por la atención del lector. Es esencial que los especialistas en marketing comprendan por qué las personas leen ficción y temas interesantes y qué hace que una novela, o un libro informativo, sean atractivos para su grupo demográfico objetivo.

Con las grandes editoriales, gran parte del marketing de un libro comienza antes de que esté disponible para la venta. Las portadas de los libros son una herramienta de marketing esencial; de hecho, según una encuesta realizada por la Asociación Estadounidense de Editores, el 75 por ciento informó que la portada era el aspecto más importante en las decisiones de los consumidores para comprar libros.

Otra estrategia tradicional de marketing previa a la publicación son las reseñas comerciales, como las que aparecen en el New York Times, Kirkus Reviews y USA Today. Los libros se envían a estas publicaciones para su revisión al menos cinco meses antes de su publicación. Estas fuentes de revisión juegan con la psicología del consumidor porque son fuentes confiables y expertas. Los revisores prestigiosos son vistos como líderes de opinión, definidos por periodistas y expertos en psicología social, como grandes influenciadores del comportamiento de compra del consumidor. Como resultado, los libros que reciben reseñas favorables a través de los intercambios generalmente disfrutan de mayores ventas.

**Psicología de marketing de libros.**

Los especialistas en marketing pueden aplicar varias estrategias psicológicas diferentes para publicitar libros, según el mercado objetivo. Cuando están comercializando directamente a los lectores, estos profesionales a menudo confían en la psicología de la popularidad. Muchos consumidores hacen compras basándose en lo que la mayoría de los demás están comprando. Es por eso por lo que la capacidad de colocar las palabras "Bestseller del New York Times" en la portada de un libro puede garantizar mejores ventas. La frase les dice a los consumidores que un número significativo de personas ya ha comprado el libro.

Otro aspecto de la psicología popular en el marketing de novelas es la celebridad relativa del autor. Los lectores compran libros de autores conocidos porque tienen fuertes identidades de marca asociadas a su trabajo. Por ejemplo, una vez que la primera novela de la serie Harry Potter de J.K. Rowling se convirtió en un gran éxito de ventas, las ventas de los libros posteriores de la serie se dispararon.

Sin embargo, esta estrategia también puede funcionar en contra de los vendedores en el campo de la publicación. El primer lanzamiento de Rowling después de Harry Potter fue una novela para adultos, y muchos consumidores compraron el libro porque disfrutaron de su trabajo anterior, solo para sentirse decepcionados por la violencia y los temas para adultos de The Casual Vacancy, como lo demuestra la avalancha de críticas negativas de los consumidores en los sitios web como Amazon.

Ofrecer muestras gratis es una técnica de marketing común para los anunciantes involucrados en publicaciones. La idea es que, al ofrecer a los consumidores la posibilidad de leer partes de la novela de forma gratuita, generalmente a través de un extracto que se publica en línea o en una revista impresa, querrán comprar la novela para leer el resto. Esta estrategia se basa en una técnica llamada condicionamiento operante, para incluir refuerzo positivo y promesa futura. Las muestras gratuitas prometen que si los lectores disfrutan de la porción de muestra, también disfrutarán del resto del libro.

Principalmente, los lectores de hoy encuentran su próxima compra de libros mediante el conocimiento en línea a través de reseñas de libros en anuncios en línea, sitios web de autores, correos electrónicos de minoristas, sitios web de editores o foros en línea, blogs y motores de búsqueda.

## MARKETING INMOBILIARIO

La adquisición de vivienda es una de las compras más grandes y menos frecuentes que hará en su vida. Esta enorme decisión de compra se basa no solo en las finanzas, sino también en las emociones. Si es el barrio correcto. Si tiene los servicios que Usted requiere o desea. Si sus vías de acceso son fáciles y eficientes.

Cuando encuentra la casa, o el apartamento, que le convienen simplemente sabrá que es el inmueble correcto. Los vendedores de bienes raíces exitosos saben qué botones emocionales activar para asegurar una venta. Hacen publicidad cuidadosamente, asegurándose de despertar sentimientos favorables en los posibles compradores.

Una conocida compañía de bienes raíces, publico una serie de comerciales dirigidos a obtener datos demográficos en diferentes redes. Dos temas incluyeron un comercial en el que un hombre le propone matrimonio a su novia, y otro que representaba a un futuro padre que prepara un hogar para la llegada de sus gemelos. Ambos comerciales, a pesar de ser breves y específicos, conectan a los espectadores a nivel psicológico. El primer comercial, se dirige a adultos jóvenes que planean invertir en una casa después del matrimonio. El segundo utiliza la planificación y la preparación como motivación para mudarse a medida que crece una familia.

Las empresas de bienes raíces deben proyectar imágenes seguras y confiables para los consumidores, en gran parte porque la mayor parte de su negocio proviene de referencias y publicidad de boca en boca. Para convencer a los consumidores de que sus empresas son confiables, se anuncian mediante comerciales y estrategias de marketing en Internet que crean marcas conocidas y apreciadas en la mente de los consumidores.

Estas tácticas de marketing se utilizan para provocar una respuesta en el espectador y motivarlo a comprar una vivienda. Esto requiere una comprensión integral de la psicología utilizada para comercializar bienes raíces. Los compradores de hoy tienen más opciones que nunca para elegir una propiedad inmobiliaria. Estas empresas utilizan estrategias que les permiten conectarse con los clientes a nivel emocional y psicológico.

Los especialistas en marketing inmobiliario deben presentar una mezcla de marketing emocional y práctico para atraer a una amplia audiencia. Comprar una casa no es solo una gran inversión financiera; también es una inversión emocional.

Una forma en que los especialistas en marketing atraen a los consumidores es a través de un atractivo emocional. Quienes busquen la experiencia de un ambiente familiar saludable responderán a conceptos que incluyen alegría, humor, compromiso y nostalgia. Los especialistas en marketing utilizan comerciales que muestran a una familia numerosa cenando en una hermosa casa, o un gran momento en la vida de una persona, como comprometerse, para tocar el corazón. Todo el mundo puede identificarse o añorar estos momentos críticos de la vida.

Según el Perfil de Compradores y Vendedores de Viviendas de la Asociación Nacional de Agentes Inmobiliarios, la mayoría de los consumidores en el mercado inmobiliario son parejas casadas. Teniendo esto en cuenta, los anuncios generalmente intentarán conectarse a nivel psicológico con este grupo demográfico al representar a una familia feliz que vive el sueño americano tradicional. Quienes busquen la experiencia de un ambiente familiar saludable responderán a conceptos que incluyen alegría, humor, compromiso y nostalgia.

Sin embargo, muchos compradores de viviendas buscan características más sensibles al comprar una vivienda. Quieren ahorrar tiempo y dinero con viajes fáciles, vivir en vecindarios de calidad y comprar un inmueble que tenga servicios eficientes. Al crear anuncios para personas prácticas, los vendedores de bienes raíces deben presentar ahorros y eficiencia. Al incorporar imágenes de profesionalismo e independencia, estos vendedores pueden convencer a los consumidores de que harán que el proceso de compra o venta de una casa sea rápido y sencillo.

## SERVICIOS FINANCIEROS

Los clientes de servicios financieros son aquellos que disponen de capital que generalmente gastan, ahorran o invierten personalmente o con la ayuda de fuentes externas. Esta ultimas tiene que presentarse como responsables y de confianza, con una reputación de honestidad y cumplimiento.

Los profesionales de la industria de servicios financieros construyen esta confianza con los consumidores, ayudándolos a invertir y ahorrar el dinero que les costó ganar. En representación de sus bancos, compañías de tarjetas de crédito, uniones de crédito y compañías de inversión, estas personas conocen de primera mano la importancia psicológica de la confianza en las relaciones financieras.

En el pasado muchas empresas de servicios financieros sufrieron no solo pérdidas de efectivo, sino también pérdidas en la confianza de los consumidores. Desde entonces, estas empresas se han involucrado en nuevas estrategias de marketing para reparar lentamente esas relaciones rotas. Al explorar las características psicológicas de las técnicas de marketing, estas empresas buscan cambiar la percepción de su marca en la mente de los consumidores.

**Servicios financieros: una industria única.**

Como sugiere el nombre, los servicios financieros existen en la industria de servicios, lo que significa que sus productos finales son relativamente intangibles y dependen principalmente de la confianza del consumidor y de la referencia para tener éxito.

Los servicios financieros se utilizan ampliamente, lo que significa que la mayoría de las personas considerarán varios proveedores de servicios diferentes antes de decidirse por uno. De hecho, según las "Pautas de marketing estratégico para profesionales de la planificación financiera", de Rachel K. Smith, nueve de cada 10 personas en los Estados Unidos buscan asesoramiento financiero profesional cuando sus activos superan los $ 100,000.

El artículo, publicado en Services Marketing Quarterly, señala que a los consumidores les resulta difícil evaluar los servicios, lo que significa que los proveedores deben brindar a sus clientes amplia información y guías que faciliten el proceso de toma de decisiones. Sin embargo, proporcionar información financiera amplia a los consumidores conlleva sus propios desafíos.

Según el artículo, los consumidores tienden a encontrar la información proporcionada por los servicios financieros difícil y confusa de interpretar, lo que significa que comienzan a confiar más en la solidez de la relación desarrollada a partir de sus experiencias con el prestador del servicio. Si la marca de un servicio financiero es conocida por sus relaciones sólidas y de confianza con los clientes, no solo más clientes gravitarán hacia esa marca, sino que es más probable que los clientes existentes se queden con esa empresa.

**Creando relaciones duraderas y de confianza.**

En *"La naturaleza de la confianza en las marcas: un modelo psicosocial"*, Richard Elliot escribe que el objetivo final del marketing es crear una relación entre el consumidor y la marca, una relación generada por la confianza.

Publicado en The European Journal of Marketing, el artículo señala que la confianza en el marketing es un concepto psicológico basado en el riesgo. Debido a que las finanzas se consideran una actividad de alto riesgo, se debe establecer una gran confianza entre las marcas de servicios financieros y los consumidores objetivo.

La importancia de una relación de confianza es evidente en muchos lemas bancarios y de servicios financieros. Por ejemplo, BankMutual se anuncia a sí mismo como "Confianza. El sentimiento es mutuo", subrayando el valor de la confianza mutua para la marca. Además, los comerciales tienden a enfatizar el personal amable del banco que lo cuidará como a una familia.

Este énfasis en la confianza no es simplemente para tranquilizar a los clientes, sino para participar en prácticas exitosas de marketing relacional. Cuando los consumidores compran bienes y servicios, los especialistas en marketing intentan involucrarlos en relaciones laborales que duran años. A pesar de estos esfuerzos, muchos consumidores ven estas relaciones como fugaces o ni siquiera consideran desarrollarlas en primer lugar.

Esto se debe a que la compra de muchos bienes y servicios son actividades de baja participación, lo que permite a los consumidores recurrir únicamente al hábito. Si bien una empresa puede fantasear con crear una relación duradera con el consumidor, en realidad, el consumidor mismo no lo percibe. Sin embargo, algunos estudios indican que para servicios financieros como la banca, este no es el caso.

Según *"Por qué la confianza es importante en las relaciones con los clientes y cómo desarrollarla"*, de Tina Harrison, la banca es una actividad de gran participación. Publicado en The Journal of Financial Services Marketing, el estudio señala que las actividades de alto compromiso requieren mayores niveles de toma de decisiones, lo que requiere que los consumidores desarrollen relaciones más cercanas con el banco.

Debido a que la banca, las inversiones y otros servicios financieros son difíciles de entender para muchos consumidores, estos tienden a confiar mucho en los profesionales de la industria. Esto permite la promoción del marketing relacional, en el que los empleados se convierten en la principal fuerza impulsora de los esfuerzos de marketing.

Al participar en un marketing relacional exitoso, los bancos y otras empresas de servicios financieros aumentan el nivel de confianza que existe entre el servicio y el consumidor, lo que a su vez minimiza los temores con respecto a ese servicio. Cuando los consumidores se sienten seguros, es más probable que aumenten su participación en el servicio y lo recomienden a sus amigos.

## TURISMO

Las vacaciones y los viajes permiten a las personas un breve respiro de su vida cotidiana, anteponiendo la diversión, los nuevos recuerdos y la emoción, al trabajo y otras responsabilidades. Al viajar a otros países, nuevas ciudades y explorar nuevas áreas, las personas mejoran las relaciones cercanas, crean nuevas y satisfacen sus

Estos impulsos y motivaciones para viajar son investigados por los comercializadores de turismo, que buscan atraer nuevos visitantes a sus destinos. Hay docenas de destinos tropicales en todo el mundo, cada uno con playas de arena, nativos amigables y atmósferas relajantes que el consumidor puede considerar para elegir su próximo destino turístico.

Gran parte de esa elección se basa en motivaciones personales. Al tener en cuenta la investigación psicológica de la motivación y las experiencias emocionales que rodean a los viajes y el turismo, los especialistas en marketing pueden presentar sus destinos como la opción más atractiva para los consumidores.

El concepto psicológico de motivación es una mezcla de necesidades, deseos y objetivos que crea un fuerte deseo en la mente de las personas. Para viajar, estas necesidades, deseos y metas internas generalmente se relacionan con cinco razones:

- **Conocimiento.** Motivos culturales o educativos.
- **Minimización del estrés.** Necesidad de escapar de la rutina.
- **Maximización del bienestar.** Placer o nuevas sensaciones.
- **Autoestima.**
- **Prestigio Social.**

Según *"Información turística y motivación del placer"* del investigador Cees Goossens, los directores de marketing turístico deben examinar cómo la motivación influye en por qué los consumidores eligen un destino en particular, además de explorar formas que intensifican esas motivaciones. El estudio, publicado en *The Annals of Tourism Research*, dividió estos principales factores psicológicos en motivadores de "impulso" y "atracción".

Los factores de impulso residen dentro de un individuo y lo motivan intrínsecamente a buscar el ocio y la relajación. Estos factores son características latentes que surgen cuando el trabajo y otras responsabilidades se vuelven abrumadoras para un individuo. Los motivadores de impulso típicos incluyen:

- Necesidad de escapar de la rutina.
- Descanso y relajación.
- Mejorar las relaciones cercanas.

Al tener en cuenta las motivaciones de impulso típicas de los turistas, los encargados de marketing pueden mejorar los factores motivacionales de manera más efectiva. Al mismo tiempo los motivadores de atracción son factores directamente controlados por los esfuerzos de marketing de las ciudades, los centros turísticos y los destinos de ocio, que invitan a los consumidores hacia un destino. Los motivadores de atracción típicos incluyen:

- Alojamiento agradable.
- Clima, Medio Ambiente.
- Actividades divertidas.

En la combinación de marketing, tanto los motivadores de impulso como los de atracción se combinan en la mente de un consumidor para crear el deseo de viajar a un destino específico. La estrategia para los especialistas en marketing turístico es cómo mejorar los efectos de sus motivadores de atracción en el consumidor a través de técnicas publicitarias inteligentes.

La investigación señala que estos factores motivacionales están dictados en gran medida por las emociones, lo que sugiere que los especialistas en marketing turístico deben desarrollar campañas publicitarias más emocionales dirigidas a los turistas potenciales.

**Atrayendo a más viajeros.**

Muchos destinos de todo el mundo exhiben sus características de manera similar, centrando las imágenes en vistas impresionantes, playas tropicales y una vida nocturna emocionante. Si bien a veces son espectaculares, estas imágenes también son genéricas y aparecen en una gran cantidad de anuncios turísticos.

La motivación para viajar generalmente se centra en la necesidad de escapar de la rutina, esta motivación en su nivel más básico está dictada por la experiencia emocional. Los principios generales de marketing señalan que cuanto más involucrado emocionalmente está un consumidor con un producto o marca, más probable es que compre ese producto o marca.

Para mejorar el vínculo emocional con un destino, los especialistas en marketing turístico intentan enmarcar la ubicación como un medio para crear experiencias inolvidables con amigos, familiares y seres queridos. En lugar de centrarse únicamente en los atributos físicos de un destino, los comerciales de turismo deben mostrar a las personas que crean esas experiencias emocionales especiales en ese destino.

Estos podrían incluir imágenes de una cena romántica para dos en una isla tropical, o una familia de cuatro personas esquiando montaña abajo mientras se ríen. Cuando las campañas de marketing comienzan a enfatizar las experiencias emocionales de visitar un destino, los especialistas en marketing esperan que aumente el turismo en esa área.

Como ejemplo, los esfuerzos de marketing de Canadá se han centrado únicamente en su imagen basada en la naturaleza durante muchos años. De hecho, los investigadores encontraron que la mayoría de los turistas no podían articular a Canadá como un destino más allá de sus atributos físicos. Para resolver esta crisis en el turismo, los expertos en marketing se comprometieron con una nueva campaña publicitaria que buscaba crear un vínculo emocional entre Canadá y los atractivos para viajar al ofrecer beneficios emocionales de las experiencias.

El nuevo eslogan de Canadá, "Canadá. Keep Exploring" se lanzó con nuevos anuncios que se enfocaban en presentar el país como un lugar que vale la pena explorar, en parte por su increíble naturaleza y vida silvestre, pero también por su sociedad progresista y acogedora. En lugar de mostrar paisajes extensos, los nuevos comerciales presentaban escenas más acogedoras de familias e individuos que disfrutaban de unas vacaciones en Canadá, lo que agregaba una calidad emocional y humanista a los esfuerzos publicitarios.

A medida que los profesionales del turismo continúen diseccionando exactamente qué motiva a los consumidores a visitar nuevos destinos, su alcance con las personas se expandirá. Con una mayor comprensión de la psicología detrás de los viajes, el turismo y el ocio, los profesionales de marketing están mejor capacitados para diseñar campañas efectivas.

# 4

# Marketing de Emprendimiento

*"Un emprendedor es el mejor mercaderista de sus propios productos o servicios."*

# 4
# Marketing de Emprendimiento

Muy a menudo, el éxito o el fracaso de una empresa es el resultado directo de una estrategia de marketing efectiva o no efectiva. Por ello, elegir una estrategia de marketing que se ajuste al producto o servicio de su empresa es de vital importancia.

Sin importar que producto o servicio Usted ofrece al público debe tener en cuenta:

- **Identificación de su consumidor objetivo**. El primer paso para desarrollar una estrategia de marketing adecuada es conocer a su comunidad de consumidores potenciales. Sus perfiles personales, familiares, sociales y económicos, edades, gustos y aficiones, rutinas y temporadas de ocio; sectores empresariales, comerciales, laborales y sociales en los que se desenvuelven, ingresos, etc.

- **Definición del perfil del proceso psicológico**. En segundo lugar, debe crear un proceso psicológico hipotético que un comprador de su producto o servicio adoptará como resultado de sus estrategias de marketing.

- **Aplicación de un tipo de estrategia de marketing.** Basándose en su comprensión del consumidor objetivo y el proceso por el que desea llevarlos, elija un tipo de estrategia de marketing que crea que tendrá el mayor impacto positivo.

- **Evaluación periódica de resultados**. Establezca un sistema de seguimiento y tabulación de los resultados prácticos de las estrategias de marketing que aplique, y evalúe periódicamente si sus proyecciones eran correctas y reaccione en consecuencia.

Los mejores especialistas en marketing son aquellos que saben cómo construir una marca, escalarla para un crecimiento sostenido y cultivar el éxito a largo plazo. Entienden lo esencial del marketing porque lo han vivido de primera mano. Hemos aprendido innumerables estrategias en el proceso de convertirnos en emprendedores y evolucionar como líderes empresariales.

Ya sea que usted mismo sea un fundador o no, necesita una mentalidad emprendedora para ser un comercializador exitoso. Esto es lo que quiero decir: los empresarios se ven obligados a llevar su mensaje y misión más allá porque están totalmente dedicados a su éxito. Una mentalidad emprendedora significa estar totalmente convencido de la misión de su empresa y tener la capacidad de comunicarla claramente.

Pero, si usted es un especialista en marketing que lee esto, es posib le que no tenga la experiencia completa de un emprendedor. Está bien, solo necesita adoptar la mentalidad. Así es como se ve una estrategia de marketing impulsada por emprendedores y cómo puede implementarla usted mismo.

- **Sea decidido y enfoque su mensaje principal**

Adquiera y mantenga una mentalidad singularmente enfocada en su estrategia. Tome el mensaje central de su empresa y asegúrese de que toque todos los aspectos de su marca. Cada vez que tenga una nueva idea, asegúrese de que coincida con su misión. Con el tiempo lograr á el resultado proyectado de sus ventas, lo que le indicará que su estrategia está funcionando.

Recuerde: la confusión genera deserción. Si no puede mantener su mensaje claro y simple, perderá clientes. La determinación de su mensaje central es esencial porque mantiene enfocado su plan de marketing. Al iniciar sus empresas, los emprendedores dedican una innumerable cantidad de horas a perfeccionar el producto, modelo de negocio o servicio de la empresa. Debido a esto, su enfoque está claro en quiénes son y qué hacen.

Incluso si no es un emprendedor, debe comenzar con un solo enfoque cuando se trata de marketing. Asegúrese de que el mensaje principal de su empresa esté claramente definido. Ya sea que esté trabajando para un cliente o para su propia empresa, dedique tiempo al frente para asegurarse de que usted y todas las demás partes interesadas involucradas comprendan los principios básicos y las motivaciones que impulsan el negocio.

- **Haga que su estrategia de marketing sea agradable**

Los emprendedores que se encuentran al principio del viaje de ser dueños de sus negocios tienden a usar muchos sombreros y cumplir muchos roles dentro de sus empresas. Si bien el objetivo siempre es crecer y construir un equipo completo, aquí hay una lección más profunda. Asegúrese de que su estrategia de marketing lo abarque todo. Piénselo de esta manera: un emprendedor está tan absorto en la misión de su empresa que se infunde en todo lo que hace. La marca o empresa se incluye en conversaciones de redes, intercambios personales y más.

La empresa de un emprendedor suele ser una extensión de su sistema de valores. Teniendo esto en cuenta, las interacciones con la empresa están impregnadas de la personalidad del emprendedor. Su estrategia de marketing debe ser la misma. Asegúrese de que sus interacciones con clientes potenciales y existentes estén impregnadas de la personalidad de su marca.

Un empresario hábil hace esto al mantener una presencia distintiva en línea, en público e incluso a través de medios más grandes. Él es la cara de su marca y su mensaje se centra en su voz. Incluso si su empresa no está impulsada por la notoriedad o la imagen de marca de un líder, puede crear una personalidad que informe cómo se comunica en los mensajes de marketing.

En general, los empresarios conocen las mejores estrategias de marketing para sus productos o servicios porque conocen el mensaje y la motivación de su marca por dentro y por fuera. El marketing exitoso está impulsado por una misión clara y un conjunto de valores fundamentales que los clientes pueden entender. Ya sea que esté construyendo un negocio o trabajando para una gran empresa, necesita la mentalidad de un emprendedor para impulsar una estrategia de marketing exitosa.

## Por qué el marketing es crítico para los emprendedores

El marketing es un proceso vital para los empresarios porque ninguna empresa puede establecerse y crecer sin un mercado de clientes. El proceso de adquisición y retención de clientes es el núcleo del marketing. Los empresarios deben crear la oferta, diseñar el producto y fijar el precio, llevar la oferta al mercado a través de la distribución y, al mismo tiempo, informar al mercado sobre la oferta a través de las herramientas de comunicación disponibles. Estas actividades definen las famosas Cuatro P del marketing: Producto, Promoción, Posicionamiento y Precio.

Los empresarios a menudo se enfrentan al diseño de todo el "sistema de marketing", desde el producto y el precio hasta la distribución y la comunicación. Debido a que es difícil y costoso llevar nuevos productos y servicios al mercado, especialmente difícil para las nuevas empresas, necesitan ser más ingeniosos en su comercialización. Muchos empresarios confían en la creatividad en lugar del dinero para lograr una imagen convincente en un mercado competitivo.

Una condición importante de ganar la aceptación del mercado es generar conciencia de marca, la cual, dependiendo de la etapa del emprendimiento, puede ser débil o incluso inexistente. Los empresarios deben diferenciar el producto o servicio de su empresa para que su distinción y valor sean claros para el cliente. Este es el trabajo de marketing.

El marketing también juega un papel central en las primeras etapas de crecimiento de una empresa, cuando pueden ser necesarios cambios en el modelo de negocio original. Las empresas enfocadas en el crecimiento deben ser capaces de adaptar sus estrategias y programas de marketing con respecto a las condiciones cambiantes del negocio.

## Características esenciales del marketing empresarial

El mundo está constantemente cambiando. Las empresas deben ser únicas para tener éxito. El secreto de toda idea de negocio es el marketing efectivo. Sin marketing, es imposible atraer clientes. No es posible concebir una formula efectiva de comercializar productos o servicios sin acudir al marketing empresarial.

El marketing empresarial puede ser enfocado de diferente manera, con características comunes al marketing tradicional, en las que las estrategias se enfocan primero en encontrar una audiencia o segmento de público objetivo y luego en la presentación y posicionamiento de los productos servicios.

Una vez que el empresario logra identificar un mercado, hará lanzamientos preliminares en un ejercicio de prueba y error. Luego, una vez identificadas las mejores opciones, servirá a los clientes satisfaciendo sus necesidades. Esta estrategia permitirá al empresario ampliar el negocio aprovechando el contacto directo con los clientes conociendo sus preferencias.

Para superar los problemas que se presenten en el camino, es necesario que la aplicación del marketing empresarial sea flexible y adaptable a las condiciones del mercado.

Se describe mejor considerando las siguientes características del marketing empresarial.

### Orientación Proactiva

Una de las características del marketing empresarial es la orientación proactiva. Las empresas emprendedoras tienen que buscar continuamente nuevas formas de obtener una ventaja competitiva. Aquí es donde se hace necesaria la necesidad de realizar cambios en los métodos establecidos en la producción o comercialización.

Un enfoque proactivo permite a las empresas evaluar constantemente diferentes técnicas para determinar qué funciona mejor para ellas. Para tener éxito como emprendedor, es crucial probar las aguas y crear una estrategia de marketing única que le permita atraer clientes a sus productos.

A medida que continúe probando nuevas ideas, obtendrá una mejor comprensión de su base de clientes. Ayudará a catapultar su negocio a nuevas alturas. El hecho es que la orientación proactiva consiste en buscar lo nuevo y probar algo que nadie haya hecho antes.

**Innovación**

Entre otras condiciones del marketing empresarial que debe dominar está la capacidad de innovación. Una empresa innovadora tiene la capacidad de garantizar un flujo de nuevas ideas. Al mantener dicho flujo, es posible generar nuevos productos y servicios.

Dado que el mundo se ha vuelto extremadamente competitivo, es crucial ganar ventaja centrándose en ser innovador. Si hay algo que puede hacer diferente o mejor, podrá atraer clientes.

El marketing empresarial depende en gran medida de la capacidad de innovación. Las personas se sienten atraídas por la innovación. Si puede proporcionarles algo nuevo o diferente, es probable que se interesen en lo que tiene para ofrecer. Puede comenzar aprendiendo cómo ser más innovador.

**Enfoque en los clientes**

Luego, el marketing empresarial requiere que las empresas se concentren en sus clientes. Un emprendedor tiene que adoptar un enfoque creativo para adquirir, retener y desarrollar clientes.

Cuando presta atención a sus clientes, equipa a su empresa con el conocimiento para cumplir con los requisitos de los clientes.

La verdad es que es imposible hacer marketing correctamente sin enfocarse en sus clientes. Debe poder conectarse con los clientes para engancharlos. Esto solo es posible cuando dedica sus esfuerzos a aprender más sobre su base de clientes.

A medida que aumente el conocimiento de sus clientes, ideará una estrategia de marketing que le permitirá dirigirse mejor a su audiencia. Es una característica que no puede permitirse el lujo de pasar por alto.

## Aprovechamiento de las oportunidades

Hablando de características del marketing empresarial, debemos mencionar que la búsqueda de oportunidades es fundamental. Debe reconocer su importancia y dedicar sus esfuerzos a aprovecharlo al máximo.

De hecho, el espíritu empresarial generalmente se define como un proceso que implica el descubrimiento y la evaluación para explotar oportunidades.

Una oportunidad empresarial es una situación en la que se introducen nuevos bienes y servicios mediante el análisis de las necesidades de los clientes. Solo cuando comprenda el mercado podrá encontrar una oportunidad que puede utilizar.

Al aprovechar las oportunidades que se le presentan, aumenta sus posibilidades de tener éxito como empresario. Por esta razon, debe estar continuamente atento a nuevas oportunidades, ya que podría identificar algo sorprendente que le permita llevar su empresa al siguiente nivel.

## Administración de riesgos

Dado que los empresarios son conocidos por asumir riesgos, debe prestar especial atención a la administración de riesgos. El espíritu empresarial tiene que ver con el cálculo del riesgo. Requiere la identificación de factores de riesgo y los intentos de mitigar o controlar esos factores de riesgo por completo.

El marketing empresarial se basa en la administración del riesgo. Es parte integral de su éxito. Sin un manejo calculado de riesgos adecuado, es probable que fracase. Por lo tanto, necesita aprender más sobre el manejo de riesgos. Le ayudará a asegurarse de que está preparado para lo que está por venir.

Al mejorar sus capacidades de gestión de riesgos, puede esperar limitar el riesgo y asumir riesgos calculados para obtener el mejor resultado. Le resultará útil, ya que aumentará su probabilidad de éxito.

## Creación de valor

Finalmente, el marketing empresarial requiere la creación de valor. Es una parte importante de la mezcla. Con la creación de valor, puede dejar atrás la innovación y centrarse en mejorar su relación con los clientes.

Cuando proporciona valor, puede mostrar a los clientes que su producto o servicio vale la pena.

La creación de valor es algo que todo emprendedor debe proporcionar. Es un requisito previo para garantizar que se realicen las transacciones. La característica requiere que los empresarios encuentren formas de agregar valor a la vida de sus clientes.

Si puede convencer a las personas de que su producto o servicio agrega valor, no tendrá problemas para que los clientes se interesen en lo que tiene para ofrecer. Sin embargo, puede ser difícil crear valor. Debe asegurarse de que su capacidad de innovación dé sus frutos.

Ya sea que desee proporcionar servicios de marketing en Internet o cualquier otro servicio a su base de clientes, debe hacer que cuente.

## Conclusión

El marketing empresarial no sigue un modelo fijo. En cambio, se basa en un enfoque más interactivo. Desde la orientación proactiva hasta la creación de valor, cada característica es vital para tener éxito como emprendedor.

Solo cuando establezcas un contacto personal y directo con los clientes podrás entregarles algo que les parezca interesante. Además, puede aprovechar la relación que desarrolla con su público objetivo para determinar qué funcionaría mejor.

# 5

# Principios Básicos de Marketing

*"Las estrategias de mercadeo han cambiado dramáticamente con el desarrollo de las comunicaciones. Hoy tenemos innumerables canales para llevar nuestra información a los consumidores."*

# 5
# Principios Básicos de Marketing

Solo recientemente se ha estudiado el espíritu empresarial como una categoría propia y distinta de negocios. El asombroso éxito de empresas que alguna vez fueron pequeñas como Microsoft y Dell ha revelado que el espíritu empresarial es su propia clase de negocio con muchos desafíos y oportunidades únicos. A medida que el campo ha recibido más y más atención, han comenzado a surgir estrategias específicas para el emprendimiento exitoso.

El principal desafío al que se enfrenta el emprendedor es competir con empresas más grandes, mejor conocidas y con más recursos. ¿Cómo puede una empresa nueva con poco personal, presupuesto limitado y una base de clientes minúscula esperar competir contra los gigantes de su industria? Lo hacen convirtiendo sus debilidades en sus fortalezas. Por su propia naturaleza, las empresas emergentes pueden ser más flexibles y poco ortodoxas que sus principales competidores.

El marketing es un área en la que los empresarios pueden definir una identidad única para ellos mismos. Piense en todos los anuncios ingeniosos que surgieron de la primera ola de nuevas empresas de Internet. Pets.com, por ejemplo, pudo convertir un simple títere de calcetín en un vocero reconocido a nivel nacional. Dado que el marketing es una herramienta que está disponible para cualquier empresa que desee invertir en él, es una de las mejores formas para que las empresas emergentes definan su imagen en la mente de los consumidores.

**¿Qué es el marketing empresarial?**

El marketing empresarial se trata menos de una estrategia de marketing única y más de un espíritu de marketing que se diferencia de las prácticas de marketing tradicionales. Evita muchos de los principios fundamentales del marketing porque generalmente están diseñados para empresas grandes y bien establecidas. El marketing empresarial utiliza un conjunto de herramientas de prácticas de marketing nuevas y poco ortodoxas para ayudar a las empresas emergentes a afianzarse en mercados abarrotados. Muchas estrategias de marketing empresarial nacen de la necesidad. Las nuevas empresas pueden tener 10, cinco o solo una persona trabajando en sus esfuerzos de marketing. Trabajan con presupuestos limitados y tienen acceso a una fracción de los recursos que tienen sus principales competidores. Los lujos como los equipos de diseño gráfico y los consultores de publicidad a menudo están fuera del alcance de las nuevas empresas, lo que les obliga a encontrar formas de lograr el máximo impacto con recursos limitados.

Las características más comunes del marketing empresarial incluyen la innovación, la asunción de riesgos y la proactividad. Las campañas de marketing empresarial intentan resaltar las mayores fortalezas de la empresa al mismo tiempo que enfatizan su valor para el cliente. Centrarse en productos innovadores o un servicio al cliente ejemplar es una forma de destacarse de la competencia. Hacen este lanzamiento utilizando herramientas baratas y accesibles que incluyen videos virales, tweets, páginas de Facebook y marketing por correo electrónico. Se pueden considerar todas y cada una de las estrategias de marketing siempre que produzcan resultados.

**¿Quién implementa el marketing empresarial?**

El marketing empresarial se define mejor por los tipos de empresas que lo utilizan. La forma más fácil de identificar un esfuerzo de marketing empresarial es mirar a la empresa que realiza el marketing. Las nuevas empresas y las empresas emergentes utilizan el marketing empresarial para ayudarse a establecerse en las industrias emergentes.

Es importante distinguir estas empresas de las pequeñas empresas. Si bien comienzan siendo pequeños, su objetivo es crecer rápidamente y convertirse en actores importantes en su industria lo más rápido posible. Esto es drásticamente diferente de un restaurante o taller mecánico que puede estar contento de permanecer pequeño para siempre. El crecimiento es el objetivo principal del espíritu empresarial, y el marketing es el medio principal para el crecimiento.

Sin embargo, las estrategias de marketing utilizadas por las empresas emergentes no son exclusivas de ellas. De hecho, muchas empresas importantes utilizan algunas de las mismas estrategias. Tanto Nike como Burger King han utilizado el marketing viral con gran eficacia. Las principales empresas utilizan estas estrategias por oportunidad, mientras que los empresarios las utilizan por necesidad.

Zappos.com, una tienda de zapatos en Internet pudo popularizar la compra de zapatos en línea al ofrecer devoluciones fáciles y gratuitas. Al destacar este servicio innovador en su marketing, pudieron tranquilizar a los clientes que no estaban seguros de comprar zapatos que no podían probarse. Ahora venden millones de dólares en zapatos cada año.

**¿Cómo se elabora un plan de marketing empresarial?**

Los planes de marketing solo pueden desarrollarse después de que una empresa determina varios aspectos sobre su modelo de negocio. Deben comprender la misión central de la empresa, a qué clientes se dirigirán y quiénes son sus competidores. Hacer un autoanálisis cuidadoso puede ayudar a las empresas emergentes a definir su lugar en el mercado y establecer objetivos realistas. El tipo de negocio que una empresa nueva se esfuerza por ser también afectará sus decisiones de marketing. Si una empresa decide comercializar a clientes comerciales profesionales, probablemente no usará videos virales divertidos en YouTube.

Los detalles del plan dependerán en gran medida de la estrategia de marketing particular que elija una empresa. Las estrategias del marketing relacional son significativamente diferentes a las del marketing viral. Es importante definir en qué tipo de marketing enfocarse y luego concentrar todos los esfuerzos en esa área. Un plan de marketing integral ayuda a las empresas a mantener este enfoque mientras revisan sus estrategias. La mayoría de los planes de marketing no cubren más de un año porque las nuevas empresas enfrentan circunstancias tan inciertas que requieren que las empresas sean flexibles y estén abiertas a cambios rápidos.

Los planes de marketing empresarial se basan en los aportes de todos los aspectos de la empresa, desde la producción hasta las finanzas y el personal. Para tener éxito, las empresas emergentes deben trabajar de manera coordinada para utilizar sus recursos de la manera más eficiente posible. Las decisiones de marketing deben reflejar las circunstancias del mundo real que enfrenta la empresa.

Las métricas utilizadas para evaluar el plan de marketing deben reflejar los objetivos de la empresa. Estos objetivos pueden variar desde maximizar las ganancias hasta llegar a la base de clientes más amplia y redefinir un mercado en particular. Cada objetivo requerirá una estrategia de marketing diferente y será evaluado en diferentes términos. Las empresas emergentes tienen que establecer objetivos cuantitativos para sí mismas y luego revisar sus estrategias si no se cumplen esos objetivos. De lo contrario, el crecimiento es imposible.

**Computadoras Dell: un estudio de caso en marketing empresarial**

En 1984, un estudiante universitario llamado Michael Dell decidió fundar una empresa de informática. Hoy es una de las empresas informáticas más grandes y conocidas del mundo. A continuación se presentan algunos de los pasos que Dell tomó en sus primeras etapas para llamar la atención en el mercado de las computadoras.

• Defina a sus clientes: Dell se dio cuenta pronto de que había un hueco en el mercado de computadoras comerciales personalizadas. Sus primeros productos se comercializaron para empresas grandes y medianas que buscaban comprar muchas computadoras a la vez. Fue solo a finales de los 90 que comenzaron a enfocarse en computadoras personales para estudiantes y familias.

• Ofrezca algo nuevo: a principios de los 80, las computadoras se compraban y vendían principalmente a través de tiendas minoristas. Dell tomó el paso entonces radical de vender directamente a los consumidores, eliminando al intermediario minorista. Esto facilitó a los clientes comerciales realizar pedidos grandes y personalizar cada computadora que compraron.

• Ir a donde están los clientes: Dell se comercializa en ferias comerciales de productos electrónicos, en revistas especializadas y en otras vías que seguirían los funcionarios corporativos de tecnología. Los mensajes publicitarios destacaron las formas en que las computadoras Dell se optimizaron para los clientes comerciales.

• Ofrecer servicios excepcionales: Dell ofreció soporte técnico las 24 horas a todos sus clientes. Este fue un servicio valioso para los clientes que recién comenzaban a integrar las computadoras en sus negocios.

### Estrategias de Marketing para Emprendedores

En mercados competitivos, puede ser fácil perderse entre la multitud. Uno de los mayores desafíos para los emprendedores es destacarse de sus competidores. El marketing en formas nuevas, inusuales o agresivas es la mejor manera de ilustrar lo que hace que un negocio sea único. A continuación se presentan algunas estrategias de marketing que los empresarios han utilizado con éxito en el pasado. Una empresa puede dirigir todos sus esfuerzos de marketing hacia una estrategia o usar varias a la vez.

• **Marketing relacional**: se centra en crear un vínculo fuerte entre la marca y el cliente.

• **Marketing expedicionario**: implica la creación de mercados y el desarrollo de productos innovadores. Las empresas actúan como líderes en lugar de seguidores.

• **Marketing uno a uno**: los clientes se comercializan como individuos. Todos los esfuerzos de marketing son personalizados.

• **Marketing en tiempo real**: utiliza el poder de la tecnología para interactuar con un cliente en tiempo real.

• **Marketing viral**: coloca mensajes de marketing en Internet para que los clientes puedan compartirlos y ampliarlos.

• **Marketing digital**: aprovecha el poder de las herramientas de Internet, como el correo electrónico y las redes sociales, para respaldar los esfuerzos de marketing.

Muchas formas tradicionales de publicidad se remontan a la década de 1960 y desde entonces han sido el estándar para los especialistas en marketing. Sin embargo, hoy en día su eficacia está en declive. Las listas sin llamadas hacen que el telemercadeo sea más desafiante el correo directo es costoso y ofrece un pequeño retorno de la inversión, mientras que la televisión por cable, Tivo y los iPod han hecho que sea sencillo omitir los anuncios de radio y televisión.

Además de esto, la publicidad tradicional se está volviendo extremadamente costosa. Adweek informa que en 2011 el costo promedio de un solo anuncio de 30 segundos durante una transmisión de televisión en horario de máxima audiencia fue de casi $110,000, un aumento del cinco por ciento con respecto al año anterior. A medida que los anunciantes pagan más para ver resultados más pequeños, buscan estrategias de marketing que utilizan nuevos lugares, tecnologías y teorías que contradicen la sabiduría tradicional.

**¿Qué es el marketing no tradicional?**

Las estrategias de marketing no tradicionales se basan en métodos de marketing nuevos y poco ortodoxos. Cualquier cosa que quede fuera de las categorías de marketing tradicional puede considerarse no tradicional, pero el término generalmente se refiere a una gama más específica de tácticas de marketing.

El objetivo de la publicidad no tradicional es crear experiencias publicitarias sorprendentes que capten el interés a través de su creatividad y de manera impredecible. Gran parte del marketing no tradicional implica colocar anuncios en lugares inusuales o mostrar anuncios de formas inusuales, con la esperanza de llamar la atención de los espectadores sin pretensiones.

Los consumidores tienden a ver los anuncios no tradicionales como más orgánicos, auténticos y relevantes. Debido a que se diferencian de la mayoría de la publicidad, son en gran medida inmunes al cinismo y al escepticismo que se aplica a los anuncios impresos, de radio y de televisión. Los anuncios no tradicionales también tienden a estar dirigidos y hablan directamente de datos demográficos específicos en su propio territorio. Los fabricantes de cerveza pueden anunciarse en posavasos, o los fabricantes de zapatos pueden colocar anuncios alrededor de las canchas de baloncesto.

Este tipo de publicidad tiende a ser más barata también. Las campañas publicitarias impresas pueden costar miles de dólares, pero una estrategia inteligente de marketing callejero puede costar menos de cien. Bien administrada, la publicidad no tradicional puede generar grandes retornos de la inversión.

Si bien el marketing no tradicional es inesperado y llamativo, también es impredecible. Puede ser difícil saber si una campaña está funcionando porque se basa en métodos que se alejan mucho de la tradición del marketing. Los especialistas en marketing pueden tener dificultades para cuantificar y medir el éxito o el fracaso de una campaña. Peor aún, una campaña confusa o mal ejecutada puede confundir a los consumidores y crear una imagen negativa en torno a una empresa.

## ¿Quién implementa el marketing no tradicional?

El marketing no tradicional es una estrategia que está al alcance de todos los negocios. Muchas de las campañas más famosas han sido realizadas por grandes empresas, pero las empresas más pequeñas han utilizado el marketing no tradicional con excelentes resultados. Valley Screen Process, un pequeño fabricante de calcomanías para habitaciones de niños experimentó un gran aumento en las ventas después de que desarrollaron asociaciones con blogueros. Ofrecieron muestras gratuitas a las populares blogueras "mamá" que luego hablaron sobre los productos en sus blogs.

El único requisito para utilizar el marketing no tradicional es la visión, la creatividad y el compromiso. Dado que a menudo es significativamente más barato que las formas clásicas de publicidad, el marketing no tradicional es una herramienta eficaz para las empresas con presupuestos de marketing modestos. El único inconveniente es que los resultados son impredecibles y existe el riesgo de esfuerzo desperdiciado.

## Marketing tradicional vs. no tradicional

El marketing tradicional puede estar en declive, pero todavía se gastan miles de millones de dólares en él cada año. Muchos especialistas en marketing utilizan una combinación de estrategias de marketing tradicionales y no tradicionales. Ambos tienen ventajas y desventajas. La clave es determinar qué estrategia será más efectiva para el producto que se está impulsando. Los dos métodos se contrastan a continuación.

### Filosofía

**Mercadeo Tradicional**

- Muy disciplinado, estructurado y controlado.
- Centrarse en las cuatro C: competencia, consumidores, empresa, colaboradores

**Marketing no tradicional**

- Más flexible, incierto y subjetivo
- Se enfoca en la ejecución por encima de la planificación

### Capacidades y Beneficios

**Mercadeo Tradicional**

- Utiliza la investigación empírica para validar sus métodos.
- Los resultados se pueden pronosticar

**Marketing no tradicional**

- Más creíble y eficiente
- Crea "resonancia"

### Presupuesto

**Mercadeo Tradicional**

- Todos los costos son conocidos y cuidadosamente controlados.

**Marketing no tradicional**

- Tiende a ser más barato y se basa en la publicidad gratuita tanto como sea posible.
- Muchos costos son desconocidos y no se pueden predecir

**Público objetivo**

**Mercadeo Tradicional**

- Definido en base a la demografía
- Enfocado y segmentado

**Marketing no tradicional**

- No discriminatorio, todo incluido
- El público objetivo se selecciona a sí mismo

## ¿Cómo se desarrolla un plan de marketing no tradicional?

Dado que el marketing no tradicional se basa en muchos factores desconocidos, es importante que cualquier campaña pase por una planificación cuidadosa. Desarrollar un plan de marketing integral no hace que esta estrategia sea más predecible, pero puede ayudar a enfocar los esfuerzos y maximizar las posibilidades de éxito.

El primer paso del plan es definir el público objetivo. Este paso crucial ayuda a las empresas a determinar si un enfoque de marketing no tradicional tiene sentido o no. Si un producto tiene un atractivo masivo, como una gaseosa o el estreno de una película, los especialistas en marketing podrían cubrir las calles de la ciudad con anuncios creativos. Pero si el producto tiene un atractivo más limitado, un software para contadores, por ejemplo, una campaña publicitaria generalizada sería una pérdida de recursos. Identificar quién comprará el producto hace que sea más fácil llegar a ellos.

El siguiente paso será elegir la estrategia de marketing no tradicional que se utilizará. No es suficiente ser diferente simplemente por ser diferente. La estrategia particular empleada debe elegirse cuidadosamente por la forma en que afectará a los clientes y el mensaje que proyectará. Las empresas deberán examinar la investigación de mercado y consultar con expertos en marcas para encontrar la mejor manera de alinear sus mensajes publicitarios con sus clientes previstos.

En este punto, puede ser necesario negociar ofertas de espacios publicitarios en los lugares habituales. La publicidad no tradicional a menudo crea sus propios canales de marketing. Si el objetivo es mostrar anuncios en lugares donde nunca se han visto anuncios, esto requerirá una negociación cuidadosa entre el anunciante y el propietario de la propiedad. Es importante que ambas partes entiendan completamente los términos y condiciones del contrato para que el espacio publicitario se pueda utilizar con el máximo efecto.

El paso final de un plan de marketing no tradicional será definir métricas para el éxito o el fracaso. Este puede ser el paso más difícil porque el marketing no tradicional a menudo tiene objetivos difusos. En lugar de simplemente aumentar las ventas, el marketing no tradicional se puede utilizar para redefinir la imagen de una marca o para introducir líneas de productos a nuevos grupos demográficos. Antes de poner en marcha cualquier campaña, se deben establecer indicadores empíricos para juzgar el éxito de la campaña.

## ¿Por qué es importante estar en Internet?

¿Es Internet una buena inversión para mi empresa? ¿Por qué tendría que hacer yo una inversión de este tipo? ¿Realmente me va a servir tener un sitio web?

La respuesta es simple: Internet es un medio de difusión que es utilizado cada vez por más personas. Así como alguna vez surgió la popularidad en el uso de la televisión, antes de la radio, y antes aún de los medios gráficos, hoy en día Internet es el medio de comunicación que surge y se estandariza en nuestra época. Este surgimiento y popularidad de Internet hacen que cada vez sean más los usuarios en todo el mundo que interactúan a través de él.

## Por qué invertir en un sitio web:

**Tiene Presencia constante:** Un sitio web le da más personalidad, seriedad y profesionalismo a una empresa. Además junto con su propio dominio podrá tener sus propias direcciones personalizadas de correo electrónico.

**Iguala o supera a su competencia:** Si su competencia está presente en la red, su empresa también deberá hacerlo para no quedarse atrás. Y si su competencia no tiene presencia en Internet, su empresa debe tenerla para superarla.

**Reduce sus Costos:** Con un sitio web puede reducir los costos de publicidad, marketing, imprenta y comunicaciones, entre otros. La forma más económica de exponer sus productos es creando "catálogos online" publicados en Internet. Además, un sitio web es la publicidad más económica en relación con el tiempo de publicación, ya que está online los 365 días del año, las 24 horas al día.

**Permite Interactuar con sus clientes:** Usted puede utilizar su sitio para conocer a sus clientes, las tendencias y sus gustos por medio de encuestas o formularios de sugerencias, sin ningún costo. Además puede mantenerlos informados publicando las novedades de su empresa en el sitio, y hasta puede recibir pedidos o cotizaciones online.

**Permite captar usuarios de Internet como potenciales clientes:** Al no estar usted en la Web, el comprador que realice una búsqueda de uno de sus productos o servicios por Internet no lo encontrará, y por ende le comprará a su competencia.

**Ventajas principales de tener un sitio web:**

- Reduce los costos de folletería, catálogos, etc. El website es económico, dinámico y se actualiza fácilmente.
- Permite que distribuidores, proveedores, clientes y empleados estén informados sobre las novedades y ofertas.
- Lo sitúa en igualdad de condiciones para competir con empresas más grandes. La imagen en internet es comparable a cualquier otra gran compañía de un mismo sector.
- Disminuye la destinación de recursos humanos necesarios para la fuerza de venta, traduciéndose en costos fijos inferiores para las empresas.
- Permite el uso de herramientas de marketing por e-mail. Mucho más rápido, eficiente y económico que hacerlo por fax o correo.
- Determina qué productos y servicios son los más solicitados por los usuarios.

- Permite la presencia mundial de sus productos y servicios.
- Reduce sustancialmente los costos de teléfono y personal, cualquier duda que pudiera tener el cliente y/o usuario, la podrá consultar en la página web, ahorrando tiempo de explicaciones telefónicas y el número de llamadas.
- Ahorro en gastos de publicidad.
- Intensifica la difusión de una empresa, sus productos y sus servicios.

# 6

# Estrategias de Marketing

*"El éxito o el fracaso de una empresa dependen de la calidad de sus productos o servicios y de la habilidad para promocionarlos."*

# 6
# Estrategias de Marketing

## ESTRATEGIAS DE MARKETING

El éxito o el fracaso de una empresa es el resultado directo de una estrategia de marketing efectiva o no efectiva. Elegir una estrategia de marketing que se ajuste a los productos o servicios de una empresa es de vital importancia. Una estrategia de marketing apropiada tiene en cuenta los siguientes pasos:

• **Conocimiento de su público objetivo.** El primer paso para desarrollar una estrategia de marketing adecuada es conocer a su audiencia.

• **Creación de un perfil de proceso psicológico.** En segundo lugar, debe crear un proceso psicológico hipotético que un comprador de su producto adoptará como resultado de sus esfuerzos de marketing.

• **Selección del tipo de estrategia de marketing.** Basándose en su comprensión de la audiencia objetivo y el proceso por el que desea llevarlos, elija un tipo de estrategia de marketing que crea que tendrá el mayor impacto positivo.

• **Evaluación de resultados.** Con cualquier información disponible a través de sus métodos de mercadeo, evalúe si sus proyecciones eran correctas y reaccione en consecuencia.

Tenga en cuenta que el desarrollo de una campaña de marketing comienza con una lluvia de ideas creativas.

Use estas estrategias efectivas para comenzar:

- Pregúntese justo antes de irse a dormir cómo puede comercializar mejor su producto o servicio. Por la mañana, es posible que tenga una idea nueva.

- Reflexione sobre ideas mientras hace ejercicio. Moverse cambia de energía y las ideas surgen rápidamente con dosis de endorfinas.
- Visite medios que presenten ideas atractivas. Mirar otras explosiones de ingenio y creatividad tiende a despertar la suya.
- Si está bloqueado, trabaje en otro proyecto o tómese un descanso. La ansiedad y el estrés son asesinos de la creatividad.
- Considere cada idea. Si obtiene una inspiración, mantenga su mente abierta y continue explorando las posibilidades.

## MARKETING E INTERNET

No es posible adentrarse en el estudio de marketing moderno sin darle relevancia principal al medio en el que actualmente se desenvuelven la mayoría de los procesos de información vigentes. Así como en otras épocas los medios de difusión informativa masiva fueron la conversación y el discurso, la información impresa, la radio y la televisión, así hoy en día la plataforma informativa principal es la red de Internet sobre la cual se establece la comunicación de todo nivel. En el ambiente de marketing moderno si algo o alguien no está en internet, no existe.

Cada año se gastan decenas de miles de millones de dólares en marketing en Internet. La cantidad de dinero que se destina al marketing en línea no ha hecho más que crecer y las ganancias resultantes han aumentado proporcionalmente. Para aquellos interesados en el campo del marketing, una comprensión profunda de cómo funciona el marketing en Internet es un aspecto vital.

El marketing en Internet no es un enfoque singular para aumentar el interés y la conciencia en un producto o servicio. Debido a la gran cantidad de plataformas que ofrece Internet, el campo abarca varias disciplinas. Involucra desde correo electrónico hasta la optimización de motores de búsqueda (SEO), el diseño de sitios web, plataformas de redes sociales y todas aquellas aplicaciones destinadas a llegar a una audiencia en constante evolución y crecimiento.

Internet es omnipresente. Ha crecido para abarcar casi todos los aspectos de la sociedad, aumentando o reemplazando por completo los métodos más antiguos de comunicación. Esto significa que cualquier organización, desde la más pequeña sin fines de lucro hasta la corporación más grande, e incluso individuos, tienen incentivos para crear una fuerte presencia en línea.

El uso de Internet en todo el mundo aumenta constantemente y no muestra signos de desaceleración. A medida que crece el uso de Internet, el comercio en línea crece con él. Esto significa que más personas usan Internet, y gastan dinero en línea impactando la economía de manera significativa.

La audiencia del marketing en Internet no es un grupo de nicho y no lo ha sido durante varios años. No existe un grupo demográfico de "Internet" al que una empresa intente llegar con una campaña de marketing en línea. Hoy en día, la cantidad y variedad de personas que pasan tiempo en línea y están dispuestas a gastar dinero en línea no hace más que crecer.

Teniendo en cuenta la importancia cada vez mayor de una presencia en línea para cualquier empresa u organización, la pregunta no es si implementar una estrategia de marketing en Internet, sino qué tipo de técnica de marketing en Internet usar. Dado que es un espacio multimedia interactivo con una población amplia y creciente, significa que hay un número cada vez mayor de formas de llegar a clientes potenciales que interactúan con el marketing en Internet. Estas incluyen, pero no se limitan a:

- Sitios Web.
- Textos del sitio web optimizados para motores de búsqueda (SEO).
- Listas de correo electrónico, ya sea para un público objetivo o general.

- Redes sociales.
- Foros.
- Vídeos.
- Conferencias en línea.

Una campaña de marketing en Internet no tiene que ser exhaustiva. No todas las campañas necesitan un boletín informativo por correo electrónico, un video viral o un componente de redes sociales, pero encontrar el equilibrio adecuado entre estas opciones generalmente conduce a mayores tasas de éxito para los profesionales de marketing. Por ejemplo, una campaña de marketing en Internet para el lanzamiento de un nuevo producto podría consistir en un sitio web, actualizaciones diarias en las páginas de redes sociales y videos lanzados en sitios de videos populares como YouTube.

Por su parte, las corporaciones privadas utilizan técnicas de marketing en Internet para llegar a nuevos clientes proporcionando información de fácil acceso sobre sus productos. El elemento más importante es un sitio web que informe a la audiencia sobre la empresa y sus productos, pero muchas corporaciones también integran elementos interactivos como sitios de redes sociales y boletines por correo electrónico.

Las corporaciones sin fines de lucro y las entidades políticas utilizan el marketing en Internet para crear conciencia sobre los temas que abordan e involucrar a las personas en sus campañas. Prefieren mucho las plataformas de redes sociales porque son más personales que los sitios web y son fáciles de compartir, lo que aumenta el efecto de boca en boca "viral" que prevalece en los medios en línea.

Las personas particulares encuentran que Internet es una forma fácil y rentable de promocionarse como profesionales, artistas, y más. El costo de una campaña de marketing en Internet es pequeño en comparación con los métodos más tradicionales y tiene el potencial de llegar a una audiencia muy grande.

El primer paso es identificar la audiencia del producto. Una vez que se identifica el público objetivo, el siguiente paso es realizar una investigación sobre cómo ese grupo demográfico en particular usa Internet para que la campaña pueda enfocarse en el mejor método para llegar a ello y decidir qué plataformas en línea incluirán la campaña. Por ejemplo, una empresa que busca clientes de un grupo demográfico especifico debe desarrollar una aplicación móvil que genere conciencia sobre el producto, con el contenido acorde con el que los usuarios se sientan identificados y puedan interactuar.

Un sitio web estéticamente agradable e informativo es un ancla excelente que puede conectarse fácilmente a otras plataformas, como páginas de redes sociales y descargas de aplicaciones. También es relativamente simple configurar un foro o “blog” dentro del sitio web que use contenido bien escrito con "palabras clave" que un usuario de Internet probablemente usará cuando busque un tema.

Una parte esencial de cualquier campaña de marketing en Internet es el análisis de los datos recopilados no solo de la campaña en su conjunto, sino también de cada parte de ella. Un analista puede registrar cuántas personas han visitado el sitio web del producto desde su lanzamiento, cómo interactúan las personas con las páginas de redes sociales de la campaña y si las ventas se han visto afectadas por la campaña. Esta información no solo indicará si la campaña de marketing está funcionando, sino que también es un dato valioso para determinar qué conservar y qué evitar en la próxima campaña.

## 1. MARKETING AL AIRE LIBRE

El marketing exterior, simplemente, es marketing realizado al aire libre. Las vallas publicitarias, ya sean impresas o digitales, comprenden gran parte de todo el marketing al aire libre, mientras que los letreros en los autobuses y los bancos públicos también son lugares populares. Hay casi tantos lugares para el marketing al aire libre como ubicaciones físicas, incluso el cielo no es inmune al marketing al aire libre.

A medida que el marketing en general se vuelve más omnipresente y, por lo tanto, más competitivo, el marketing al aire libre también se vuelve más innovador y, por lo tanto, ha sido un objetivo común para las tácticas de marketing.

Aunque es una estrategia común para la publicidad local y, de hecho, la mayoría de los anuncios al aire libre promueven negocios locales, el marketing al aire libre también es efectivo para empresas nacionales e internacionales. Y, como descubrimos cada periodo electoral, el marketing al aire libre es muy popular en las campañas políticas, ya sea que el candidato se presente al concejo municipal o a la presidencia de los EE. UU.

El marketing al aire libre también produce un enorme flujo de ingresos para las empresas de medios. En comparación con la publicidad en línea más popular, la publicidad al aire libre es a menudo una mejor rentabilidad. Las empresas que emplean regularmente marketing al aire libre a menudo reportan márgenes operativos superiores.

Aunque no se limita a este objetivo, la publicidad exterior funciona especialmente bien para atraer clientes locales o, a menudo, en el caso de las vallas publicitarias, visitantes de una determinada ciudad o zona turística. Si bien algunas personas encuentran que las vallas publicitarias distraen, la mayoría de las personas consideran que las vallas publicitarias son útiles e informativas.

A pesar de que las vallas publicitarias comprenden casi dos tercios de toda la publicidad exterior, el campo o la pared o el banco, están abiertos de par en par. Especialmente en las áreas urbanas, los viajeros del transporte público son los principales objetivos de las campañas de marketing al aire libre: los especialistas en marketing anuncian con frecuencia productos o servicios en las pantallas de las terminales de aeropuertos, autobuses, paradas de autobús, paredes del metro y taxis.

Para una empresa local, el marketing comienza con el letrero en la puerta de entrada. Por lo tanto, incluso antes de que una empresa abra sus puertas, el uso de una agencia de marketing local creativa y/o un diseñador gráfico es un primer paso crucial. Un logotipo que muestre a los clientes potenciales quiénes son realmente y por qué son diferentes de la competencia atraerá a las personas antes de que la empresa amplíe su red de marketing.

La investigación de los clientes objetivo, y sus ubicaciones, o sus rutas y/o métodos de viaje, es clave para el marketing exterior. Ya sea que los consumidores visiten un lugar diariamente, semanalmente, mensualmente o por temporada, el éxito de una empresa está impulsado por la repetición de visualización de sus anuncios. Por lo tanto, es recomendable que las empresas establezcan las opiniones de los clientes, ya sea a través de una encuesta, un volante de opinión o una conversación personal sobre qué los atrajo y qué los mantiene regresando.

Las empresas aprovechan esa información para expandir su influencia en la comunidad. Si una empresa es local, es posible que busque formas de apoyar los eventos del vecindario. También puede colocar letreros en parques o bancos de autobuses, o en las camisetas de los equipos que patrocinan. Dependiendo de la industria de la empresa, los métodos de marketing al aire libre pueden cambiar. Las vallas publicitarias pueden ser un mejor método para atraer a los turistas que conducen a una ciudad turística, mientras que los pequeños anuncios en los bancos pueden ser suficientes para los negocios locales.

## 2. MARKETING ANALÍTICO

Hoy en día, las empresas realizan un seguimiento de las preferencias de sus clientes, manteniendo datos sobre sus gustos, aprobaciones, reenvíos, registros y otro contenido compartido en los servicios de redes sociales. También hacen seguimiento a los sitios web que visitan los clientes con más frecuencia y durante más tiempo. Estos datos brindan información importante sobre cómo los consumidores interactúan con las empresas y entre sí, lo que permite tomar decisiones más inteligentes y calculadas. Al considerar lo que los clientes compran o no, y recopilar datos sobre sus vidas en línea y fuera de línea, las empresas pueden atender mejor a los consumidores individuales.

El marketing analítico ha ganado importancia para las empresas de todas las industrias ya que proporciona información que las empresas de múltiples industrias pueden aprovechar para su beneficio. La mayoría de las empresas que ofrecen listas de correo electrónico, boletines o programas de fidelización de clientes recopilan información sobre sus consumidores para crear bases de datos y usan estas bases de datos para crear listas clasificables que fundamentan sus decisiones comerciales en el futuro.

Las organizaciones sin fines de lucro también utilizan el marketing analítico con la esperanza de atraer mejor a los donantes y crear conciencia de maneras más efectivas. Estas organizaciones utilizan las técnicas de marketing analítico para realizar un seguimiento de los donantes actuales, pasados y los donantes potenciales interesados o no interesados. Por ejemplo, una organización sin fines de lucro podría determinar que no recibe donaciones de direcciones IP en un área determinada del país, pero sí de personas en otras áreas que donan regularmente.

Las técnicas de marketing analítico son más efectivas con consumidores expertos en tecnología que se registran en listas de marketing por correo electrónico y eligen el tipo de información que desean recibir. Esta base de clientes también quiere ver sus intereses reflejados en sitios web, personalizados según sus necesidades o deseos particulares. Los consumidores de hoy tienen la libertad de comparar reseñas, precios, características, productos y servicios en línea, lo que permite a las empresas rastrear fácilmente la frecuencia con la que estos clientes hablan de ellos y lo que dicen en diferentes sitios web. Esto permite un ajuste más fluido cuando se utilizan los comentarios de los consumidores para crear una experiencia positiva de servicio al cliente.

Los clientes que no están conectados digitalmente también pueden utilizarse para el marketing analítico, pero no es fácil rastrear sus preferencias y hábitos. Las encuestas, los cuestionarios y otras técnicas de marketing analítico más tradicionales pueden ayudar a descubrir qué les hace comprar o no determinados productos o servicios.

Un plan de marketing analítico comienza obteniendo información sobre los clientes de una empresa. Los estrategas analíticos deben decidir qué quieren saber de los clientes, administrar y organizar los datos y crear perfiles de clientes para obtener información. Las empresas pueden entonces predecir el comportamiento de los consumidores a partir de sus datos.

La segunda parte de un plan de marketing analítico es administrar las interacciones de los clientes de tal manera que el cliente sea el centro de todas las comunicaciones. Los canales a través de los cuales un cliente puede comunicarse con una empresa se han multiplicado dramáticamente en los últimos años. Algunos de ellos incluyen chat en vivo, sitios de redes sociales, blogs y notas en línea, ferias de la industria, visitas a tiendas, correo electrónico, sitios web, centros de llamadas o correo físico. Las empresas deben adaptar cada mensaje que envían a los clientes en cualquiera de estos sistemas de acuerdo con sus preferencias individuales y grupales.

Finalmente, las empresas buscan constantemente mejorar sus estrategias de marketing utilizando datos obtenidos del marketing analítico. Si una estrategia de marketing no proporciona un retorno exitoso, revisar los datos y las suposiciones extraídas de ella es vital para renegociar o crear campañas futuras si se quiere que sean rentables. Los resultados de las campañas de marketing deben estar claramente vinculados a los flujos de datos para futuras referencias. Cada transacción e interacción con el cliente es una pieza importante del rompecabezas de marketing y el seguimiento de los datos para mejorar el rendimiento del mañana debe ser una prioridad.

## 3. MARKETING BOCA A BOCA

Como su nombre lo indica, el marketing de boca en boca es cualquier instancia en la que los consumidores comparten información sobre un producto u organización entre sí, ya sea hablando o a través de algún otro medio. La comunicación por Internet, especialmente las redes sociales, es una parte importante del marketing de boca en boca moderno. Aunque el boca a boca tradicional se basa en que los consumidores hablen entre sí en un contexto personal directo, como una conversación en persona o una llamada telefónica, el boca a boca basado en Internet utiliza una variedad de plataformas que pueden no implicar hablar en persona.

Millones de personas en todo el mundo utilizan Gmail, el servicio de correo electrónico basado en web de Google. Conocido por su facilidad de uso y su interfaz intuitiva, Gmail creció rápidamente en su lanzamiento, pero pocas personas habrían visto las funciones clave del servicio si no fuera por una de las campañas de marketing de boca en boca más exitosas de la historia.

Gmail comenzó como un sistema de correo electrónico exclusivo para el trabajo para los empleados de Google. La compañía lo lanzó al público en un lanzamiento limitado solo por invitación en abril de 2004. Google pidió a muchos de sus empleados que enviaran invitaciones a sus amigos y familiares para unirse a la prueba beta cerrada de Gmail. De vez en cuando, los amigos y familiares invitados recientemente también tendrían la oportunidad de distribuir invitaciones. El uso de Gmail pasó de ser parte de una red exclusiva de conocedores, a ser parte de un fenómeno internacional que conectó a millones de personas.

Este fue un gran logro considerando que prácticamente todos los que recibieron una invitación para probar Gmail no la necesitaban porque ya usaban un sistema de correo electrónico diferente. Al depender de los usuarios para recomendar Gmail a amigos y familiares, en lugar de crear conciencia sobre el servicio a través de publicidad saliente más tradicional, Google convenció a las personas para que respaldaran un producto a pesar de la falta de demanda.

En el caso de la campaña viral de Gmail de Google, la empresa utilizó el boca a boca en la vida real ya través de redes basadas en Internet para difundir información sobre el nuevo servicio de correo electrónico. Google permitió que la campaña siguiera extendiéndose al facilitar que los usuarios distribuyeran nuevas invitaciones por sí mismos. La empresa siguió otorgando a los nuevos usuarios la posibilidad de enviar invitaciones a sus propias redes sociales hasta que Gmail estuvo disponible públicamente.

El marketing Boca a Boca no necesariamente puede ser verbal. Internet permite a los consumidores compartir información sobre productos y organizaciones sin tener que hablar entre sí mediante publicaciones en redes sociales, "likes" u otras señales de aprobación en las redes sociales, compartir enlaces por correo electrónico u otras plataformas y publicación de contenido multimedia: videos, imágenes, clips de audio, en sitios web.

Cualquier organización que pueda alentar a las personas a difundir información sobre un producto, una causa o la propia organización puede utilizar el marketing de boca en boca. Es una técnica popular utilizada por profesionales para generar clientes por referencia. De hecho, los profesionales de la medicina utilizan esta estrategia para referir a sus pacientes a otros especialistas. Muchas organizaciones de profesionales promueven la referencia entre sus miembros de distintas modalidades generando pacientes apara los miembros de sus propias redes y exaltando la reputación de cada práctica.

Además de ser útil en esfuerzos con fines de lucro, esta estrategia es utilizada en causas sin fines de lucro, como campañas políticas. Estas campañas dependen especialmente del boca a boca. Además de convencer a las personas para que voten por un candidato o tema en particular, también alientan a las personas a hablar con otros sobre hacer lo mismo. Esto se logra con frecuencia proporcionando a las personas contenido que pueden compartir, utilizando medios como boletines por correo electrónico, videos en línea y páginas de redes sociales.

Los principios del marketing de boca en boca son simples, por lo que el proceso no debe intentar ser demasiado complejo. Hay cuatro pasos que las organizaciones deben seguir para crear una campaña exitosa de boca en boca.

En primer lugar, la empresa debe dar a los consumidores algo de qué hablar. Esto significa ofrecer un producto de calidad y resaltar sus características clave. Si, por ejemplo, desea promover un producto nuevo y quiere desarrollar una reputación positiva en su comunidad, podría comenzar la campaña preguntando a los consumidores cuál es su impresión inicial sobre el mismo. Esto inicia una conversación específica centrada en el producto, en lugar de solo una discusión general sobre otros producto o servicios.

A continuación, la empresa debe decidir dónde tendrá lugar esta conversación. La empresa debe investigar qué medios utilizan más sus consumidores y luego colocar los materiales de marketing para la campaña en esos medios. Es posible que desee colocar anuncios que incluyan preguntas en un periódico comunitario, en las estaciones de televisión locales invitando a visitar su sitio web y a través de las páginas de las redes sociales que pertenecen a la comunidad.

Sin embargo, simplemente iniciar la conversación a menudo no es suficiente. La empresa necesita dar a los consumidores una razón para hablar sobre el producto. Podría dirigir a los consumidores a su sitio web para votar por su producto favorito y un descuento o algún otro beneficio por su participación en el programa. Esta es además una excelente oportunidad de recopilar información sobre sus consumidores potenciales para alimentar sus bases de datos.

Por último, la empresa debe asegurarse de que la conversación continúe. Puede ver una avalancha inicial de clientes al comienzo de la campaña, pero también puede permitir que los clientes nuevos y potenciales sepan que la gente continue hablando de sus productos o servicios a través de estrategias de promoción como anunciar al ganador de un concurso y aprovechar este impulso para lanzar una nueva campaña que anime a la gente a votar de nuevo. Esto permitiría a la empresa conocer dónde se estaba llevando a cabo la conversación y qué tipo de elementos de marketing son más efectivos.

## 4. MARKETING CALL CENTER

Es la estrategia de marketing que utiliza a un grupo de personas, telemercaderisas, realizando llamadas telefónicas publicitarias, diseñada para difundir información sobre una empresa, su marca y sus productos o servicios, convencerá sus clientes potenciales compren en la tienda y obtener información sobre nuevos clientes.

Los profesionales de marketing que se especializan en el marketing de los centros de llamadas analizan continuamente cómo conservar las relaciones con los clientes y forjar otras nuevas. El marketing del centro de llamadas pone a las empresas más directamente frente a sus clientes que otras formas de marketing, como postales y boletines por correo electrónico, aprovechando el contacto y las conversaciones en el momento con los consumidores.

El trabajo no sería posible sin la tecnología. Desde la década de 1990, en medio de los avances en el software empresarial, las empresas se dieron cuenta del poder del marketing a través de los centros de llamadas, que primero se utilizaron únicamente para atender las consultas y quejas de los clientes. Si bien los centros de llamadas aún aceptan este tipo de llamadas, las interacciones ahora están diseñadas para obtener y mantener el negocio.

Las empresas utilizan herramientas de gestión de relaciones con los clientes para realizar un seguimiento de las llamadas que han realizado y recibido, así como información sobre los patrones de compra y antecedentes de sus clientes. Pueden utilizar estos datos para proporcionar avisos personalizados, que están diseñados por profesionales de marketing de centros de llamadas. Por ejemplo, una empresa de flores sugerirá que un cliente se registre para recibir recordatorios por correo electrónico de un aniversario de boda.

Quizás lo más importante es que dicho software ayuda a los equipos de marketing a crear listas de prospectos para usar en llamadas en frío e, idealmente, para vender. Las empresas que son diligentes en el mantenimiento y la actualización de sus listas, lo que incluye eliminar los números de teléfono de las personas que no desean que las llamen, probablemente experimenten campañas exitosas de marketing de centros de llamadas.

Muchas empresas tienen sus propios centros de llamadas internos, mientras que otras contratan agencias externas para que hagan el trabajo por ellas. El marketing del centro de atención brinda a las empresas oportunidades para mantener las relaciones existentes con sus clientes, así como oportunidades para vender productos adicionales que los clientes pueden no haber considerado. Por ejemplo, las empresas de catálogos utilizan los centros de llamadas para procesar los artículos devueltos y los editores los utilizan para tratar de vender suscriptores en otros servicios, como un evento pago.

Las empresas se ponen en contacto tanto con los consumidores como con las empresas para aumentar el interés por sus productos y servicios. Confían en las listas de contactos que sus centros de llamadas han recopilado a través de registros por correo electrónico, suscripciones a revistas, suscripciones a catálogos, concursos y similares. Las personas en estas listas generalmente han expresado cierto nivel de interés en la empresa. Sin embargo, los especialistas en marketing también llamarán en frío a los clientes potenciales que quizás no hayan oído hablar de la empresa o sus productos, lo que les permitirá llegar y encontrar nuevos clientes.

Es importante que estos especialistas en marketing analicen y clasifiquen los datos en grupos. Por ejemplo, si una empresa desea conocer los hábitos de compra de las mujeres entre 18 y 35 años, un especialista en marketing incluirá en su lista solo a las personas que encajen en esa categoría. Para las empresas, un comercializador puede agrupar a todas las personas que tienen autoridad para comprar artículos en su empresa. Estas personas suelen ser ejecutivos, como un director de información que está a cargo de todas las compras de software.

El marketing del centro de llamadas es un factor en casi todas las campañas de marketing. Las empresas planificarán sus respuestas cuando los clientes les llamen sobre una oferta anunciada, por ejemplo. También necesitan una estrategia sobre cómo quieren que sus centros de llamadas reaccionen ante los clientes que no responden.

Las empresas confían en la investigación de mercado para encontrar estas y otras respuestas. Consideran qué métodos les han funcionado en el pasado, así como qué les ha funcionado a sus competidores. Los profesionales de marketing también revisarán sus listas de clientes potenciales para ver si se debe eliminar o agregar alguno para una campaña en particular.

Finalmente, las empresas crean guiones para que los sigan sus centros de llamadas cuando llega el momento de hablar con los clientes actuales y potenciales. Introducen varias preguntas en sus programas de software en función de los diferentes datos demográficos de sus listas de clientes. Estas preguntas aparecerán más tarde en la pantalla de un representante del centro de llamadas, dependiendo de quién esté en la otra línea. De esta forma, a un cliente no se le preguntará si ha visto la línea de productos de otro proveedor.

## 5. MARKETING COMUNITARIO

Pertenecer a una comunidad es más que un lujo, es una necesidad fundamental. A través de la evolución de las redes sociales y el marketing comunitario, pertenecer a una comunidad se ha vuelto más fácil. Aunque las personas generalmente reciben su verdadero apoyo comunitario de sus familiares y amigos, las empresas también pueden contribuir al sentido de pertenencia de las personas al construir comunidades para sus clientes.

El marketing comunitario es una estrategia que implica formar una presencia de marca atractiva para interactuar con una comunidad de clientes existentes. Este tipo de marketing ocurre en lugares como grupos de entusiastas, grupos de Facebook, tableros de mensajes en línea y cuentas de Twitter. Estas comunidades brindan a los miembros un lugar para dar a conocer sus necesidades y brindan a las empresas la oportunidad de responder y hacerlos sentir importantes, lo cual son. Mientras que otras áreas del marketing, como la publicidad y las relaciones públicas, generalmente se enfocan en agregar nuevos clientes, el marketing comunitario enfatiza la relación con los clientes que ya tiene una marca. Según algunos especialistas, adquirir un nuevo cliente cuesta seis o siete veces más que retener uno existente. Al centrarse primero en satisfacer las necesidades de sus clientes actuales, las empresas pueden evitar gastar dinero en publicidad para atraer nuevos clientes.

Al crear y mantener conexiones y relaciones con los clientes actuales a través de comunidades en persona o en línea, todos los involucrados se beneficiarán. Las empresas recibirán comentarios valiosos sobre sus productos y un manejo de su presencia interactiva en línea, mientras que los clientes se sentirán valorados y es más probable que le den su lealtad a la empresa.

El marketing comunitario es una herramienta especialmente esencial junto con las redes sociales, ya que los consumidores modernos esperan más que una relación impersonal y unilateral con los productos y servicios que utilizan. Anticipan una base de servicio al cliente que está disponible para responder a sus preguntas y responder a sus inquietudes. Al implementar una estrategia efectiva de marketing comunitario, las organizaciones pueden brindarles precisamente eso. El marketing comunitario elimina la distancia entre las marcas y sus clientes, lo que garantiza una base de clientes más leales y una mejor reputación general.

Hay dos tipos de marketing comunitario: orgánico y patrocinado. Orgánicamente, los clientes comenzarán a interactuar entre ellos sin la ayuda de la marca. Esto significa que los clientes pueden comenzar sus propios tableros de mensajes orientados a la marca o interactuar a través de cuentas de Twitter y otros foros. Esto puede tomar la forma de una "hora feliz de propietarios" mensual o un tablero de mensajes público creado para obtener consejos sobre mantenimiento de herramientas. Por su cuenta, los clientes pueden ponerse en contacto entre sí para hacer preguntas, compartir comentarios y crear sus propias suposiciones sobre la marca. Si bien esto puede ser alentador, también puede ser preocupante: si los clientes no están satisfechos con un producto, el producto y la marca en particular pueden sufrir a un ritmo exponencial. A la luz de este hecho, es importante que las organizaciones tomen medidas para monitorear las discusiones sobre su marca para saber cuándo un producto no cumple con las expectativas del público.

Un esfuerzo de marketing comunitario patrocinado, desarrollado por la propia marca, implica la creación de las plataformas de redes sociales correctas que permitan a los clientes interactuar no solo entre ellos, sino también con la marca. Al monitorear la interacción con el cliente y tomarla en serio, respondiendo a preguntas e inquietudes y brindando a su base de clientes información valiosa de primera necesidad, puede crear consumidores leales que vean su marca como un aliado. Ambas formas de marketing comunitario, cuando se usan correctamente, conectarán a los clientes existentes entre sí y con la marca, para fomentar una interacción basada en la lealtad y la satisfacción.

El marketing comunitario es importante para las empresas con productos que requerirán mantenimiento y actualizaciones, y las empresas con productos que pueden resultar confusos para los consumidores. Algunos ejemplos son los fabricantes de automóviles, las empresas de computadores, las organizaciones farmacéuticas y las empresas de tarjetas de crédito. Sin embargo, todas y cada una de las organizaciones que valoran su reputación y buscan consumidores habituales deben emplear el marketing comunitario. De hecho, es probable que sus clientes implementen el marketing comunitario de manera orgánica, por lo que es importante que su marca tenga su propia estrategia de marketing comunitario para monitorear su presencia y estado.

Los clientes que disfrutan desarrollando un sentido de lealtad a la marca y se preocupan por el servicio al cliente interactivo son los más atraídos por el marketing comunitario. Estos clientes generalmente valoran las opiniones de los demás y discutirán sus compras con amigos, familiares y compañeros de trabajo, tanto cara a cara como a través de las redes sociales. A menudo, los clientes que ya son muy leales a la marca son excelentes defensores del marketing comunitario orgánico. Básicamente, esto los convierte en "expertos" no profesionales a quienes los clientes menos involucrados hacen preguntas y consejos. Es fácil motivar a los clientes menos involucrados para que formen parte de una comunidad de marca ofreciéndoles ventajas y recompensas exclusivas, como cupones o muestras gratuitas.

Las comunidades de clientes pueden formarse naturalmente por sí solas, o puede depender de su empresa crear las bases para una comunidad y atraer a sus clientes hacia ella. Independientemente, las empresas son responsables de desarrollar y mantener la imagen de marca adecuada dentro de cada comunidad.

En primer lugar, una empresa debe decidir dónde reunir a su comunidad de clientes. Dependiendo de la demografía del producto, serán apropiadas diferentes plataformas. Por ejemplo, una comunidad de adolescentes se sentiría atraída por una comunidad basada en Facebook o Twitter. Un grupo de programadores web puede estar más dispuesto a participar en un foro de codificación básica. Los consumidores mayores sin mucho conocimiento de Internet serían más propensos a asistir a una reunión física en su ciudad. Al elegir el lugar correcto para desarrollar un esfuerzo de marketing comunitario, es más probable que una marca impulse la participación.

A continuación, es importante decidir qué es exactamente lo que quieren que sus clientes obtengan de esta interacción. Si su comunidad un lugar para obtener ofertas especiales, recibir consejos para solucionar problemas, compartir historias con otros leales o todo lo anterior. Este deseo de beneficio mutuo debe ser uno de los objetivos principales de una campaña de marketing comunitario, y todo debe hacerse con la voz de marca correcta.

Las campañas de marketing comunitario son una de las mejores formas para que una empresa desarrolle su voz de marca. Debido a que la comunicación dentro de una comunidad tiene dos caras, la marca tiene numerosas oportunidades para interactuar con los clientes. A través de estas interacciones, la marca puede evaluar exactamente cómo se percibe y hacer los ajustes correspondientes.

## 6. MARKETING CON ARTÍCULOS ESCRITOS

El marketing con artículos escritos es una de las estrategias más antiguas utilizadas por los vendedores en línea para adquirir nuevos visitantes y aumentar las ventas en sus sitios web. La práctica generalmente involucra a escritores y editores como participantes principales, y los servicios de mercadeo de artículos funcionan como intermediarios que ayudan a conectar a los escritores con los editores interesados. El propósito fundamental de la promoción escrita de artículos es atraer audiencias en línea más amplias y aumentar el número de oportunidades de venta de productos o servicios ofrecidos en los sitios web.

Los artículos escritos más populares respaldan la reputación de un autor o una empresa como expertos en un campo específico y ayudan a cultivar una audiencia leal. El aumento del tráfico del sitio aumenta la clasificación de su página web en los resultados del motor de búsqueda, lo que significa que más personas vean el sitio y tengan la oportunidad de comprar lo que vende el autor.

Los especialistas en marketing con artículos escritos suelen ser empresarios que contratan sus servicios a fuentes de noticias en línea, otros escritores independientes y editores en línea, blogueros, revistas comerciales de la industria u otras revistas de temas específicos. En la mayoría de los casos, los vendedores y escritores de artículos pertenecen a una serie de servicios de marketing en línea que se especializan en hacer coincidir a los escritores de artículos con los editores a cambio de una tarifa.

Los fabricantes de productos, los proveedores de servicios y las empresas de franquicias o de oportunidades comerciales a menudo contratan especialistas que obtienen artículos escritos de contenido para ayudar a sus negocios. Independientemente de la industria, una nota bien escrita puede ser de gran ayuda para los resultados de una empresa.

El desarrollo de contenido y la escritura no siempre tienen que venir de un escritor. Los empleados que trabajan en el departamento de marketing de una empresa incluyen estrategas, coordinadores y gerentes de marketing. Además de sus otras responsabilidades diarias de crear materiales de marketing o administrar presupuestos, también contribuyen con frecuencia a escribir campañas. Se les pide a los empleados que produzcan nuevos artículos o videos para el blog o el sitio web de la empresa, escriban comunicados de prensa sobre la adquisición de un nuevo cliente o el lanzamiento de un producto, e incluso administren una red completa de escritores y especialistas en marketing independientes.

El marketing con artículos escritos es altamente personalizable, lo que permite satisfacer las necesidades de una amplia gama de clientes potenciales. Hoy en día, la mayoría de los consumidores realizan investigaciones en línea, lo que brinda acceso directo y de bajo costo a millones de clientes potenciales. Al proporcionar contenido relevante y oportuno sobre un tema o asunto, cualquier empresa que venda cualquier tipo de servicio o producto puede llegar a su mercado objetivo y desarrollar nuevas oportunidades de ventas con el contenido adecuado.

Las campañas de marketing de artículos escritos se basan en la relevancia del contenido. El objetivo es atraer respuestas orgánicas de la más alta calidad a los sitios web relacionados para ayudar a aumentar el tráfico. Los enlaces orgánicos y los resultados de búsqueda naturales brindan aproximadamente seis veces la cantidad de tráfico que genera la publicidad de búsqueda pagada. Por lo tanto, una campaña de marketing de artículos escritos correctamente ejecutada puede atraer a miles de nuevos visitantes con un costo prácticamente mínimo.

El primer paso en este proceso es identificar nichos objetivos específicos y crear una lista de posibles temas que atraigan a cada nicho. Después de establecer una lista de temas, el siguiente paso es desarrollar un cronograma de producción y un calendario de cuándo se deben desarrollar y publicar artículos para temas específicos. Los artículos pueden escribirse regularmente cada semana y publicarse en el sitio web de la empresa o de un autor individual y luego enviarse a los servicios de publicación para su posterior distribución.

Para los editores, la comercialización de artículos escritos proporciona contenido gratuito virtualmente ilimitado con un esfuerzo mínimo. Los editores pueden usar artículos para producir boletines o blogs que brinden a sus clientes contenido relevante y atractivo que mejore los resultados de sus motores de búsqueda. Las clasificaciones de búsqueda mejoradas pueden ayudar a los editores, independientemente del negocio en el que se encuentren, a aumentar el tráfico a su sitio web y generar oportunidades de ventas nuevas y repetidas.

El marketing con artículos escritos es una de las formas más rápidas y económicas de promocionar contenido en línea y atraer nuevos visitantes. Algunos de los factores más importantes en una campaña exitosa de marketing de artículos son:

**Optimización de búsqueda de palabras clave.** Investigue a fondo las palabras clave que se ajusten a las necesidades de sus nichos específicos. Encuentre palabras clave o frases que contengan de 3 a 5 palabras clave únicas y asegúrese de que los competidores usen las palabras clave. Esto asegura que la palabra clave realmente tenga valor.

**Desarrollo del contenido del artículo.** Desarrolle el contenido del artículo que aborde la personalidad y las necesidades de los consumidores de su nicho de mercado. Los artículos se pueden desarrollar internamente o subcontratar a escritores independientes por una tarifa. En ambos casos, el contenido relevante es el componente clave.

**Envío del artículo.** Envíe artículos en línea a directorios de artículos con puntajes altos de y asegúrese de incluir un cuadro de recursos con enlaces, oraciones descriptivas y su nombre.

**Promoción del artículo.** Conseguir lectores que pongan los ojos en su artículo es el último paso. Promocione el artículo en blogs populares y agregadores de contenido para llegar a la audiencia más amplia posible.

## 7. MARKETING CON BOLETINES

El marketing de boletines implica el envío de material informativo al público interesado. Algunas empresas envían boletines por correo, pero la gran mayoría de las empresas hoy en día se conectan con los clientes por correo electrónico. El correo electrónico es más barato y rápido y produce datos que se pueden estudiar más fácilmente para crear boletines más relevantes. Los boletines contienen una variedad de contenido que no está exclusivamente relacionado con las compras. Las empresas pueden incluir todo, desde noticias de la industria hasta estadísticas interesantes y artículos de instrucciones en un número determinado. Debido a que los consumidores ya indicaron su interés en recibir el boletín, las empresas pueden crear contenido más interesante que saben que atraerá a su base.

Los clientes de hoy no quieren sentirse abrumados por la publicidad. La mayoría de los compradores cree que están expuestos a demasiados anuncios. Este bombardeo diario significa que menos consumidores retienen información o prestan atención a la publicidad que los rodea. Al mismo tiempo, los consumidores quieren saber más sobre las empresas a las que compran. Su relación es más que solo comprador/vendedor; son socios en la creación de una identidad de marca que se aplica al estilo de vida del cliente. Quieren saber quién trabaja para la empresa, que representa, cómo es su cultura y cuáles son sus planes para el futuro. Las empresas deben venderse tanto como venden sus productos.

Tradicionalmente, la publicidad impresa, radiofónica y televisiva ha adoptado un enfoque contundente del marketing, haciendo llamamientos a los consumidores para que expresen sus necesidades más básicas e inmediatas. A medida que las empresas intentan profundizar su relación con sus clientes, recurren a nuevas herramientas que les permiten relacionarse con sus clientes de formas más sutiles. Una de las estrategias más efectivas es el uso de boletines por correo electrónico, que permiten a las empresas hablar sobre sí mismas y sus productos de una manera que no enfrenta a los clientes con argumentos de venta. Es una forma más suave de publicidad que respeta al consumidor, creando clientes leales y recurrentes.

La información sobre múltiples productos, ventas o iniciativas de la empresa puede estar contenida en un solo boletín de correo electrónico. Esta información suele ser más detallada que la que podría incluirse en un anuncio impreso o de radio, porque no hay límite en la longitud de un correo electrónico. El aspecto multimedia también permite que las empresas incluyan enlaces que permitan a los clientes comprar productos de inmediato. Presentan canales de venta convenientes que llevan a los clientes directamente al sitio oficial de una empresa.

El bajo costo y la relativa facilidad de crear un boletín informativo por correo electrónico significa que la mayoría de las empresas pueden mantener esta estrategia de marketing de manera continua. Para algunas pequeñas empresas con presupuestos de marketing modestos, los boletines informativos son una excelente manera de mantenerse en contacto con los clientes sin comprar costosos anuncios de radio o televisión.

Sin embargo, por lo general las empresas más grandes, y en particular los minoristas, usan boletines con mayor frecuencia. Con líneas de productos más grandes, múltiples ventas y ofertas especiales, estas empresas suelen tener más información para transmitir a los clientes en un momento dado. Además, las empresas grandes tienen departamentos de marketing más amplios con redactores y diseñadores, que están especialmente capacitados para crear boletines de correo electrónico de aspecto impresionante.

El marketing de boletines se basa en proporcionar un boletín informativo interesante y de alta calidad de manera constante. La creación de un boletín atractivo requiere que las empresas creen un plan fluido que tenga en cuenta los plazos, el contenido y el grupo demográfico objetivo. El primer paso de cualquier plan será definir los lectores a los que se dirige el boletín: si son otros negocios o clientes, si quieren recibir ofertas especiales o están más interesados en información sobre productos y empresas. Saber quién es el público objetivo marca la pauta para toda la campaña.

A continuación, será necesario definir el propósito del boletín. La mayoría de los boletines están diseñados para aumentar las ventas, pero otros se enfocan en difundir noticias de la industria, desarrollar una identidad para una marca o iniciar una conversación sobre un producto o tema. Los boletines con un enfoque de ventas deben incluir ofertas especiales y enlaces fáciles a páginas de compra. Los boletines informativos deberán contener información nueva que sea genuinamente relevante e interesante para los lectores. Conocer el propósito del boletín ayuda a la empresa a establecer metas para la campaña. Estos objetivos pueden incluir aumentar las ventas o aumentar las suscripciones a futuros boletines.

El último paso es diseñar el contenido y distribuir el producto terminado. Usando toda la información recopilada en los pasos anteriores del plan, los redactores pueden crear contenido relevante para los lectores del boletín. El éxito o el fracaso de cualquier campaña de marketing de boletines depende en última instancia de si la gente quiere leer esos boletines. Algunas actividades útiles para la aplicación de marketing de boletines son:

- Desarrollar contenido de reserva: escriba algunos artículos que se puedan publicar en cualquier momento durante los meses en que no haya suficiente contenido para llenar el boletín.
- Leer los boletines de los competidores: lea los boletines de los competidores para ver qué tipo de artículos y ofertas se ofrecen.
- Investigar a los lectores: examine los otros sitios y comunidades que frecuentan los suscriptores. Esto puede sugerir temas para futuros artículos y ofertas.

- Buscar asociaciones: desarrolle relaciones con otras empresas o causas comunes que interesen a los lectores.
- Reciclar: use contenido de fuentes como foros y publicaciones de la empresa en el boletín.
- Reducir la longitud y la frecuencia: los lectores no quieren quedarse atascados con boletines interminablemente largos. Hacer menos puede tener un mayor impacto.
- Fomentar la retroalimentación: permita que los lectores comenten en los boletines y sugieran temas para ediciones futuras.

## 8. MARKETING CON CELEBRIDADES

El uso de celebridades para vender un producto está lejos de ser un concepto nuevo. A mediados del siglo XIX, los medicamentos patentados obtuvieron el respaldo de reinas y papas. Aunque los tiempos han cambiado y los métodos han evolucionado, los mismos conceptos básicos que eran verdaderos resultan efectivos hoy.

Es un hecho que las decisiones de los consumidores no son influenciadas por personas normales y promedio de las que no se sabe casi nada, sino por celebridades conocidas y populares sobre las que ha desarrollado opiniones y puntos de vista. Si sus puntos de vista sobre una celebridad son positivos, eso a su vez hace que la marca o el producto anunciado sea mucho más atractivo.

Al menos, eso es con lo que cuentan los ejecutivos de publicidad y los líderes de marketing. De hecho, un alto porcentaje de todos los comerciales de televisión presentan a una persona famosa. Sin embargo, no cualquier celebridad puede respaldar cualquier producto y hacer que eso genere grandes ventas. Hay aspectos tanto positivos como negativos en el uso de celebridades en la publicidad, aspectos profundamente arraigados en la psicología del consumidor y su conducta.

El marketing con celebridades brinda oportunidades para aumentar el atractivo de un anuncio y del producto o servicio ofrecido. Cuando las celebridades respaldan un producto, transfieren algunos de sus propios rasgos y valores personales a ese producto. La investigación sobre "condicionamiento" ayuda a explicarlo.

El condicionamiento clásico, también llamado condicionamiento pavloviano o condicionamiento respondiente, es un modelo de estímulo-respuesta o aprendizaje por asociaciones, es un tipo de aprendizaje asociativo que fue demostrado por primera vez por el Premio Nobel de Fisiología y Medicina Ivan Pavlov. Este autor ideó unos experimentos que son la base del condicionamiento clásico. Demostró que un estímulo no condicionado repetitivo generaba reacciones idénticas inintencionales que se convertían en respuestas inconscientes habituales o respuestas condicionadas cada vez que el estímulo estaba presente.

Ejemplos de estímulos no condicionados aplicados al marketing:

- Música.
- Imágenes agradables.
- Imágenes desagradables.
- Humor.
- Personajes Famosos.

Cuando la imagen o presencia de una celebridad o estímulo no condicionado respalda una marca o estímulo condicionado, tiende a crear una respuesta positiva o respuesta condicionada sobre esa marca. Por ejemplo, cuando una actriz famosa promociona un perfume, la gente considera las cualidades de esa persona con el perfume. Si ella respalda un perfume, las mujeres, que la ven como una personalidad simpática, y atractiva a su vez atribuyen esas cualidades al perfume.

Para ayudar a determinar si una celebridad es o no una buena opción para una marca, los especialistas en marketing tienen en cuenta la "hipótesis de coincidencia".

Cuando los consumidores ven un comercial y creen que la celebridad que lo respalda y la marca "coinciden", el recuerdo de la campaña y el impacto del anuncio aumentan. En este sentido, si un patrocinador famoso parece fuera de lugar en una campaña, el impacto no será tan poderoso.

Hay dos factores principales que los especialistas de marketing consideran cuando buscan el respaldo de celebridades para sus productos:

- Credibilidad.
- Experiencia y confiabilidad.
- Atractivo.
- Simpatía, familiaridad, belleza.

Algunos consumidores pueden creer que simplemente incluir a una celebridad atractiva en un comercial es publicidad apropiada y puede aumentar el atractivo de una marca. Pero a pesar de que una celebridad sea muy reconocida y apreciada, no tiene sentido que ofrezca productos que no le corresponden. La investigación en esta área en realidad muestra que factores como la credibilidad anulan el atractivo de una celebridad. El atractivo de una celebridad solo puede mejorar un producto si la imagen de esa celebridad coincide con tipos específicos de productos.

Los productos diseñados para mejorar el atractivo se adaptan bien a las celebridades que venden los productos en función de sus propias cualidades atractivas. Esta es la razón por la que, por ejemplo, un perfume respaldado por una actriz famosa podría obtener ganancias, mientras que un producto similar respaldado por una celebridad poco atractiva podría no hacerlo. Cuando los productos no están relacionados con el atractivo, el impacto en las ventas es mínimo en el mejor de los casos.

Incluso si los anunciantes eligen a la celebridad adecuada para el anuncio, aún existe un nivel de riesgo al emplear celebridades patrocinadoras. A veces, la publicidad de celebridades puede resultar contraproducente si la celebridad se ve envuelta en eventos negativos. Es el caso de deportistas destacados que se ven involucrados con acusaciones sobre el uso de esteroides. Como resultado, las marcas que los patrocinan tienen que distanciarse e incluso publicar declaraciones indicando que la marca no aprueba el uso de esteroides ilegales ni drogas que mejoran el rendimiento físico.

La hipótesis de coincidencia proporciona una buena base para determinar la efectividad del uso de celebridades en los anuncios, pero existen muchos otros predictores de esfuerzos exitosos de patrocinio.

- **Actuación.** El nivel de logro que una celebridad alcanza en su vida.
- **Información negativa.** Eventos, situaciones o características negativas que los consumidores asocian con una celebridad.
- **Credibilidad.** Si se puede confiar en la celebridad como fuente creíble de información sobre un producto.
- **Experiencia.** Si la celebridad tiene experiencia real en esta área o con ese producto.
- **Atractivo.** Si la celebridad es físicamente atrayente o posee una personalidad atractiva.
- **Familiaridad y simpatía.** Si los consumidores reconocen a la celebridad.
- **Coincidencia.** Si tiene sentido que la celebridad respalde el producto o la marca.

## 9. MARKETING CON CORREOS ELECTRONICOS

El marketing por correo electrónico es, simplemente, utilizar las herramientas del correo electrónico para enviar mensajes publicitarios. La gran mayoría de los usuarios de Internet tienen cuentas de correo electrónico que les permiten recibir una cantidad casi ilimitada de mensajes al instante ya que el correo electrónico se ha convertido en una de las formas más populares de comunicación.

Cuando el Servicio Postal de los Estados Unidos creó una red postal nacional en la década de 1840, el correo se convirtió en una herramienta importante para la comercialización. Conectarse con las personas a través de sus buzones de correo permitió a las empresas ofrecer mensajes de marketing personalizados a segmentos específicos de la base de clientes. Es probable que gran parte del correo que ahora recibe contenga algún tipo de mensaje de marketing. Catálogos, folletos, cupones y llamamientos políticos pasan diariamente por el servicio postal.

Pero a medida que ha aumentado el costo del franqueo y la impresión, ha disminuido la efectividad del marketing a través del correo. Las empresas ahora tienen que pagar más mientras ven rendimientos más pequeños. Esto se ve agravado por el hecho de que las nuevas herramientas de comunicación brindan muchos de los mismos servicios que brinda el correo estándar. Aunque el marketing por correo directo no ha desaparecido de ninguna manera, ha estado en declive durante años.

A medida que los anunciantes han aumentado sus hábitos de comunicación en línea, han tratado de encontrar formas de utilizar las estrategias desarrolladas en la publicidad impresa en nuevos entornos en línea. La mayor parte del tráfico que antes manejaba el servicio postal ahora pasa por correo electrónico, lo que crea un nuevo método de marketing directo. Hoy, el vendedor promedio envía correos electrónicos a sus clientes cada año dado que la mayoría de los adultos de EE. UU. usan Internet, y el correo electrónico es una de las formas más rápidas, baratas y sencillas para que los especialistas en marketing se conecten con los clientes.

El correo electrónico es una herramienta notablemente flexible que puede acomodar una amplia gama de mensajes. Los anuncios pueden ser bastante simples o pueden ser llamativos paquetes multimedia. La estética del anuncio dependerá de la empresa y del producto a la venta. Algunos anuncios son solo texto, mientras que otros incluyen imágenes, videos y largas listas de enlaces. El correo electrónico puede acomodar casi cualquier mensaje que un vendedor quiera enviar.

Una de las mayores ventajas del marketing por correo electrónico es que permite enviar mensajes específicos. Los anuncios impresos, radiales y televisivos se difunden indiscriminadamente y con frecuencia llegan a consumidores que no tienen interés en el producto ofrecido. Pero el marketing por correo electrónico permite a las empresas adaptar los anuncios a clientes predeterminados. Si un cliente ha comprado una marca en el pasado, las empresas pueden enviarle cupones por correo electrónico para esa misma marca sabiendo que ya ha expresado su interés.

Las empresas pueden optar por gestionar sus propias campañas de marketing por correo electrónico o pueden elegir entre el gran número de empresas que ofrecen servicios de marketing por correo electrónico. Estos servicios proporcionan herramientas de software sencillas que permiten administrar listas de correo electrónico, diseñar anuncios y realizar un seguimiento de la frecuencia con la que se accede a ellos. Las empresas más grandes que envían gran cantidad de correos electrónicos diarios a miles de clientes diferentes a menudo usan servicios de marketing por correo electrónico para administrar el proceso.

### Tipos de marketing por correo electrónico

**Boletines por correo electrónico:** son correos electrónicos regulares que se envían a una lista de suscriptores que han elegido recibir información de una empresa. Los boletines generalmente no tienen mensajes de ventas explícitos, sino que intentan construir una relación entre un cliente y una marca. Suelen tener un tono conversacional y contienen noticias e información que serán de interés para el cliente. El objetivo es mantener a un cliente conectado con una empresa incluso cuando no está comprando nada.

**Correos electrónicos transaccionales:** estos son correos electrónicos que se envían después de que ciertas acciones los activan. Cuando un cliente compra un producto o hace una reserva, se envían correos electrónicos para confirmar esa transacción. Legitiman el comercio en línea al brindarles a los clientes una forma de demostrar que han comprado algo. Los correos electrónicos transaccionales a menudo también contienen nuevos mensajes de ventas. Sabiendo que tienen una audiencia cautiva, los especialistas en marketing a menudo intentarán insertar nuevas ofertas en los correos electrónicos que no son explícitamente para vender. Por ejemplo, los correos electrónicos de reservas de aerolíneas a menudo preguntan si el cliente desea mejorar su asiento pagando una tarifa adicional.

**Correos electrónicos directos:** se utilizan para informar a los clientes sobre nuevos productos, ventas y ofertas especiales. Brindan a los clientes información directa sobre productos y servicios y, por lo general, ofrecen un enlace u otra forma fácil para que los clientes accedan al producto. Son similares a los cupones, catálogos y volantes de ventas que solían enviarse a través de la oficina de correos.

El marketing por correo electrónico es utilizado con mayor frecuencia por organizaciones con una fuerte presencia en línea. La competencia entre los sitios de comercio electrónico es feroz y el marketing por correo electrónico es una forma comprobada de interactuar con los clientes y diferenciar a su empresa. Las empresas en línea prefieren usar el marketing por correo electrónico porque facilita que los clientes se vinculen directamente desde un correo electrónico a un sitio web destinado para ampliar información o completar transacciones comerciales.

Sin embargo, el marketing por correo electrónico no se usa solo para vender productos en línea. Las organizaciones sin fines de lucro y las campañas políticas utilizan el correo electrónico para conectarse con simpatizantes y donantes. Tienen tanto para beneficiarse del marketing por correo electrónico como cualquier otra actividad. Hoy en día es común solicitar una dirección de correo electrónico al recopilar información de las personas interesadas.

El bajo costo y la relativa facilidad de realizar una campaña de email marketing hace que sea una herramienta accesible para casi cualquier negocio. Un negocio pequeño puede beneficiarse al crear una lista de correo electrónico y luego cupones u ofertas de descuentos. El alcance y la sofisticación de estas campañas pueden no ser de la dimensión de las de las empresas más grandes, pero eso no significa que no serán efectivas.

Aunque el marketing por correo electrónico es una forma económica y fácil de conectarse con los clientes, las campañas deben llevarse a cabo de manera sistemática. Una campaña de correo electrónico mal planificada puede llevar rápidamente a clientes molestos y respuestas decepcionantes.

El primer paso es recopilar una lista completa de direcciones de correo electrónico. La única desventaja significativa del marketing por correo electrónico es que muchos países tienen leyes contra el envío de correo no deseado o “spam”. Las empresas que envían correos electrónicos no solicitados pueden enfrentar multas significativas. Es crucial enviar correos electrónicos solo a los clientes que desean recibirlos. Es importante facilitar el proceso para que los clientes se registren para recibir actualizaciones por correo electrónico. También pueden ofrecer incentivos como cupones únicos para fomentar tasas de suscripción más altas.

Analizar los correos electrónicos de empresas competidoras puede ser una excelente manera para que las empresas planifiquen los suyos. Esto se puede hacer fácilmente simplemente registrándose en sus listas de correo electrónico. Los correos electrónicos de los competidores revelan qué tipo de imágenes, mensajes y ofertas especiales están utilizando para atraer a sus clientes. Las empresas pueden entonces adaptar sus campañas de correo electrónico para igualar o superar las ofertas de sus competidores.

Diseñar la apariencia del correo electrónico es un proceso importante pero complicado. La elección de imágenes y texto debe reflejar el grupo demográfico al que se comercializa. El correo electrónico debe captar la atención del lector y llevarlo a los detalles del argumento de venta de la manera más rápida y sucinta posible. Si el correo electrónico es confuso o aburrido, es probable que los lectores lo eliminen antes de leer demasiado. Entonces todo ese esfuerzo se desperdicia.

Decidir qué clientes reciben correos electrónicos es una forma de dar relevancia a los mensajes de marketing. Las empresas más grandes utilizarán el correo electrónico para impulsar múltiples productos, actualizaciones y ofertas diferentes. Hacer coincidir el mensaje con el cliente conduce a mayores ventas y mayores niveles de satisfacción del cliente. El software de marketing por correo electrónico facilita que las empresas segmenten su envío de correo electrónico según los criterios que establezcan.

Después de enviar una campaña de correo electrónico, será importante realizar un seguimiento y evaluar el éxito de esa campaña. Se deben utilizar métricas preestablecidas para determinar el éxito o el fracaso. Si una campaña no funciona bien, es necesario cambiar el diseño de los anuncios, los productos que se enfatizan o las ofertas que se ofrecen. La flexibilidad del correo electrónico facilita la implementación de cambios de forma rápida y económica.

Para los clientes, el correo electrónico es el método preferido para comunicarse con las empresas en caso de requerimientos de atención al cliente. Las empresas utilizan los correos electrónicos para captar nuevos clientes y nutrir clientes potenciales, especialmente en el ámbito del marketing.

El correo electrónico tiene más de 50 años y a pesar de predicciones de que estaba en proceso de desaparición está sucediendo lo contrario: aun con la proliferación de aplicaciones de mensajería en línea, redes sociales y mensajes de texto, la cantidad de usuarios de correo electrónico continúa aumentando. Además, la pandemia de COVID-19 tuvo seria influencia en el uso del correo electrónico, ya que más profesionales del marketing utilizaron este medio en comparación con el uso previo a la pandemia.

El número de cuentas de correo electrónico crece a un ritmo mucho más rápido que los usuarios de correo electrónico. Un usuario de correo electrónico puede tener varias cuentas de correo electrónico y el correo electrónico personal es un estándar de la vida digital: se utiliza para comunicarse, comprar, iniciar sesión en redes sociales y sitios de servicios de suscripción y de juegos.

## 10. MARKETING CON INFLUENCERS

El marketing con influencers implica comercializar productos y servicios utilizando la aceptación en las redes sociales de aquellos que tienen influencia sobre las cosas que otras personas compran. Esta influencia en el mercado generalmente se deriva de la experiencia, la popularidad o la reputación de un individuo. El marketing para una audiencia de personas influyentes es similar al marketing de boca en boca, pero no se basa estrictamente en recomendaciones explícitas.

Mucha gente se ha vuelto escéptica hacia la publicidad. La publicidad aparece en todos los lugares imaginables, hace afirmaciones ridículas, juega con nuestros instintos más básicos y desplaza cosas que son más interesantes y esenciales. En un mundo que está saturado de publicidad, es difícil los consumidores confiar en cualquiera de las afirmaciones que hacen los especialistas en marketing. Este escepticismo es menos determinante cuando las recomendaciones de productos provienen de amigos o familiares. Una recomendación de confianza tiene más credibilidad que un anuncio. Por eso, un alto porcentaje de los usuarios de redes sociales utiliza estos sitios para encontrar información y recomendaciones sobre productos.

Los anunciantes se dan cuenta de que pueden utilizar el poder de las redes sociales y otras herramientas de Internet para comercializar indirectamente a sus clientes. Cuando pueden alentar a las personas a hablar y recomendar sus productos en línea, estos anunciantes obtienen una ventaja única sobre la competencia.

La influencia puede provenir de una amplia gama de lugares. Cualquier persona, grupo, marca o lugar podría ser potencialmente un influencer. Por ejemplo, las celebridades a menudo se utilizan para comercializar productos porque son muy respetadas y visibles. Cuando una celebridad usa un producto, el fabricante de ese producto obtiene exposición y el respeto que proviene del respaldo de una celebridad.

Los bloggers se han convertido en personas influyentes importantes porque se les considera auténticos y tienen seguidores leales. Cuando un blogger recomienda un producto, parece más confiable que la publicidad tradicional. Mediante el uso de personas influyentes, las empresas pueden evitar gran parte del escepticismo que generan los mensajes de marketing directos.

Esta forma de marketing es única porque apela a las necesidades del influencer en lugar del cliente. Las empresas deben respetar a los influencers y formar relaciones abiertas y orgánicas para que el influencer respalde un producto. Esto podría incluir dar acceso al influencer a un producto que se lanzará pronto o invitar al influencer a visitar la empresa en persona.

El único gran inconveniente del marketing de influencers es que no es tan controlable como el marketing tradicional. Si bien algunos influencers solo se suman a la imagen positiva de un producto, los influencers que enfrentan problemas legales o quedan fuera de la luz pública pueden afectar negativamente las posibilidades de éxito de un producto. Los especialistas en marketing deben prepararse para lidiar con las consecuencias negativas si los influencers que utilizan tergiversan o rechazan sus productos.

Cualquier empresa, independientemente de la industria en la que se encuentre, puede beneficiarse al crear una conversación sobre sus productos. Las pequeñas empresas pueden usar estrategias en línea económicas para conectarse con personas influyentes. Un nuevo negocio puede alentar a los clientes a escribir reseñas en línea. Una empresa de servicios puede crear un blog útil sobre sus actividad. La influencia es tan poderosa a nivel local como lo es a nivel nacional.

Las empresas grandes desarrollan estrategias integrales de marketing con influencers que se extienden a través de las plataformas. Pueden formar asociaciones costosas con celebridades u otras marcas para ayudar a posicionar sus productos. Considere una empresa que quiere comercializar sus productos en un público joven. Puede patrocinar eventos dirigidos al mercado juvenil y repartir productos gratis. Esta es una forma de atraer a un público joven que tiene influencia sobre sus amigos y compañeros. Para las empresas grandes, el marketing con influencers debe ser un esfuerzo exhaustivo y continuo, si pretenden mantienen las relaciones existentes con los influencers.

### Estrategias efectivas de marketing con influencers

**Identifique a las personas influyentes más relevantes:** algunas herramientas digitales disponibles facilitan que las empresas analicen el panorama de las redes sociales en busca de los perfiles más influyentes en función de la geografía, la categoría u otros datos demográficos.

**Establezca relaciones con personas influyentes:** intente desarrollar relaciones con personas influyentes antes de pedirles que promuevan un producto o una empresa. Un simple mensaje en Facebook o Twitter puede ayudar a congraciar a un posible nuevo influencer con la empresa.

**Encuentre las preferencias de sus influenciadores:** entregue contenido y material publicitario a los influenciadores en el formato que sea más conveniente para ellos, ya sea impreso, video, audio o algún otro formato.

**Cumpla con las regulaciones:** la legislación sobre comunicaciones requiere que se divulguen todas y cada una de las conexiones materiales. Las sencillas herramientas en línea hacen que el proceso de divulgación sea sencillo y fluido.

**Facilite el acceso al contenido:** es más probable que los influencers compartan contenido con sus seguidores si les resulta fácil integrarlo en sus blogs, páginas de Facebook y otros portales.

**No descuide los sitios de redes sociales menores:** existe la tendencia a pensar solo en Instagram, Facebook, YouTube y Twitter cuando se piensa en las redes sociales. Los sitios de redes sociales menores también pueden esperar una influencia significativa.

El primer paso de un plan de marketing con influencers es establecer objetivos para la campaña. Por lo general, los objetivos suelen tener menos que ver con aumentar las ventas al aumentar el entusiasmo y la conciencia pública. Antes de contactar a cualquier persona influyente, una empresa debe definir sus objetivos en términos medibles, explicando exactamente lo que esperan lograr.

Después de establecer objetivos, la empresa deberá identificar a las personas influyentes con las que desea comunicarse mediante la investigación de la demografía y los mercados objetivo. Las búsquedas simples en la Web pueden revelar quién tiene influencia sobre los consumidores. Las empresas de investigación de mercado ofrecen servicios que ayudan a los especialistas en marketing a determinar quiénes son los clientes que más influyen en ellos. La empresa deberá decidir a cuántos influencers quiere dirigirse y luego seleccionar aquellos que mejor cumplan con los objetivos de la campaña.

Luego, las empresas deben analizar dónde se promocionan sus personas influyentes, quién es su audiencia y qué tipo de mensaje están difundiendo. Estudiar cuidadosamente la preferencia del influencer hace que sea más fácil comunicarse con ellos más adelante. Cuando la empresa esté lista para contactar al influencer, se comunicará a través de las redes sociales o algún otro medio informal. El objetivo es formar una relación orgánica que no se base completamente en respaldar y vender. Los influencers que son tratados con respeto se convierten en auténticos defensores de las empresas sobre las que escriben.

Por último, los especialistas en marketing deben revisar los objetivos regularmente para realizar un seguimiento del éxito o el fracaso del programa de influencers. Si un plan no está teniendo el efecto deseado, las empresas deben llegar a nuevos influencers de diferentes maneras. Los influencers que sigan siendo efectivos deberán ser estimulados para que continúen apoyando a la empresa en sus plataformas y sitios web.

## 11. MARKETING CON TACTICAS DE GUERRILLA

Las estrategias de "marketing de guerrilla" buscan deshacerse de los modelos de marketing tradicionales y atraer a los consumidores de maneras menos obvias. El término fue acuñado por primera vez por Jay Conrad Levinson en su libro de 1984 del mismo título, y desde entonces se ha convertido en una sección importante en muchos libros de texto de marketing. Básicamente, el marketing de guerrilla se trata de invertir tiempo, energía e imaginación en una campaña, en lugar de invertir principalmente dinero. Las tácticas de guerrilla utilizan comunicaciones no convencionales, a menudo en lugares inesperados, y se centran en estrategias de bajo costo que causan una impresión de alto impacto.

Originalmente concebido como una herramienta para pequeñas empresas y emprendedores, el marketing de guerrilla es, sin embargo, cada vez más popular entre las grandes empresas. Además, las organizaciones sin fines de lucro han sido propensas a invertir su tiempo, energía y creatividad en campañas de guerrilla.

El marketing de guerrilla se concibió para dirigirse principalmente a los clientes existentes en lugar de a los nuevos, con el objetivo de aumentar su compromiso con un producto y/o marca. Al seleccionar audiencias para un mensaje de guerrilla, el mejor objetivo es un grupo que ya esté comprometido con el producto en algún nivel; reconocerán y responderán más rápido a las tácticas creativas, y es más probable que compartan la experiencia con sus amigos.

Dado que las redes sociales se han convertido en una característica importante del panorama del mercado, el marketing de guerrilla ha demostrado ser particularmente efectivo en línea. Los consumidores que usan regularmente las redes sociales tienen más probabilidades de compartir sus interacciones con el marketing de guerrilla, y la publicidad creativa puede volverse viral rápidamente.

Una campaña de guerrilla comienza con una idea creativa y atractiva, que generalmente involucra no solo el contenido del mensaje, sino también su forma. Las sorpresas y los métodos innovadores de comunicación son componentes clave para captar el interés del consumidor. Se puede emplear una variedad de métodos creativos y, de hecho, uno de los principios del marketing de guerrilla es utilizar una combinación de métodos. A menudo se utilizan grafitis o grafitis inversos, donde una pared sucia se limpia selectivamente, pantallas interactivas, encuentros de intercepción en espacios públicos, o trucos de relaciones públicas. Al utilizar una variedad de métodos, el mensaje de marketing general debe ser coherente. Los avistamientos repetidos del mensaje sorpresa generan interés, y cambiar los mensajes para cada truco tiende a confundir o disminuir el interés del consumidor en la marca.

El mensaje sorprendente deberá inspirar a los consumidores a compartir su hallazgo con sus amigos. Aquí, la omnipresencia de los teléfonos con cámara funciona a favor del marketing de guerrilla. La táctica debe estar lo suficientemente alejada de la publicidad convencional para que los consumidores no la consideren principalmente como publicidad, sino como algo novedoso e interesante por derecho propio. De esa manera, aquellos encantados con el mensaje único lo compartirán. Cada foto que un espectador envía a un amigo representa publicidad gratuita adicional. Y dado que esta publicidad no proviene del vendedor sino de un amigo, tiene más valor. Un evento exitoso genera un proceso de difusión, o mejor aún, se vuelve viral. Tener a todo el mundo hablando de su producto es mucho mejor que hablar de su producto con todo el mundo. Sin embargo, es importante tener en cuenta que crear una experiencia única conlleva riesgo. En concreto, una comunicación creativa puede ser malinterpretada.

## 12. MARKETING CONDUCTUAL

También conocido como segmentación por comportamiento, el marketing por comportamiento perfila el comportamiento anterior de los usuarios en línea para determinar qué anuncios verán esos usuarios. Esto permite un nivel más profundo de personalización de anuncios, brindando a las empresas información sobre los hábitos y deseos de los consumidores. Es más probable que los anuncios dirigidos parezcan interesantes para usuarios específicos si tienen en cuenta sus preferencias individuales para mostrar contenido relevante. Comprender cómo implementar campañas de marketing conductual permite llegar a una audiencia más receptiva.

A diferencia del marketing directo, donde los anunciantes envían el mismo mensaje a todos y esperan que una parte de la audiencia descarte el mensaje, el marketing conductual toma información en línea y la usa para adaptar el mensaje al usuario. La segmentación por comportamiento utiliza análisis web, aplicaciones informáticas y cookies, historial de navegación y búsqueda y direcciones IP para crear perfiles de usuario de consumidores individuales. Con esa información, el servidor de anuncios del sitio web genera contenido o anuncios relevantes y específicos que atraigan sus intereses.

Considere Facebook, donde los usuarios comparten una variedad de información todos los días, no solo sobre sus gustos e intereses, sino también sobre sus amigos. Los anuncios dirigidos a los consumidores que miran videos de YouTube también suelen ser el resultado del marketing conductual. Los gustos anteriores de un consumidor, la ubicación de IP e incluso los comentarios se tienen en cuenta al presentar el anuncio "adecuado" para sus gustos y ubicación. Esa información no solo se usa para conectar a los consumidores con anuncios en áreas de interés, sino también para crear una presión de grupo en línea con base en los gustos de amigos y relacionados.

La mayoría de los grandes minoristas en línea y los sitios de redes sociales utilizan técnicas de marketing conductual, al igual que las empresas que publican anuncios en esos sitios. Sin embargo, el marketing conductual no se utiliza únicamente para vender. Al orientar los anuncios a necesidades específicas, las empresas también pueden proporcionar bienes y servicios que no solo llenarán los armarios de los consumidores, sino que también mejorarán su calidad de vida. Por ejemplo, una empresa farmacéutica puede crear e implementar publicidad que aliente a las personas a usar y continuar tomando un nuevo medicamento de comprobada eficacia.

Debido a que el marketing conductual es extremadamente específico, esta estrategia no funciona bien con productos que atraen a un público general. Además, debido a los datos que se utilizan, las limitaciones y regulaciones relacionadas con la privacidad afectan los sistemas utilizados por los especialistas en marketing. Sin embargo, cuando se utiliza correctamente, la segmentación por comportamiento puede ser una forma muy eficaz de llegar a los clientes adecuados con los productos y servicios adecuados.

Las estrategias de marketing conductual suelen ser promulgadas por empresas que tienen acceso a la tecnología necesaria. Las empresas utilizan plataformas automatizadas que capturan datos como visitas a sitios web, software de gestión de relaciones con los clientes (CRM) y análisis de correo electrónico para establecer qué compran los consumidores y por qué compran. Con esa información, las empresas crean perfiles de comportamiento de los clientes: cuántas veces los clientes visitan un sitio web y para qué; qué sitios web visitaron antes o después; qué más publicaron, bloguearon o tuitearon y si hubo algún contacto directo con el cliente.

Al crear mensajes específicamente dirigidos a los consumidores, la tasa de respuesta de los consumidores aumenta con el tiempo. A medida que los clientes interactúan con un sitio web, las empresas pueden personalizar mejor la experiencia del sitio web con sus comportamientos anteriores y pueden crear bloques de contenido que muestren anuncios, texto y videos, en función de las acciones pasadas de cada visitante.

La orientación por comportamiento puede centrarse en usuarios individuales mediante el análisis de sus respuestas y demografía, de tal manera que los anuncios pueden orientarse a las necesidades e intereses de cada persona. Por otro lado, la segmentación por comportamiento se centra más en los tipos de usuarios. Por ejemplo, si los visitantes de un sitio específico son mayormente hombres, la publicidad y su presentación estarán dirigidas a una audiencia masculina. De esta forma, la segmentación por comportamiento puede usarse para identificar más ampliamente las preferencias de cada usuario.

## 13. MARKETING CONTEXTUAL

El marketing contextual se refiere al marketing en línea y móvil que proporciona publicidad dirigida en función de la información del usuario, como los términos de búsqueda que está utilizando o la actividad reciente de navegación web. El objetivo es presentar anuncios a los clientes que representen productos y servicios en los que ya están interesados. En la actualidad, la publicidad contextual sabe lo que estamos buscando, qué sitios web estamos visitando e incluso quizás en qué ubicación física estamos. Y armados con ese conocimiento, las empresas que utilizan este tipo de marketing buscan vendernos incluso más.

El ejemplo de libro de texto de publicidad contextual es el programa AdSense de Google, que utiliza los términos ingresados en cada búsqueda de Google para seleccionar un anuncio apropiado para ese. Ejecute algunas búsquedas diferentes en Google, sobre diferentes temas, y vea qué tipos de anuncios aparecen. Descubrirá que todo tipo de empresas diferentes utilizan este tipo de publicidad, desde agentes inmobiliarios hasta agencias de seguros, empresas de tecnología, restaurantes, hoteles y más. Todas las empresas quieren un mayor retorno de la inversión en publicidad, y la publicidad contextual les brinda esa oportunidad.

Además de los motores de búsqueda como Google, muchos otros tipos de sitios web utilizan anuncios contextuales. Los sitios web de noticias, como CNN o The Wall Street Journal, pueden publicar publicidad contextual para hacer coincidir los anuncios con los artículos que se están viendo. Los sitios web y blogs de redes sociales pueden usar palabras clave en las publicaciones y comentarios de los miembros para activar anuncios contextuales. Cualquier sitio web con una variedad de contenido puede usar publicidad contextual y hacer coincidir el contenido visto con los anuncios que se muestran.

Mientras tanto, los sitios web con una menor variedad de contenido aún pueden aprovechar el marketing contextual mediante el uso de cookies de seguimiento, para mostrar anuncios basados no en el contenido actual del sitio web, sino en todos los sitios web que el usuario ha visitado recientemente.

La publicidad contextual se ha desarrollado durante la última década y continúa volviéndose más específica a medida que Internet se vuelve más accesible e integrada. Mientras tanto, se está desarrollando un nuevo tipo de marketing contextual en torno a los dispositivos móviles, ya que cada vez más personas llevan esta tecnología consigo a donde quiera que vayan. Dichos dispositivos pueden usar su ubicación geográfica para proporcionar el contexto de los anuncios, mostrando solo negocios y promociones locales. Los dispositivos móviles también pueden aplicar información sobre su uso para proporcionar anuncios contextuales, por ejemplo, al ofrecer una oferta especial en un plan de datos ilimitado a un cliente que casi ha agotado su asignación mensual.

Mientras tanto, un desarrollo en el futuro cercano del marketing contextual implica la publicidad en vallas publicitarias. Algunas empresas están haciendo planes para incorporar cámaras en ciertas ubicaciones de vallas publicitarias bien pobladas, como terminales de autobuses o centros comerciales, que rastrearán cuántas personas están frente al anuncio y cuánto tiempo lo miran, activando diferentes anuncios. Además, se puede utilizar un software que reconozca el género del espectador, de modo que hombres y mujeres reciban diferentes anuncios dirigidos.

El marketing contextual se vuelve más efectivo cuanto más tiempo pasan los clientes en línea o conectados a Internet a través de dispositivos móviles. Es a través de la interacción con las redes que los clientes brindan la información que hace que el marketing contextual funcione. Por supuesto, proporcionar esta información no siempre es una decisión consciente; cuando las personas usan un motor de búsqueda para obtener información sobre una persona, un lugar o un producto en particular, probablemente no estén pensando en el hecho de que también están brindando información para el marketing contextual. Siempre que la publicidad contextual esté haciendo su trabajo sin ser invasiva, simplemente continúan con sus actividades en línea y quizás hagan clic en algunos anuncios más, ya que los encuentran más interesantes. Cuanto más cómodo se sienta un cliente con las compras en línea y los medios, más receptivo será a la publicidad contextual.

Sin embargo, el hecho de que el marketing contextual recopile y almacene información sobre los usuarios molesta a algunos, que sienten que su privacidad se ve comprometida. Una lección importante aprendida de esto es que el marketing en Internet debe ser transparente, para que los clientes puedan saber exactamente qué está pasando y cómo los involucra. Cuando los clientes tienen el conocimiento y el poder para elegir la participación, ya no sienten que se está violando su privacidad.

La publicidad en línea generalmente involucra tres componentes: la creación del anuncio, la planificación de dónde se ejecutará el anuncio y la organización de cómo se paga el anuncio. El marketing contextual reemplaza el paso intermedio; en lugar de que los anunciantes decidan qué sitios web deben alojar sus anuncios, el software de la computadora permite que el anuncio se coloque en miles de sitios web y se active con las búsquedas de palabras clave de los usuarios y otras actividades en línea. Esto hace que la elección y el desarrollo de software de publicidad contextual sean particularmente importantes, ya que ningún programa de computadora es capaz como una persona real para identificar el contexto apropiado.

El software de publicidad contextual también se puede escribir para excluir ciertas palabras o sitios web. Por ejemplo, dado que los anunciantes normalmente no quieren que se les asocie con eventos negativos, es posible que deseen evitar aparecer en las secciones de delitos de los sitios web de noticias.

Mientras tanto, las campañas de marketing contextual desarrolladas utilizarán más que solo términos de búsqueda y comportamiento de navegación. Deben considerar no solo el contexto de las palabras, sino también la ubicación, el propósito y la movilidad. Alguien en casa encontrará diferentes anuncios relevantes que la misma persona en el trabajo. Alguien que revisa Facebook probablemente tenga una mentalidad social y encontraría anuncios sobre eventos sociales y comida más relevantes que una hora antes, cuando estaba revisando sus existencias. La campaña eficaz debe poder ajustarse a estas variaciones del contexto en cada momento, en especial porque el acceso a Internet es cada vez más común a través de dispositivos móviles.

## 14. MARKETING COOPERATIVO

Marketing cooperativo es cualquier acuerdo para combinar esfuerzos de marketing y, por lo tanto, puede presentarse de muchas formas. Las empresas complementarias, así como los competidores directos, pueden crear campañas de marketing cooperativas eficaces y mutuamente beneficiosas.

Las empresas con negocios relacionados pueden beneficiarse enormemente del marketing cooperativo. Es más eficiente en el tiempo y rentable unir y promover servicios cruzados. Para los consumidores de todo tipo, el marketing cooperativo puede ser muy conveniente, así como económicamente eficiente para las empresas que unen sus recursos.

La economía de escala es un beneficio enorme. Del mismo modo, combinar los esfuerzos de toda una industria en una sola campaña de marketing beneficia a todos en la industria, incluso si compiten por el mismo mercado. Compartir recursos es una razón importante para comercializar cooperativamente. Las organizaciones de compras locales pueden contratar a un diseñador gráfico, un diseñador web y un gerente de marketing, quienes luego producen material de marketing para el grupo en su conjunto e incluso para las empresas miembros.

Los comerciantes cooperativos a menudo también usan su poder en la negociación colectiva. Mientras que un agricultor puede tener dificultades para obtener el precio más alto por sus guisantes, 100 agricultores que unen sus fuerzas controlan una parte significativa de la oferta, lo que aumenta su poder de negociación.

Otras formas de marketing cooperativo incluyen la promoción cruzada. Por ejemplo, si un escritor muy reconocido tiene una gran lista de seguidores, puede ofrecer promocionar el libro de otro escritor a través de su representativa lista de contactos. O bien, el editor de libros de esa persona puede asociarse con otro editor que tenga más talento para producir eventos y/o guías de discusión para ese libro, y combinar esfuerzos promocionales para llegar a sus audiencias principales respectivas. Las conferencias, talleres, eventos deportivos y festivales a menudo también pueden servir como oportunidades de marketing cooperativo para los equipos, proveedores y patrocinadores de tales eventos.

Muchos tipos de empresas emplean acuerdos de mercadeo cooperativo. Cualquiera que haya caminado por los pasillos de Walmart ha visto el marketing cooperativo en acción. Los productos presentados en el frente de la tienda, al final de los pasillos y en otros lugares estratégicamente visuales son ejemplos de esto. Las empresas pagan por la colocación de productos en muebles de primera vista dentro de la tienda, así como por el espacio en la publicidad semanal de la tienda.

Para las pequeñas empresas, el marketing cooperativo puede ser una forma muy poderosa de obtener exposición y negocios. Los vendedores de alimentos, los vendedores de camisetas, los granjeros, los artistas y los músicos venden y anuncian sus productos y servicios a través de una variedad de acuerdos cooperativos de mercadeo. Pueden participar en un mercado de agricultores semanal o mensual, alquilar un puesto en un festival u otra reunión grande, o emitir un cupón en un libro de cupones que se ofrece para recaudar fondos para una escuela local.

Internet está lleno de oportunidades de marketing cooperativo. Por ejemplo, los sitios web de marketing de afiliados permiten que tanto las empresas grandes como las pequeñas elijan los productos que desean promocionar en sus propios sitios web, a través de sus listas de contactos y en las redes sociales; al hacerlo, el afiliado gana un porcentaje de cada venta.

Amazon tiene un enorme sistema de marketing de afiliados, que permite a los bloggers y vendedores en línea ganar un porcentaje de cada compra de sus enlaces codificados de forma única. Este tipo de marketing también puede ser mucho más personal. Los amigos y asociados que ya estarían haciendo referencias a un producto pueden ganar por cada referencia. eBay y Etsy también son ejemplos de marketing cooperativo en línea. En lugar de anunciar todo ellos mismos, los propietarios de pequeñas y grandes empresas pueden anunciar casi cualquier cosa en estos sitios web de alto tráfico, que a su vez cobran pequeñas tarifas y porcentajes por venta.

Las campañas de marketing cooperativo se desarrollan ampliando los horizontes, descubriendo y compartiendo puntos en común con otras empresas. Al alinearse con otras empresas que comparten un consumidor objetivo similar, cada empresa ha reducido sus costos de marketing y ha aumentado su exposición.

Los gerentes y el personal de la campaña de marketing cooperativo no pueden simplemente elaborar una pieza de correo directo y llamarla asociación; muchos más pasos están involucrados. Cada empresa debe tener responsabilidades claramente delineadas y debe aceptar realizar una inversión financiera en la asociación que sea igual a los beneficios de la campaña para cada socio. Esto no significa que cada socio tenga la misma participación, pero sí significa que cada socio debe aportar su parte justa de lo que espera recibir de la asociación.

Una vez que se han establecido los parámetros de la asociación, comienza la investigación del proyecto. Una investigación exhaustiva, a través del historial de compras con tarjeta de crédito, informes públicos de ventas, informes crediticios y otras herramientas de investigación, como los datos de consumidores, determina quién podría responder a tales campañas. Armado con ese conocimiento, el equipo de marketing elaborará una oferta muy atractiva para los consumidores, mientras sigue siendo rentable para las empresas involucradas.

Una vez que se ha puesto en contrato el acuerdo, se ha identificado al consumidor y se ha conceptualizado la oferta, es hora de implementar el plan. Para lograr esto, el personal de marketing de las corporaciones asociadas se repartirá las responsabilidades, idealmente aprovechando las fortalezas de cada socio. El esfuerzo general de marketing cooperativo también requerirá una amplia cooperación e interacción con los negociadores de contratos, abogados, diseñadores creativos, especialistas en redes sociales y, especialmente, las gerencias de las partes. Esto puede ser muy delicado, ya que cada empresa tendrá una jerarquía que espera ser reconocida, así como su propia cultura corporativa, estilo de gestión y flujo de trabajo. Los socios que puedan respetar y aprovechar esas diferentes perspectivas y fortalezas tendrán las mejores posibilidades de lograr una campaña exitosa.

## 15. MARKETING CORPORATIVO

El marketing corporativo es el medio por el cual una corporación u organización atrae clientes potenciales. Un equipo de marketing corporativo es responsable de determinar cómo llegar a los clientes deseados de la empresa y determinar qué tipo de publicidad y tácticas de mensajes les atraerán.

Los consumidores se ven influenciados por cada mensaje, jingle, logotipo, vallas publicitarias y voceros famosos asociados con una corporación. Incluso cuando los consumidores no están prestando atención, el mensaje permanece en su campo de conciencia o visión periférica. Los departamentos de marketing corporativo administran los mensajes y las apariencias externas de sus organizaciones, desde las declaraciones de misión hasta la implementación de publicidad.

Si bien existen ejemplos muy visibles de marketing corporativo, muchas formas de marketing corporativo son más sutiles. Los boletines corporativos, las campañas por correo electrónico, las ofertas, los cupones, los concursos, los anuncios, las inserciones en revistas, la publicidad en línea, las redes sociales, los anuncios de radio y las campañas de correo directo juegan un papel importante en una campaña. Del mismo modo, los especialistas en marketing corporativo pueden especializarse en una variedad de áreas, incluido el diseño gráfico, el diseño de sitios web, la marca, las redes sociales, la redacción publicitaria, la investigación y la comunicación corporativa.

Obviamente, las corporaciones utilizan el marketing corporativo. Sin embargo, todos los negocios, clubes, organizaciones políticas, organizaciones sin fines de lucro e incluso organizaciones religiosas utilizan algún tipo de estrategia de marketing corporativo.

Una organización benéfica o sin fines de lucro utilizará prácticas de marketing corporativo para informar a la comunidad sobre sus servicios. Querrá persuadir a la gente para que haga contribuciones y educar a la comunidad sobre la necesidad de sus servicios publicitando en lugares estratégicos. Una campaña de marketing sin fines de lucro también podría atraer a funcionarios gubernamentales y corporaciones para obtener una legislación favorable, fondos asignados y subvenciones.

Una organización política utilizará prácticas de marketing corporativo para hacer llegar su mensaje a los votantes potenciales. Publicará anuncios o colocará una valla publicitaria que se diferencie de la posición política o del candidato contrario. Una campaña de marketing puede proponer nuevas ideas sobre cómo resolver problemas y cuestiones, y utilizar correos electrónicos masivos para informar a los votantes. Los grupos políticos utilizarán prácticas de marketing corporativo para recaudar fondos y construir la reputación de sus candidatos, o para ganar o disminuir el apoyo público a las leyes y referéndums actualmente sobre la mesa.

Una organización religiosa utilizará prácticas de marketing corporativo para invitar a la gente a asistir a sus servicios. Algunas organizaciones publican una revista gratuita, que entregan personalmente de puerta en puerta para convertir a los nuevos miembros. Otras iglesias pueden querer anunciar los servicios que ofrecen a la comunidad en general, grupos de apoyo, grupos de solteros, misiones de bancos de alimentos, etc., y usan páginas de Facebook u otras redes sociales para correr la voz.

Casi todas las organizaciones exitosas, y ciertamente todas las corporaciones, tienen una identidad que intentan expresar al mundo, y específicamente a la demografía a la que sirven. Un especialista en marketing corporativo sabe cómo encontrar a esas personas y luego llegar a ellas. Todo el mundo es susceptible al marketing corporativo, hasta cierto punto. Las personas pueden pensar que están ignorando los anuncios en línea, pero echarán al menos un vistazo a un anuncio de enlace sobre su bandeja de entrada porque una palabra clave se correlaciona intencionalmente con un mensaje en su bandeja de entrada.

El marketing corporativo se infiltra en casi todos los aspectos de la vida de las personas, sean conscientes de ello o no. Las personas tienden a notar una valla publicitaria por la que pasan todos los días de camino al trabajo, aunque solo sea porque es una distracción del tráfico. Se anotará una pieza de correo directo que pide a los electores que voten por un candidato en particular, y se desarrollará una percepción sobre el rostro, la postura y la ropa del candidato, combinado con la redacción de la postal, antes de arrojarla a la papelera de reciclaje.

El primer paso para desarrollar una campaña de marketing corporativo es definir los objetivos. A quién quiere llegar la empresa y qué tipo de mensajes atraen a este público objetivo. El objetivo puede ser generar más tráfico a un sitio web para impulsar las ventas en línea o informar a los consumidores sobre nuevos productos o servicios.

Las respuestas a estas preguntas dependen de quiénes son los clientes reales de la empresa. Parte de esta información se puede obtener rastreando ventas anteriores, anotando quién compró ciertos productos y en qué puntos de venta se vendió mejor. Otra investigación incluye los programas de "club" que usan muchas tiendas y minoristas: esos descuentos en un producto en realidad han informado a muchas corporaciones sobre sus hábitos de compra. Los datos demográficos también se recopilan en Internet: los perfiles en Facebook permiten a los anunciantes ofrecer productos a los consumidores en función de datos demográficos específicos, como género, edad, estado civil, geografía y preferencia religiosa.

Una vez que han identificado un objetivo y a quién quieren llegar, el equipo de marketing corporativo implementa las ideas que cumplen los objetivos, se dirigen al mercado apropiado, generan entusiasmo y cumplen con las pautas presupuestales.

Las consideraciones económicas son importantes. Es muy atractivo tener la capacidad de idear un comercial innovador y convincente, pero si una empresa solo tiene suficiente dinero para una campaña de correo electrónico directo, se debe ceñir a su presupuesto. Por lo tanto, una gran parte del marketing corporativo es "marketing interno": convencer a la jerarquía corporativa para que se sume a nuevas ideas y les dedique un presupuesto adecuado.

## 16. MARKETING DE AFILIACION

Canales como Internet han brindado a las empresas más oportunidades para conectarse con una gran variedad de consumidores. Desafortunadamente, Internet también es un entorno extremadamente "ruidoso", donde los consumidores reciben anuncios publicitarios de una variedad de direcciones de fuentes no confiables. Con la esperanza de reducir parte de este ruido, muchas empresas entran en asociaciones de afiliados, donde un sitio web anuncia la empresa a cambio de una comisión. Estas tácticas permiten a las empresas establecer asociaciones con fuentes confiables que comercializan sus negocios. En lugar de pagar un precio fijo por un determinado período de anuncios, las empresas pagan por el rendimiento de las campañas de afiliados, lo que les brinda una alternativa más económica comparada con las líneas de marketing tradicionales.

Las tácticas de marketing de afiliación son las más utilizadas por los minoristas en línea. Amazon.com es uno de los nombres más importantes en esta línea de marketing. Su programa fue una de las primeras campañas importantes de marketing de afiliados desarrolladas y se convirtió en un modelo para las campañas posteriores de otras empresas. La llegada de Google y LinkShare permitió que el marketing de afiliación se extendiera a una mayor variedad de editores de sitios web en todos los niveles de tráfico de tal manera que un blogger podría servir como afiliado de una empresa multimillonaria.

Debido a la comisión del sitio web afiliado, el margen de beneficio de los productos vendidos es menor, pero el volumen total de ventas tiende a ser mayor. Los productos que se benefician particularmente de una alta exposición, como libros y música, son buenos candidatos para una estrategia de marketing de afiliación. El entretenimiento, y en particular los juegos, también ha experimentado un crecimiento a través de dicho marketing. Otros sectores comerciales que están creciendo a través del marketing de afiliación incluyen finanzas, viajes y ventas de teléfonos móviles.

Para que las personas respondan positivamente a las estrategias de marketing de afiliación, deben sentirse cómodas realizando compras en línea. Para las generaciones más jóvenes, esto puede incluir a casi todos; sin embargo, muchos adultos mayores aún prefieren comprar bienes o servicios en persona en tiendas físicas. Los clientes más efectivos para el marketing de afiliación son aquellos que ya compran en línea. Afortunadamente, su comportamiento de compra en línea impulsa a los editores de sitios web a estructurar y crear sitios web para satisfacer esas demandas.

Los clientes que compran en línea tienen un medio fácil e inmediato para buscar productos y comparar precios. Cualquier estrategia de marketing de afiliación debe considerar que su base de clientes tenderá a estar más informada sobre sus productos y los de sus competidores.

Al implementar una campaña de marketing de afiliación, las empresas primero deben asegurarse de que sus productos sean competitivos en el mercado. Muchos afiliados, como sitios web de comparación de compras o sitios web de discusión dedicados a industrias particulares, ofrecen fácilmente a los visitantes información sobre muchos otros productos en el mercado.

Luego, las empresas encuentran editores de sitios web para establecer asociaciones de afiliados. Las redes de afiliados establecidas ya tienen grandes grupos de editores, por lo que conectarse con una red conecta automáticamente una empresa con una cantidad significativa de afiliados potenciales. Para aprovechar estos voluntarios, una empresa también debe tener información del programa de afiliados disponible a través de un enlace en su página de inicio. Las empresas deben tener cuidado para asegurarse de que los afiliados no obtengan una mala reputación si se involucran en prácticas negativas, como enviar spam a los usuarios para aumentar su comisión.

El diseño eficaz de un sitio web es fundamental para que cualquier campaña de marketing en Internet funcione. Miles de afiliados pueden aumentar el tráfico web, pero si las páginas de destino no son atractivas, una empresa no convertirá a estos visitantes en clientes. Es probable que los compradores de Internet en el proceso de investigación y comparación dediquen solo unos segundos a visitar una página.

Finalmente, una campaña de marketing de afiliación efectiva requiere mantenimiento. Esto implica rastrear datos de miles de afiliados y responder a problemas, como el mal comportamiento de los afiliados, que deben eliminarse. El mantenimiento también ayuda a las empresas a identificar qué sitios web generan más tráfico, para que puedan ajustarse en consecuencia.

## 17. MARKETING DE ALMACEN

Las tiendas de hoy preparan el escenario para una experiencia de compra cuidadosamente refinada, diseñada para estimular partes del cerebro de un cliente para comprar bienes o servicios. Algunas tiendas usan aromas especiales para crear un ambiente tranquilo y relajante, mientras que otras usan bandas sonoras en la tienda para crear el ambiente de compras. Incluso la iluminación de una tienda puede tener un efecto poderoso sobre cuánto compra un cliente mientras está adentro. Todos estos factores sutiles se combinan para influir en el cliente en el momento en que decide efectuar una compra.

Un alto porcentaje de las decisiones de compra de un cliente se toman en el almacén. Esta es una estadística poderosa cuando se considera todo el dinero gastado en publicidad fuera de la tienda. Se gastan miles de millones de dólares en mensajes de marketing que los clientes pueden ignorar por completo tan pronto como ven un producto en un estante. Los especialistas en marketing actualizados deben considerar sus esfuerzos publicitarios desde el momento en que se le presenta un producto a un cliente hasta el momento en que realmente paga por él.

Muchos fabricantes y minoristas emplean psicología del consumidor para comprender mejor la miríada de factores que afectan las decisiones de compra. Las decisiones de compra rara vez son una elección puramente racional, sino que se basan en una serie de factores ambientales y psicológicos que trascienden las simples declaraciones sobre la calidad o el valor. Los profesionales de marketing deben entender el proceso mental detrás de la decisión de comprar si quieren conectarse con los clientes en el lugar donde más importa.

El marketing de almacén se centra en el cliente en el punto de compra. Intenta enviar estímulos de última hora a los clientes en el momento en que realmente están preparados para comprar. A diferencia de los anuncios impresos, de radio o de televisión que pueden permanecer en la mente de los clientes durante meses, el marketing de almacén trata de generar un impacto inmediato e influir directamente en el comportamiento de compra.

Si bien alguna vez se asumió que el marketing de almacén solo se realizaba en tiendas físicas, el auge del comercio electrónico ha requerido que los especialistas en marketing reconsideren cómo influyen en los compradores en línea. Una técnica común es señalar a los clientes otros productos que les pueden gustar en función de lo que han comprado. Si están comprando un DVD, la tienda en línea recomendará otras películas con el actor protagonista. Esta es una manera simple pero efectiva de animar a los clientes a gastar más de lo que esperaban.

Hay dos grupos que invierten en estrategias de marketing de almacén: Los fabricantes, que quieren maximizar las posibilidades de que los clientes elijan su producto sobre otro cuando se presentan ambos en un estante. Para ayudar a persuadir a los compradores, los fabricantes considerarán el precio, el empaque y los arreglos especiales con los minoristas para que su producto se destaque.

Y los minoristas que, diferencia de los fabricantes, están tratando de enfatizar una tienda en lugar de un producto. Los minoristas quieren que los clientes elijan su almacén en lugar de otra, gasten la mayor cantidad de dinero posible y regresen para hacer más compras. Consideran la ubicación, la señalización, el diseño de la tienda, la iluminación y una variedad de otros factores intentando refinar la experiencia de compra.

El marketing de almacén a menudo implica una serie de pequeños esfuerzos distribuidos en una variedad de ubicaciones físicas y canales de comercialización. Hacer un seguimiento de todos estos esfuerzos requiere un plan cuidadoso que pueda informar cada decisión de marketing. Los especialistas en marketing deben analizar cuidadosamente los productos y sus clientes objetivo. Algunas tiendas por departamentos, por ejemplo, segmentan a sus clientes en categorías según sus necesidades, que van desde compradores sensibles al precio hasta compradores de ventanilla única y consumidores con una aspiración de marca. Cada cliente visita una tienda por un motivo diferente y tiene una experiencia diferente en cada una.

Una vez que el plan ha identificado las características que enfatizará, la empresa diseña materiales de marketing que reflejan este mensaje. Los especialistas en marketing examinan cómo se empaca un producto, la forma en que se coloca en el estante, los productos que lo rodean y su lugar general en una tienda. El paso final del plan será estudiar y evaluar su efectividad. A medida que se desarrolla el plan, se deben identificar métricas que definan claramente los objetivos de la campaña y las medidas de éxito. Esto podría significar cualquier cosa, desde aumentar las ventas hasta obtener una ventaja sobre un competidor o cambiar la percepción de una marca. La campaña debe evaluarse varias veces a lo largo de su duración y, si no se cumplen los objetivos, la empresa debe experimentar con nuevas estrategias de marketing.

## 18. MARKETING DE BASES DE DATOS

El marketing de bases de datos es particularmente útil para las grandes empresas, que tienen grandes bases de clientes que generan grandes cantidades de datos de transacciones. Cuanto mayor sea el conjunto de datos inicial, más oportunidades existen para encontrar grupos de clientes y/o prospectos a los que se pueda llegar con una comunicación personalizada.

Muchas empresas utilizan técnicas de bases de datos para refinar sus campañas de marketing directo, incluidas empresas financieras, minoristas, proveedores de tecnología, empresas de servicios de Internet, compañías de seguros y empresas B2B.

Al igual que con otras formas de marketing directo, los clientes que responden mejor al marketing de base de datos son aquellos que se han inscrito en las listas de correo, como cuando un comprador en línea marca una casilla marcada como aceptación de envío de información sobre futuras promociones. Dichos clientes ya han expresado interés en los productos de la empresa y, como tales, es más probable que estén interesados en nuevos productos y ventas de esa empresa.

Sin embargo, un análisis cuidadoso de la base de datos puede producir muchas otras listas de clientes basadas en otra actividad, que tendrán la misma probabilidad, o más, de responder a un mensaje de marketing directo en particular. El objetivo principal del marketing de base de datos es asegurarse de que las comunicaciones de marketing se dirijan a los grupos más receptivos. El mantenimiento adecuado de los datos y las opciones de exclusión voluntaria reducen la cantidad de personas que no tienen interés en recibir dicha comunicación.

Como su nombre lo indica el marketing de bases de datos comienza con datos. Cuantos más datos útiles estén disponibles, más eficaz será la campaña. Estos datos provienen de varias fuentes. Muchas empresas recopilan datos como parte de una transacción comercial típica. Por ejemplo, dado que las compañías financieras y de seguros deben recopilar el nombre, la dirección y otra información para una venta, se requiere poco esfuerzo adicional para retener esta información en una base de datos.

Los minoristas en línea también pueden recopilar fácilmente dicha información, así como los historiales de compra; los minoristas fuera de línea pueden usar sistemas de tarjeta de club para lograr lo mismo. Los datos adicionales provienen del servicio al cliente, que puede mantener un registro de todas sus comunicaciones con los clientes. Mientras tanto, los clientes potenciales de marketing y ventas crean registros de clientes adicionales.

Si bien los datos sobre clientes existentes se pueden recopilar a través de transacciones, los datos sobre prospectos se obtienen en gran medida de terceros. Diferentes países tienen varias leyes que controlan qué información puede y no puede venderse, a menudo restringiéndola al nombre, la dirección, el número de teléfono y quizás algunos datos demográficos. Muchas empresas venden esta información a los vendedores; otros pueden tener acuerdos de privacidad con sus clientes que les impiden hacerlo. Ocasionalmente, también se pueden vender los historiales de transacciones. Además de terceros, los datos de prospectos también se pueden obtener a través de sorteos, registros en línea y otros métodos.

Las empresas grandes a menudo administrarán todos los datos que recopilan de diversas fuentes a través de una central de datos. El centro recibe diversos conjuntos de datos de diferentes departamentos y empresas, los integra en una megabase de datos y luego los vuelve a analizar en bases de datos más pequeñas que se utilizan para diversas funciones. El uso de un centro de datos permite que una empresa procese cantidades mucho mayores de datos y, de nuevo, cuantos más datos estén disponibles, más oportunidades tendrá de encontrar grupos de clientes que respondan a un mensaje personalizado.

En este punto, el verdadero trabajo de marketing de la base de datos está hecho. Los analistas de bases de datos desarrollan programas para filtrar y extraer los datos para obtener información procesable. Pueden segmentar a los clientes en función de una serie de factores demográficos y de comportamiento diferentes. Por ejemplo, podrían usar el análisis para segmentar grupos según cuán recientes, frecuentes o cuánto valor monetario son las compras de los clientes. También pueden usar modelos estadísticos, como la regresión logística, para predecir el comportamiento futuro y crear listas de clientes.

Además del marketing directo, la información de la base de datos también se puede utilizar en algunos sistemas para obtener información del cliente mientras se interactúa con él, lo que se conoce como inteligencia comercial en tiempo real, que permite una mayor personalización. Además, las bases de datos alimentan los sistemas de gestión de relaciones con los clientes, que utilizan la información para presentar ofertas personalizadas de productos y servicios.

La medida en que los sistemas de bases de datos se pueden emplear de manera efectiva depende de una serie de factores: qué tan actualizada está la información, qué análisis se utilizan y la red de software y el nivel de conectividad en el negocio. Las principales empresas de tecnología de la información, como Google y Apple, son más eficaces en el uso de sus bases de datos para la inteligencia en tiempo real y la personalización de los negocios.

## 19. MARKETING DE BÚSQUEDA

El marketing de búsqueda, también conocido como marketing de motores de búsqueda o SEM, es un tipo de estrategia de marketing en línea que promueve sitios web aumentando su clasificación y visibilidad en los motores de búsqueda. El marketing de búsqueda emplea tácticas tanto pagas como orgánicas para ayudar a los usuarios de Internet a encontrar el sitio web adecuado entre millones.

Cuando el nombre de una marca se convierte en sinónimo de la categoría del producto, se convierte en un gran éxito de mercadeo. Considere "Kleenex", que hoy en día entendemos que significa un nombre genérico para pañuelo facial, o "Google", que ahora se usa como un verbo que significa "buscar en internet", y es un término familiar para todos, desde niños de jardín de infantes hasta octogenarios.

A medida que la cantidad de sitios web aumentó exponencialmente, se desarrollaron plataformas de motores de búsqueda para ayudar a las personas a encontrar rápidamente la información que buscaban. Con el tiempo, desarrollaron algoritmos altamente complejos, determinando a qué sitios web se les debe dar el mayor peso, y los resultados más altos, para cada término de búsqueda ingresado.

Hoy en día, la reputación de una empresa a menudo depende de la calidad de su sitio web. Los usuarios inteligentes de Internet no confían en los sitios web que parecen obsoletos y aficionados, y no confían en las empresas que no se molestan en mantener un sitio web moderno y utilizable. Esto significa que las empresas de todo el mundo dedican tiempo, dinero y esfuerzo a asegurarse de que sus sitios web sean elegantes y utilizables. Pero un sitio web impresionante no vale nada si los usuarios de Internet no pueden encontrarlo, y ahí es donde entran en juego las técnicas de marketing de búsqueda.

A diferencia de las formas tradicionales de marketing, donde los clientes pueden señalar una campaña publicitaria o una marca e identificarla como perteneciente a una empresa en particular, el marketing de búsqueda no es llamativo, diferencial o creativo en el sentido habitual. Esto no significa que el marketing de búsqueda requiera menos investigación, tiempo o atención que otras campañas de marketing. Sin un plan estratégico de marketing de búsqueda, es probable que un sitio web se pierda entre los miles de otros que ofrecen productos similares a precios similares.

Las tácticas de marketing de búsqueda con pago incluyen listados de PPC (Pago Por Clic), anuncios contextuales e inclusiones pagadas. La publicidad de pago por clic funciona de manera similar a la optimización de motores de búsqueda mejor conocida como SEO (Search Engines Optimization), porque se basa en palabras clave. Si bien la optimización de motores de búsqueda funciona orgánicamente, lo que significa que una empresa no tiene que pagar, los resultados de PPC aparecen en los cuadros de publicidad en Google. Las empresas pagan para estar representadas por palabras clave específicas y pagan una tarifa cada vez que un usuario hace clic en uno de estos enlaces "patrocinados".

La optimización de motores de búsqueda es una de las partes más críticas del marketing de búsqueda, que abarca ajustes de palabras clave, optimización de contenido y atracción. Se basa en algoritmos especiales que analizan las instancias de palabras clave específicas en un sitio web. Una campaña de SEO efectiva puede posicionar un sitio de comercio electrónico para llegar a la cima de las clasificaciones de Google. Una excelente optimización de motores de búsqueda hace que un anuncio aparezca tan rápido en los resultados de búsqueda de tal forma que probablemente experimente mucho más tráfico que sus competidores.

Todos los sitios web son "rastreados" por los motores de búsqueda en un esfuerzo por determinar la clasificación de la página de un sitio en particular. Aquellos que emplean equipos dedicados para manipular activamente esas clasificaciones a través del marketing de búsqueda tienen muchas más probabilidades de terminar en la parte superior de los resultados. Esto significa que todos los sitios web que buscan atraer tráfico, ya sea para comercio electrónico, información u otro servicio, deben emplear el marketing de búsqueda. La atención a las palabras clave relevantes es invaluable para todos los sitios web, independientemente del producto o servicio que ofrezcan. Cada sitio web puede beneficiarse del análisis de cada página de su sitio para asegurarse de que aparezca alguna combinación de palabras clave relevantes en el contenido.

Los usuarios jóvenes con conocimientos de Internet son especialmente críticos con el aspecto y el funcionamiento de un sitio web, y harán clic en todos los resultados principales de una página de búsqueda para encontrar lo que buscan. Aquellos que escriben en términos simples confían en los equipos de marketing de búsqueda para asegurarse de que el sitio web correcto para sus necesidades aparezca en un lugar fácil de encontrar.

Tanto en las campañas orgánicas de SEO como de PPC, los tres métodos más importantes de marketing de búsqueda son el análisis de palabras clave, la popularidad del sitio web y las herramientas de administración. Usados juntos y monitoreados meticulosamente, estos métodos constituyen la mayoría de las responsabilidades de un equipo de marketing de búsqueda. Antes de que un equipo desarrolle una campaña activa de marketing de búsqueda, debe asegurarse de que sus sitios web sean de alta calidad. Es imperativo que a los visitantes les guste lo que encuentran una vez que llegan al sitio web. Esto significa que todos los enlaces deben funcionar, todo el contenido debe ser informativo y fácil de leer, y la apariencia del sitio debe ajustarse al mensaje de la marca o empresa.

Luego, el equipo de marketing de búsqueda puede comenzar a trabajar en la investigación y el análisis de palabras clave. La investigación determina las palabras clave más relevantes y buscadas en el sitio y utiliza estos hallazgos de una manera que genera tráfico y tiene sentido para los usuarios.

Sin embargo, cuando un equipo de marketing de búsqueda que trabaja para un sitio web determina que los términos de búsqueda son más populares y generan tráfico, no puede simplemente enumerar esos términos una y otra vez en la parte superior de una página web o, lo que es peor, ocultarlos en un texto que coincida con el fondo. Estas prácticas, conocidas como SEO "oscuro", están muy mal vistas en el mundo del marketing de búsqueda. Si bien pueden ayudar a que un sitio web salte a la parte superior de los resultados de búsqueda temporalmente, el análisis inteligente de Google no solo eliminará estas clasificaciones altas, sino que también prohibirá que el sitio web se indexe correctamente en un futuro. Además, a los internautas les desagradan y desconfían de estas prácticas.

Para usar las palabras clave correctamente, deben integrarse en el contenido, los títulos, las meta etiquetas y las descripciones de búsqueda de una manera que se sienta natural para el lector, no forzada. Además, los equipos de marketing de búsqueda deben analizar aquellos términos menos utilizados que puedan monopolizar. Si se usan correctamente, dentro de un contexto apropiado, estas palabras clave se pueden incluir mejorando las posibilidades de hallazgo de los usuarios.

A continuación, el equipo de búsqueda puede comenzar a analizar la saturación de su sitio web y la popularidad de los enlaces. Estos determinan cuánta presencia tiene un sitio en los motores de búsqueda y se pueden analizar a través de contadores de páginas, páginas indexadas y vínculos de otros lugares. Si todas las páginas del sitio web contienen palabras clave y contenido "rastreable": texto de búsqueda, no fotos con palabras escritas, animaciones o videos, debería llevar a las personas al sitio y posicionarse bien en los motores de búsqueda.

Para ayudarlos a medir la saturación y la popularidad, un equipo de búsqueda puede usar las herramientas ofrecidas por las organizaciones especializadas en este tipo de servicios.

Herramientas de administración de back-end, como Google Analytics y los validadores de HTML miden el éxito de un sitio web proporcionando datos sobre los visitantes. Más que solo contar el tráfico, estas sofisticadas herramientas pueden revelar información importante sobre páginas web específicas y cómo se utilizan. Una vez que un equipo de búsqueda sabe dónde está ganando y perdiendo visitantes del sitio web, puede orientar sus palabras clave para llenar esos vacíos.

## 20. MARKETING DE CAMPO

El marketing de campo implica trabajar en el sitio para conectarse con los mercados. Como tal, comprende todas las actividades de marketing que implican un contacto cara a cara con el consumidor. Para algunas empresas, incluye coordinar grandes equipos de ventas que se reúnen con los clientes, mientras que otras realizan promociones en la calle y reparten folletos.

En la era de Internet, las personas pueden comprar con solo hacer clic en un botón. Sin embargo, no importa cuánto integremos la tecnología en nuestras vidas, aún pasaremos parte de nuestros días, y parte de nuestras experiencias comerciales y de compras, interactuando con personas en el mundo físico. Mientras la dimensión personal permanezca en nuestras compras y nuestro trabajo, también habrá oportunidades para que los especialistas en marketing salgan de sus edificios para interactuar con sus clientes en persona.

Con la excepción de algunas empresas que dependen exclusivamente del marketing en línea en Internet, casi todas las empresas que comercializan productos o servicios emplean algún tipo de marketing de campo. Se puede utilizar para promocionar un producto o servicio específico o promocionar una marca en particular. Adicionalmente, el marketing de campo se utiliza para una amplia variedad de segmentos de mercado, y las diferentes actividades de marketing de campo están dirigidas a diferentes clientes. Esencialmente, si los clientes están físicamente presentes en el mercado, se convierten en objetivos de marketing de campo.

Hay varias técnicas generalmente empleadas en una campaña de marketing de campo. Las campañas de punto de venta se desarrollan para explotar a los compradores impulsivos. La comercialización efectiva es importante tanto para los compradores de listas como para aquellos que están navegando en línea. Mientras tanto, las campañas promocionales en el campo buscan a los clientes a los que llaman "influenciadores", o personas altamente interactivas que tienen una influencia significativa en sus relaciones públicas. Estos influenciadores comparten experiencias positivas con otros y recomiendan a sus seguidores un producto o servicio que les gusta.

Las campañas de marketing de campo tienen sus propios riesgos específicos: al depender de la comunicación persona a persona, colocan la reputación del producto, servicio o marca en manos de una multitud de personas. En lugar de transmitir un único mensaje consistente a través de un solo canal, como a través de una revista o un anuncio de televisión, el mensaje comunicado a través del marketing de campo variará según las habilidades de comunicación de las personas en contacto con el consumidor. Por esta razón, una campaña de marketing de campo se basa en una formación eficaz del equipo de promotores. Los profesionales involucrados en la campaña no solo deben comunicarse de manera efectiva y persuasiva, llevando al público un mensaje unificado y consistente, sino también ser capaces de medir el interés del consumidor en la comunicación.

## 21. MARKETING DE CAUSA SOCIAL

Las velocidades ultrarrápidas de Internet, la tecnología móvil y los negocios internacionales han unido al mundo más que nunca. Con esta cercanía viene la conciencia de las dificultades globales que fueron ignoradas en el pasado.

A medida que los consumidores se vuelven más conscientes de la desigualdad que los rodea, buscan marcar la diferencia. El marketing de causa social une el esfuerzo cooperativo entre organizaciones con fines de lucro y sin fines de lucro para su beneficio mutuo y brinda a las personas la oportunidad y la información que necesitan para ayudar. Las marcas globales poderosas y generadoras de ganancias tienen los recursos para aumentar la conciencia de las organizaciones sin fines de lucro, al mismo tiempo que promocionan su producto.

Los principios del marketing de causa social se refieren a vincular una marca con una causa para producir beneficios rentables y sociales simultáneamente. Estos beneficios mutuos pueden incluir la creación de valor social, una mayor conexión con el público y la comunicación de valores compartidos, así como ganancias económicas.

El marketing de causa social es un campo relativamente nuevo en el terreno del mercadeo. Introducido en 1976 a través de una asociación entre Marriot Corporation y March of Dimes. Las dos organizaciones trabajaron juntas para promover el complejo de entretenimiento familiar de Marriot en Santa Clara, California, mientras recaudaban fondos para la causa de March of Dimes: la prevención de defectos de nacimiento en bebés. La campaña tuvo éxito en ambos sentidos y empresas de todo el mundo siguieron su ejemplo.

Hoy en día, las campañas de marketing de causa social abarcan desde grandes causas globales hasta esfuerzos locales más pequeños. Los ejemplos generales de marketing de causa social incluyen campañas de concientización pública sobre el cáncer, licencias de marcas comerciales de organizaciones benéficas para su uso en ventas y solicitudes de donaciones en las cajas de pago de las tiendas.

Debido a que el marketing de causa social tiene muchas caras, a menudo se lo confunde con la filantropía corporativa o el marketing social, aunque es marcadamente diferente de ambos. En la filantropía corporativa, las empresas donan fondos a una causa sin esperar ganancias corporativas. En el marketing social, las organizaciones sin fines de lucro utilizan técnicas de mercadeo para tratar de impactar el comportamiento social negativo como la contaminación ambiental, la drogadicción o la violencia intrafamiliar.

El marketing de causa social es especialmente adecuado para las empresas que comercializan sus productos directamente a los consumidores. Específicamente, las empresas que venden productos físicos, exhibidos en tiendas y diseñados para comprar más de una vez, pueden beneficiarse de esta técnica de marketing. La campana puede incluir un ofrecimiento de donación de parte del valor de venta de un producto a una organización de beneficio social. Este tipo de estrategias se utilizan para aumentar las ventas de un producto en particular aumentando la cantidad de dinero aportado a una organización sin fines de lucro.

A veces, tiendas enteras, no solo un producto en particular, se vinculan con una organización sin fines de lucro para generar interés. Por ejemplo, la campana de Toys'R Us tiene cajas disponibles para que los clientes donen juguetes a diferentes organizaciones de "Toys for Tots" que dan juguetes a niños necesitados.

Una campaña de marketing de causa social genuina y bien ejecutada es una de las estrategias más útiles, tanto para corporaciones como para organizaciones sin fines de lucro. Una organización sin fines de lucro puede obtener una mayor financiación, exposición y confiabilidad al alinearse con una marca confiable, mientras que las corporaciones ven una mayor lealtad a la marca, aumentan la moral de los empleados y aumentan las ventas al "patrocinar" una causa que vale la pena. De hecho, es probable que los consumidores cambien de marca si una empresa está alineada con una causa benéfica. Si bien comenzar una relación de marketing de causa social al principio puede ser oneroso, vale la pena encontrar y desarrollar una asociación efectiva.

Debido a que es tan inclusivo, la mayoría de los consumidores se ven afectados positivamente por el marketing de causa social. Las encuestas muestran que un alto porcentaje de los consumidores desea que los productos y servicios que adquieren y los almacenes minoristas que utilizan apoyen causas sociales. La gente cree que cuando una empresa dona parte de sus ganancias a una buena causa en lugar de aumentar sus ganancias desproporcionadamente, esa empresa merece más su dinero. A través del marketing de causa social, los consumidores pueden sentir que están haciendo una pequeña diferencia al comprar un producto que promueve una buena causa.

Nada genera más lealtad a la marca y entusiasmo como la alineación de una empresa con una causa digna. Sin embargo, los consumidores deben tener cuidado con las campañas de marketing de causa social que carecen de credibilidad. Como consumidor, si va a comprar un producto debido a su alineación con una causa que le importa, vale la pena investigar a las organizaciones que la representan para asegurarse de que sea legítima.

Una asociación sólida de marketing de causa social se basa principalmente en la divulgación en medios como redes sociales, prensa, referencia y destinación de los fondos que en la promoción de marca. Al involucrar a los consumidores, el equipo de marketing de causa social de manera natural puede crear conciencia de las marcas de las organizaciones comprometidas. Los vendedores talentosos podrán generar efecto emocional y voluntad de compra en los consumidores sin invertir fondos innecesarios en otras estrategias de marketing.

Para aumentar las posibilidades de éxito, una campaña de marketing de causa social debe prestar atención a:

- **Autenticidad:** En lo posible debe asociarse con una marca u organización sin fines de lucro cuyos objetivos se alineen de alguna manera con los suyos. A menudo, las campañas de marketing de causa social tienen más éxito si sus asociaciones “tienen sentido” inmediato para los consumidores.

- **Familiaridad:** Cuando ambas marcas son conocidas y confiables entre un grupo de consumidores, las posibilidades de que su confiabilidad se multiplique en asociación son aún mayores.

- **Marca:** Un poderoso mensaje de marca, transmitido a través de todas las plataformas, aumentará el mensaje y la exposición de su campaña de marketing de causa social.

- **Cobertura publicitaria:** La cobertura en medios de información local y nacional es un excelente método gratuito para aumentar la exposición de su asociación. Invite a los medios a los eventos de marketing de que organice y aumentará la visibilidad de su campaña para sus consumidores, sin invertir mayores recursos humanos y económicos.

## 22. MARKETING DE CIRCUITO CERRADO

En los negocios, el conocimiento es poder. Recopilar, analizar y aprovechar la información correcta sobre sus clientes suele ser la diferencia entre el liderazgo en el mercado y el fracaso. Las empresas exitosas confían en los datos de comportamiento de compra que recopilan para superar a su competencia con una mejor publicidad y marketing para atraer nuevos clientes y retener a los existentes.

El marketing de circuito cerrado es un método muy eficaz para recopilar y analizar datos de clientes de múltiples canales y utilizar la información para crear contenido específico para grupos de clientes. Proporciona un ciclo continuo para obtener las preferencias del cliente y ajustar la estrategia de marketing a aplicar.

Por ejemplo, cuando un cliente visita el sitio web de una empresa, sus preferencias e historial de búsqueda se registran en una base de datos. Luego, los especialistas en marketing pueden ajustar y adaptar la estrategia de marketing para ese cliente en función de esos datos. Cuanto más regresa un cliente al sitio web, más información se recopila. Este marketing bidireccional permite a las empresas aumentar la información relevante obtenida y seguir modificando el enfoque de marketing para cada cliente individual.

Este enfoque basado en datos para producir materiales de marketing permite a la empresa dirigirse a una serie de segmentos de clientes con mensajes que impulsan las ventas y los ingresos entre los clientes nuevos y existentes. Con tecnologías avanzadas de marketing en línea, gran parte del proceso se puede automatizar, lo que ayuda a la empresa a llegar a la audiencia más amplia posible de manera más eficiente y rentable.

Mediante el uso de herramientas de administración de relaciones con los clientes y sistemas de administración de contenido, los especialistas en marketing refinan y producen el contenido y las ofertas más relevantes para los clientes. A medida que aumenta el conocimiento sobre el cliente, el contenido se vuelve aún más individualizado para consumidores específicos a través de múltiples canales de marketing.

La combinación de los datos recopilados en diferentes plataformas (móvil, Internet, en las tiendas, etc.) permite a los especialistas en marketing medir el retorno de la inversión para los programas de marketing en todos los canales, tanto en línea como fuera de línea, a nivel granular. Con las herramientas adecuadas, los especialistas en marketing pueden medir con precisión todo, desde las impresiones de anuncios y las páginas vistas hasta los clientes potenciales, las ventas y los ingresos de las campañas, con un detalle infinitamente mayor para lograr prácticas de marketing más efectivas.

Las empresas con canales de marketing y ventas multiplataforma necesitan empleados altamente calificados para ejecutar estrategias de marketing de circuito cerrado. Los empleadores pueden ser empresas locales o empresas nacionales e internacionales con una base de clientes global.

Los minoristas, los proveedores de servicios, los fabricantes y las organizaciones de ventas directas son ejemplos de empresas que pueden requerir los servicios de un profesional de marketing experimentado y de circuito cerrado.

Mediante el uso de información recopilada sobre los comportamientos de los clientes, un comercializador puede realizar promociones cruzadas de ofertas en sus sucursales existentes mediante la producción de piezas de correo para los clientes que reciben sus estados de cuenta mensuales por correo o correos electrónicos de alta calidad para aquellos que prefieren la entrega por correo electrónico. Del mismo modo, identificar cómo un posible cliente llegó al sitio web, qué contenido vio y la información demográfica obtenida puede ayudar al especialista en marketing a adaptar un mensaje de correo electrónico o un folleto a las necesidades del cliente potencial y aumentar la probabilidad de adquirirlos.

El marketing de circuito cerrado abarca todos los esfuerzos de marketing dirigidos a los consumidores a través de los canales y plataformas de ventas de una empresa. Los consumidores de hoy tienen más opciones que nunca para obtener, investigar y comprar los bienes y servicios que desean. La ventaja del marketing de circuito cerrado es que los especialistas pueden monitorear y analizar de manera efectiva los comportamientos de los consumidores, independientemente de dónde o cómo compren, y personalizar las ofertas para atraer a la audiencia más amplia a un nivel muy personal.

Los datos se analizan para identificar rasgos comunes entre grupos de consumidores o para detectar preferencias individuales. Estos segmentos se convierten en la base para las futuras comunicaciones de marketing por correo electrónico y en línea de la empresa, lo que ayuda a las empresas a llegar a grupos más grandes de clientes potenciales.

Un plan de marketing de circuito cerrado efectivo comienza con el tráfico entrante del sitio web de una empresa. Un sitio web es el eje central de una empresa para llevar a cabo su negocio y es el destino principal para los clientes a los que llegan las redes sociales, el correo electrónico y las campañas de búsqueda de pago de una empresa. Los profesionales utilizan herramientas de análisis de marketing en línea para comprender cómo los visitantes interactúan con su contenido, lo que les permite asignar recursos financieros específicamente a campañas que producen resultados.

Un factor clave en la optimización del contenido es la capacidad de realizar un seguimiento eficaz de cómo los clientes potenciales encontraron el sitio web. Una estrategia efectiva para rastrear el tráfico es usar URL y enlaces únicos asociados con campañas de marketing específicas. Crear una URL de seguimiento puede ser tan simple como agregar un parámetro al final de la URL del sitio web de la empresa. Cuando los visitantes hacen clic en el enlace de seguimiento, una herramienta de análisis web en línea puede capturar automáticamente cuándo, dónde y a través de qué plataforma un usuario ingresó al sitio web. Esta información es vital para crear perfiles precisos de clientes y grupos que ayuden a los especialistas en marketing a determinar el mejor uso de sus recursos.

Después de identificar dónde se origina el tráfico, las campañas de marketing exitosas también miden los comportamientos de los clientes en línea. Supervisar y analizar los clics que hace un cliente en línea, lo que se conoce como ruta del cliente, proporciona pistas valiosas sobre el contenido y las imágenes que hablan de sus motivaciones de compra. Comprender las rutas de los clientes puede ayudar a las empresas a minimizar la cantidad de puntos de abandono en su sitio. Esto crea vías más eficientes para guiar a los clientes hacía y a través del proceso de ventas más rápido. Una experiencia de ventas en línea fácil, personalizada y relevante es esencial para mejorar las tasas de conversión y generar nuevos ingresos.

Comprender los comportamientos de los clientes en línea también puede ayudar a las empresas a desarrollar micrositios especiales y páginas de destino que se dirijan específicamente a diferentes segmentos de clientes. Enviar tráfico entrante directamente a una página de destino puede ayudar a los especialistas en marketing a recopilar datos importantes de los clientes y, lo que es más importante, a separar los clientes potenciales calificados de los no calificados.

El último paso es atribuir las ventas a los clientes potenciales generados en línea o mediante esfuerzos de ventas directas. Esto permite a los especialistas dedicar más tiempo y esfuerzo a respaldar campañas que han demostrado generar ingresos. Es un proceso complicado, pero las plataformas integradas pueden automatizar la mayoría de estas tareas, lo que ayuda a ahorrar mucho tiempo a los especialistas en marketing y mejora el rendimiento general.

## 23. MARKETING DE CONTENIDOS

El marketing de contenidos es la práctica de publicar contenido nuevo, relevante y útil para involucrar a los consumidores, con la intención de atraerlos a su empresa. El marketing de contenido de calidad suele ser un enfoque de venta suave. De hecho, apenas parece marketing, sino que parece información auténtica que los consumidores necesitan. La estrategia de marketing a través de contenido informativo es una de dar y recibir: usted brinda a los clientes potenciales información de calidad, con la esperanza de atraer y retener su negocio.

El contenido es la clave. Con más de quinientos millones de sitios web activos disponibles, los internautas están inundados de trucos para llamar su atención. Las personas se han vuelto tan saturadas con la publicidad que se han vuelto ciegas a los anuncios, ignorando y desconectando deliberadamente los anuncios. Apresuradamente presionan "omitir este anuncio" mientras miran YouTube o escuchan Pandora. La clave para ganar una parte de la conciencia y mantener la atención de los consumidores es proporcionar información útil y de calidad en forma de marketing de contenido.

El contenido sólido no solo atrae a los lectores a un sitio web, sino que también beneficia la clasificación de una página en los motores de búsqueda como Google. Google y otros motores de búsqueda cambian regularmente sus algoritmos para mantener el contenido auténtico y valioso por encima de los resultados de búsqueda, a veces para disgusto de los especialistas en marketing de contenido y desarrolladores web. Con contenido de calidad, se anticipa a estos cambios y posiciona mejor su sitio para llegar a la parte superior de los resultados de búsqueda.

Los sitios web, blogs, revistas, boletines, aplicaciones móviles, redes sociales, informes de progreso, artículos de noticias, sitios de agregados de contenido y muchos otros lugares pueden ser excelentes fuentes para el marketing de contenido.

Cualquier empresa con un producto o mensaje que cree contenido convincente puede implementar estrategias de marketing de contenido. Por ejemplo, muchas empresas generan boletines que anuncian nuevos productos, informan sobre tendencias comerciales y de la industria, destacan a personas excepcionales dentro de su empresa y convencen a los clientes para que compren sus productos. Otros emplean blogs o redes sociales para conectarse de manera más informal con su base de clientes.

Empresas exitosas venden contenido en cantidades enormes de programas de televisión, libros, sitios web, aplicaciones digitales y revistas. El contenido atrae a millones de consumidores, lo que a su vez atrae a anunciantes y ventas de productos.

Miles de blogueros y comerciantes de Internet producen contenido intrigante y, a menudo, muy personal. Muchos venden espacios publicitarios en sus blogs y alojan reseñas pagadas como fuente de ingresos; ambas fuentes sirven como marketing de contenidos para sus propios blogs, así como para sus anunciantes. Además, los blogueros y comerciantes de Internet venden sus propios libros, artesanías o productos en sus blogs y usan su contenido para atraer compradores potenciales.

Cualquiera que se suscriba a un boletín informativo, visite un blog o sitio web con contenido destacado, haga clic en enlaces de redes sociales con contenido, investigue y lea sobre problemas, o navegue por la web en busca de información, es susceptible al marketing de contenido. En cada caso, el cliente está motivado por contenido valioso y original para tomar medidas, ya sea una compra, una donación, una acción sociopolítica o una combinación de las anteriores.

Al desarrollar una estrategia de marketing de contenidos, es importante tener en cuenta la acción deseada. Con el objetivo claro en mente, investigue qué tipo de información o "historia" obligará a las personas a realizar la acción deseada. Luego determine dónde puede contar su historia y obtener la mayor exposición. Muchas campañas de marketing de contenido emplean una variedad de plataformas para correr la voz. Un boletín informativo, las redes sociales, un blog, el contenido del sitio web, los blogs de invitados y las reseñas en otros medios pueden ser efectivos.

Los aspectos prácticos de una buena estrategia de marketing de contenidos cambian rápidamente, porque la forma en que las personas consumen información cambia. Tenga en cuenta que la frecuencia de publicación es un elemento importante para alimentar el hambre del consumidor por contenido nuevo. A Google también le gustan los números prolíficos; premia tanto la cantidad como la calidad.

Salpicar el contenido con palabras clave estratégicas y usar técnicas de optimización de motores de búsqueda, cuando se implementa correctamente, también puede mejorar los resultados. Elegir títulos obvios, en lugar de ingeniosos, aumenta el tráfico y las clasificaciones de Google. Los vínculos de retroceso atraen al lector a artículos de marketing de contenido anteriores y mantienen al lector en el sitio web durante un período de tiempo más largo; Google responde bien a los enlaces profundos. Tener otros sitios web de buena reputación con enlaces a su contenido también ayuda a mejorar las clasificaciones de Google.

También se debe medir la efectividad de una campaña de marketing de contenidos. Las aplicaciones como Google Analytics le permiten verificar estadísticas, ver páginas vistas, notar qué publicaciones obtienen los mejores resultados y observar qué datos demográficos responden mejor a su contenido. Las plataformas de redes sociales también le permiten realizar un seguimiento de los resultados al ver acciones, comentarios y likes, así como prestar atención a los comentarios. Armado con esta información, puede ajustar las estrategias de marketing de contenido de acuerdo con lo que funciona y lo que no.

## 24. MARKETING DE CONVERSIóN

El marketing de conversión se refiere a las tácticas que alientan a los clientes a realizar una acción específica, "convirtiendo" a una persona que navega por su sitio web en un comprador de su producto o servicio.

En términos de marketing en línea, esto involucra no solo el argumento de venta, sino también el diseño del sitio web, así como acciones especiales, por ejemplo, una oferta especial activada para aquellos que abandonan sus carritos de compras. Las altas tasas de conversión significan más ventas, menos clientes perdidos y un mayor retorno de la inversión publicitaria. Al convertir a los clientes potenciales, que ya han expresado al menos cierto grado de interés, no necesita llegar a tantos clientes potenciales nuevos para generar el mismo volumen de ventas.

Todos los vendedores quieren una tasa de conversión más alta, al igual que todas las empresas con presencia en línea. Generalmente, el tipo de actividad comercial en línea afecta qué tipo de tácticas de conversión se emplean. Muchos sitios web venden productos directamente al cliente; para ellos, la conversión es una cuestión de convencer a las personas para que realicen una compra. Otros sitios web obtienen sus ingresos de la publicidad, al igual que los periódicos impresos obtienen la mayor parte de su dinero mediante la venta de anuncios en lugar de vender el periódico en sí. Para estos sitios web, la conversión significa hacer que las personas hagan clic en los distintos anuncios que se muestran en el sitio web.

Ya sea que un sitio web venda productos, servicios o anuncios, se les pide a los clientes que realicen una acción específica. Esto significa que cada sitio web comercial en Internet puede aplicar marketing de conversión a su presentación. Los clientes en línea que navegan por páginas web desde una lista de resultados de motores de búsqueda pueden ir y venir rápidamente; en promedio, una persona tarda alrededor de ocho segundos en decidir si quedarse o abandonar una página. Por lo tanto, el primer paso del marketing de conversión es lograr que las personas se queden.

Las tácticas de marketing de conversión no se dirigen solo a un segmento de consumidores, sino que se aplican a todos los clientes que visitan el sitio web de una empresa. Muchos, si no la mayoría, llegarán a través de los resultados de los motores de búsqueda. Dichos visitantes se convierten inmediatamente en prospectos de alto valor, ya que ya están interesados en algún aspecto del contenido de su sitio web, si no en los bienes y servicios específicos que brinda. Otros clientes llegan directamente, porque ya conocen su sitio web, tal vez a través de negocios anteriores o a través de un enlace en su boletín informativo por correo electrónico. Estos clientes también son de alto valor, ya que ya han establecido una relación con el negocio.

En ambos casos, el marketing de conversión no tiene que tratar de inventar prospectos y luego tratar de engañar a esos prospectos para que realicen una compra; solo necesita presentar un caso convincente para aquellos que ya tienen una necesidad. Se trata más de hacerles tomar una decisión fácil en vez de presentar la decisión en primer lugar.

Antes de elegir estrategias de conversión, las empresas identifican los tipos de procesos de compra que utilizan sus clientes. Los sitios web de comercio electrónico venden productos en línea; sin embargo, existen diferencias entre comprar productos físicos que deben enviarse al cliente y comprar productos digitales que se pueden descargar directamente. Entre los productos físicos, la conversión es diferente entre artículos pequeños y artículos de compra grande que normalmente requieren más investigación antes de comprar.

Otras empresas no esperan que sus clientes compren en línea; pueden simplemente promocionar la imagen o la marca de una empresa para acuerdos de empresa a empresa que se realizarán a través de la interacción personal. En este caso, la conversión consiste en conseguir que los visitantes pasen más tiempo en la web, conociendo más la empresa y sus virtudes.

Después de identificar cómo los clientes realizan sus compras en el sitio web, los especialistas en marketing comienzan a seleccionar las tácticas que aumentarán su tasa de conversión. Algunas tácticas, como tener páginas de destino atractivas y un sitio web fácil de navegar, son importantes para todo tipo de negocios. Otros solo se utilizarán en ciertos tipos de sitios web.

La navegación de páginas intuitivas es especialmente importante para los sitios web de comercio electrónico, que dependen de las compras de los clientes para sobrevivir. Entre cuatro y ocho páginas de categorías principales deben agrupar productos similares, quizás con subcategorías, y ser accesibles desde las páginas de inicio y de destino, con una opción de búsqueda disponible en cada página. La página de inicio debe presentar ofertas específicas sobre productos, en lugar de utilizar el espacio para promocionar la empresa en general. Todos los productos que se muestran en las páginas de inicio, categoría y producto deben tener una imagen, un precio y una cierta cantidad de texto que brinde una propuesta de valor clara.

Los diseñadores deben crear carritos de compras en sitios web de comercio electrónico desde el punto de vista del consumidor en lugar de desde el punto de vista de la ingeniería. Muchos clientes que han puesto artículos en sus carritos todavía están listos para abandonar cualquier transacción y lo harán si la página de pago les presenta señales de alerta o sorpresas. Por lo tanto, antes de que un cliente realice el pago, es importante que las páginas del producto ya le hayan informado sobre las opciones y los costos de envío, los impuestos y los problemas de existencias. La página de pago debe ser una oportunidad para reafirmar la compra, no para requerimientos adicionales de información. Los cambios en el sistema de carrito de compras de un sitio web pueden tener tal efecto en las tasas de conversión que es absolutamente imperativo que un sitio web tenga un sistema fácilmente personalizable. Si el sistema no se puede cambiar y actualizar fácilmente, el experto en marketing de conversión recomendará un sistema completamente nuevo.

Los sitios web que obtienen sus ingresos por publicidad aplican diferentes estrategias. Por lo general, brindan contenido gratuito e interesante, enmarcado por anuncios, y tienen éxito al mantener al cliente lo suficientemente interesado como para explorar más páginas y hacer clic en más anuncios. Las páginas de inicio deben ser como portadas de revistas, generando interés y dirigiendo rápidamente a los clientes a las páginas que desean leer. Una vez más, en lugar de promocionar la empresa, deberían promocionar el contenido del sitio web. Estas páginas también deben proporcionar múltiples funciones para dar cuenta de las diferentes mentalidades que tienen los clientes cuando visitan el sitio web.

Para convertir a los clientes en un modo de resolución de problemas, la función de búsqueda de un sitio web debe refinarse para devolver solo los resultados más relevantes en la parte superior de la página. Para acomodar a aquellos con una mentalidad metódica, los menús anidados, los árboles de categorías y los enlaces a contenido relevante son importantes. Y para aquellos que ingresan en una mentalidad de navegación, es importante proporcionar categorías y términos que usarán, a diferencia de los que la empresa podría seleccionar primero.

Para todos los tipos de clientes, los procesos de suscripción deben ser sencillos e indoloros, ya sea para suscripciones pagas o gratuitas. En el caso de las suscripciones pagas, vale la pena recordar que cada pregunta que un usuario tiene que hacer después de proporcionar un número de tarjeta de crédito lo hace sentir más incómodo con el sitio web.

Los sitios web que brindan servicios específicos a menudo tienen problemas para convertir clientes de prueba en clientes permanentes. Una táctica importante aquí es no tener pruebas gratuitas, sino ofrecer pruebas con descuento; pagar incluso una cantidad simbólica de dinero hace que sea más probable que un cliente use el servicio durante la prueba que no pagar nada. Cuando sea necesario realizar pruebas gratuitas, intente solicitar la información de la tarjeta de crédito en el momento de inscribirse en la prueba gratuita, en lugar de en el momento de la conversión de gratuita a de pago.

Estas son solo algunas de las estrategias utilizadas para aumentar las tasas de conversión en los sitios web. La campaña de marketing de conversión también puede desarrollar muchas otras estrategias, pero el proceso siempre comenzará examinando el tráfico existente en el sitio web e identificando los puntos de mayor abandono. El marketing de conversión y el análisis de sitios web van de la mano; y la retroalimentación continua informa la estrategia de desarrollo.

## 25. MARKETING DE CORTO ALCANCE

Los dispositivos habilitados para Bluetooth o Wi-Fi, como los teléfonos inteligentes, permiten a las empresas publicitar y enviar promociones directamente a los consumidores mientras compran. Las tiendas envían mensajes de texto a los consumidores ofreciendo descuentos para ciertos bienes o servicios. Si responden con un "sí", le dan permiso a la empresa para enviar más mensajes con ofertas especiales.

Estos mensajes y descuentos son una forma de marketing de corto alcance, una forma bastante nueva en la que los profesionales de marketing están difundiendo información sobre las empresas que representan y sus ofertas. Estas campañas utilizan tecnología de comunicaciones inalámbricas para enviar mensajes exclusivos y dirigidos a nivel local. A su vez, los consumidores reciben descuentos o información complementaria, como las especialidades diarias de un restaurante o un mapa de un centro comercial.

Las campañas de marketing de corto alcance se dirigen a los consumidores que se encuentran dentro de un cierto radio de un negocio o lugar y han activado sus teléfonos para recibir medios de los vendedores. Recibirán mensajes en su teléfono o en un letrero digital cercano. Además de mensajes de texto y cupones digitales, el marketing de corto alcance puede incluir videos, mapas, juegos, encuestas y enlaces web.

Algunas de estas campañas, también conocidas como marketing de proximidad o marketing "hiperlocal", resultan más eficaces que los mensajes que se envían a un público más amplio. Si los medios se envían en el momento y lugar correctos, es más probable que las personas que los reciban presten atención. Los compradores ocasionales en una tienda de ropa para mujeres, por ejemplo, están más abiertos y atentos a un mensaje de marketing mientras navegan que cuando revisan rápidamente los mensajes de correo electrónico en el trabajo.

Si bien el objetivo final de los especialistas en marketing es fomentar el interés en su negocio, muchas campañas de marketing de corto alcance brindan información útil. Pueden presentar datos divertidos en un partido de fútbol, promocionar la hora del cóctel en una feria comercial o proporcionar un mapa útil a los turistas.

Sin embargo, los profesionales del marketing son conscientes de que el marketing a corta distancia, si se usa demasiado o de manera irresponsable, puede resultar contraproducente. Los consumidores pueden ver los mensajes iniciales de una empresa como spam y es poco probable que muchos de ellos acepten recibir mensajes adicionales. Debido a las tasas de respuesta más bajas en comparación con otros tipos de marketing, el marketing de corto alcance puede ser un desafío.

Una gran variedad de empresas utiliza campañas de marketing de corto alcance para ofrecer a los consumidores nueva información y promocionar sus productos y servicios. Esto incluye grandes corporaciones cuyas franquicias quieren transmitir una sensación más local a los transeúntes o un cine de autor que busca atraer a un nuevo grupo demográfico de cinéfilos.

Las campañas de marketing de corto alcance más efectivas se dirigen al tipo de personas que serán receptivas a un mensaje nuevo, a menudo no solicitado, en sus dispositivos móviles. Estas personas son expertas en tecnología y conocedoras de todas las funciones de sus teléfonos inteligentes. Algunas campañas incluyen carteles que piden a las personas cercanas que enciendan su tecnología Bluetooth para recibir un trato o un incentivo.

Para los clientes potenciales, los especialistas en marketing enfrentan una tarea más desafiante. Es importante tener cuidado con el tiempo, ya que quieren llegar a personas que no están demasiado ocupadas pero que necesitan más información. En una conferencia en un hotel, por ejemplo, los asistentes que se encuentran lejos de casa pueden estar dispuestos a recibir datos sobre un restaurante cercano o el stand de una empresa en una sala de exposiciones. Del mismo modo, las personas que asisten a una fiesta de lanzamiento de un disco pueden recibir con agrado un video musical enviado a su teléfono.

En general, los estadounidenses han tardado más en adoptar nuevas tecnologías móviles y protegen más su privacidad que los residentes de otros países. Por esa razón, la adopción del marketing a corta distancia ha sido más lenta en los Estados Unidos. Sin embargo, las agencias de marketing que se especializan en la práctica creen que el marketing a corta distancia ganará terreno a medida que la tecnología para llevar a cabo estas campañas continúe mejorando y los consumidores se acostumbren al concepto.

Antes de comenzar cualquier campaña de marketing a corta distancia, los profesionales de marketing deben decidir cuáles son los objetivos de la campaña. La definición de objetivos particulares para un proyecto permite que un equipo de marketing adapte su campaña de marketing a clientes específicos. Por ejemplo, una campaña que incluya el envío de mensajes de texto sensibles al tiempo con cupones diarios u ofertas de compra uno y llévese otro gratis atraería tanto a clientes antiguos como nuevos.

Saber cuándo hacer publicidad es uno de los componentes clave del marketing de corto alcance. Para decidir el momento, los especialistas en marketing deberán confiar en su conocimiento del comportamiento del consumidor.

Otro aspecto importante es el seguimiento con los clientes. En una campaña de mensajes de texto, después de enviar el cupón inicial, es importante enviar mensajes de texto adicionales para anunciar próximas promociones u ofertas. Esta es una excelente manera de conseguir clientes habituales y continuar generando interés en un producto o tienda.

Evaluar el éxito de la campaña es el paso final en el proceso de marketing de corto alcance. Los cupones y otras ofertas son fáciles de rastrear y ofrecen datos para analizar qué tan efectiva fue la promoción. Si los números de respuesta son bajos, podría ser mejor modificar el trato para hacerlo más atractivo. Si los números de respuesta son demasiado altos, es posible que deba cambiar la oferta para otro día u otro cupón por completo.

## 26. MARKETING DE CUENTA

Imagine una empresa a cargo de un negocio multimillonario, negociando contratos con múltiples proveedores de suministros, hardware y software. Uno de los proveedores le presenta varios servicios adicionales que pueden actualizar lps sistemas existentes y proporcionarle equipos y software específicamente adaptados a su expansión planificada. Como estos bienes y servicios coinciden con sus necesidades comerciales exactas, la empresa elige celebrar el contrato con ese proveedor.

En lugar de dirigirse al mayor grupo de clientes posible, el marketing de cuenta se dirige a un solo cliente importante, generalmente un cliente existente, pero a veces un nuevo cliente potencial, tratando una sola "cuenta principal" como un mercado completo para realizar estudios de mercado y desarrollar estrategias de mercadeo y ventas. Cuando las estrategias de marketing de cuenta se implementan de manera efectiva, pueden generar grandes contratos.

Los enfoques de marketing de cuenta suelen ser los que más benefician a la industria de la tecnología de la información. Las decisiones de compra relacionadas con los sistemas informáticos y de telecomunicaciones requieren una amplia investigación, planificación y cooperación, lo que hace que las empresas desarrollen contratos integrales entre sí.

Las estrategias de marketing basadas en cuentas generalmente están dirigidas a grandes empresas que compran artículos o servicios de alto compromiso, ya sea en términos de volumen o en términos de relaciones futuras. Las compras de tecnología de la información se ajustan perfectamente a esto, ya que los sistemas informáticos y de telecomunicaciones deben actualizarse con frecuencia para aprovechar las nuevas tecnologías y software. El marketing de cuenta tiene como objetivo tanto aumentar las ventas como la comercialización de productos y servicios para dichas empresas y establecer un marco para las ventas futuras a cada empresa a medida que crece.

Dado que las tácticas de marketing de cuenta esperan aumentar el volumen de negocios con una empresa específica, representa una inversión de alto riesgo. Seleccionar las cuentas correctas aumentará las posibilidades de éxito de una empresa al implementar estas estrategias de marketing. Idealmente, la cuenta principal debe ser una empresa que comparta un interés significativo con la empresa proveedora, tenga un historial financiero establecido y un interés demostrado en buscar una relación comercial a largo plazo.

El marketing de cuenta efectivo implica la recopilación de datos, el desarrollo de una relación/conocimiento mutuo con la empresa objetivo y la coordinación con los equipos de marketing y ventas en sus esfuerzos de divulgación.

En primer lugar, el equipo de marketing debe identificar sus cuentas principales y clasificarlas según el potencial para aumentar el negocio. Cuando los equipos deciden sobre una cuenta objetivo, los investigadores de mercado identifican las necesidades de esa cuenta, las decisiones pasadas de la cuenta y las tácticas de marketing a las que han sido susceptibles. Al defender a su empresa, los especialistas en marketing asignan sus capacidades y ofertas potenciales a la cuenta de destino. Siempre que sea posible, debe involucrar a los propios ejecutivos de la cuenta en la selección de planes en función de las ofertas disponibles y potenciales.

Aprovechando esta información, los equipos de marketing basados en cuentas respaldan las ventas mediante el desarrollo de contenido específico para la cuenta de destino. Todas las comunicaciones, correos electrónicos, presentaciones, reuniones presenciales, etc. se adaptan a este cliente.

Finalmente, el departamento de marketing revisa la campaña con métricas establecidas, porque "si no se puede medir, no es marketing", y adapta la campaña en curso en consecuencia. Muchas decisiones de compra en empresas grandes pasan por varios niveles y tardan meses en completarse. Los datos que se compilan también se utilizarán en futuras campañas, extrayendo lecciones para acercarse a otras cuentas y escalando los enfoques con base en esa información.

## 27. MARKETING DE E-COMMERCE

El marketing de comercio electrónico es la práctica de guiar a los compradores en línea a un sitio web de comercio electrónico y persuadirlos para que compren los productos o servicios en línea. El marketing de comercio electrónico puede incluir prácticas como optimización de motores de búsqueda para ayudar a un sitio web a clasificarse más alto en las listas de motores de búsqueda orgánica, afiliación con sitios web más conocidos a través de marketing de referencia o anuncios publicitarios y retención de clientes actuales a través de email marketing.

El comercio electrónico, también conocido como compras en línea, se está generalizando a medida que más consumidores recurren a Internet para tomar decisiones de compra. Los consumidores pueden encontrar una variedad más amplia de productos, a menudo a precios más competitivos, de lo que encontrarían en sus minoristas locales.

Sin embargo, debido a que comprar en línea requiere mucho menos compromiso que comprar en una tienda, los consumidores pueden llenar un carrito de compras virtual desde la comodidad de sus salas de estar a cualquier hora del día, un alto porcentaje de los compradores en línea no "convierten" o compran de un sitio web en su primera visita. Por esta razón las empresas implementan estrategias de marketing de comercio electrónico con la esperanza de resolver este problema, facilitando la toma de decisiones del consumidor en línea.

Una vez que los compradores estén listos para comprar, ¿qué hace que elijan comprar en su tienda en línea por encima de todas las demás opciones? Muchos nuevos propietarios de tiendas de comercio electrónico creen que un sitio web llamativo y fácil de usar y un precio competitivo son más que suficientes. Sin embargo, los sitios web de comercio electrónico necesitan mucho más que esto para diferenciarse de la competencia. Necesitan saber cómo aumentar su presencia en línea, convertir su tráfico web en clientes de pago y generar compras repetidas.

Sin un plan estratégico de marketing de comercio electrónico, el sitio web de una empresa se ubicará entre los miles de otros negocios que venden productos similares a precios similares. Las estrategias de marketing, como la optimización de motores de búsqueda, el marketing de pago por clic, el marketing por correo electrónico y el análisis de tráfico pueden ayudar a un sitio web de comercio electrónico a ganar y mantener a los compradores.

Si bien existen muchas similitudes entre la comercialización de un sitio web de comercio electrónico y la comercialización de una tienda física, la comercialización del comercio electrónico implica algunos desafíos y oportunidades únicos. En línea, los consumidores no se sienten involucrados en una empresa de compras como lo harían si hubieran subido a su automóvil para visitar una ubicación física, porque visitar un sitio web de comercio electrónico no requiere más esfuerzo que un clic del mouse. Además, las empresas de comercio electrónico no tienen la oportunidad de atraer a los clientes con los incentivos físicos de una tienda bien administrada: no hay música suave, olores relajantes ni vendedores serviciales y bien vestidos que los ayuden a elegir.

Sin embargo, comprar en línea es más rápido, más fácil y privado, lo que lo hace muy atractivo para los consumidores aficionados a la tecnología. Con un sitio web completamente funcional y fácil de usar y herramientas efectivas de participación del cliente, un sitio web de comercio electrónico puede hacer que los compradores deseen completar sus transacciones en línea. Esto es financieramente beneficioso, ya que las empresas de comercio electrónico requieren muchos menos gastos generales para funcionar con éxito. Aun así, muchas empresas de marketing de comercio electrónico utilizan este ahorro en inversión en las compras en línea para justificar una mayor inversión en el aumento del tráfico al sitio web. Sin embargo, si una empresa planea apropiadamente su estrategia de marketing de comercio electrónico, este gasto puede no ser necesario.

Todo tipo de minoristas, incluidas las tiendas de ropa, los mayoristas de telas, los fabricantes de muebles y las empresas de tecnología, emplean el marketing de comercio electrónico. Por otro lado, minoristas tradicionales toman decisiones conscientes de no crear sitios web de comercio electrónico, porque quieren que la experiencia de visitar su tienda sea única y exclusiva. Estos minoristas a menudo no están interesados en expandir sus negocios o vender a un precio competitivo. Sin embargo, cualquier otra empresa que esté interesada en aumentar sus ventas no solo debe crear un sitio web de comercio electrónico, sino también pensar y esforzarse en comercializarlo de manera efectiva.

Los consumidores jóvenes con conocimientos de Internet son los más propensos a verse afectados por una campaña de marketing de comercio electrónico. Los consumidores mayores que no están tan familiarizados con Internet tienen menos probabilidades de realizar sus compras en línea en primer lugar. Pero cuando lo hacen, también son menos exigentes con la calidad del sitio web de comercio electrónico.

Una cosa que es universalmente importante para los consumidores de comercio electrónico es la seguridad. Debido a que la compra en línea requiere la transferencia de información personal, incluido un número de tarjeta de crédito y una dirección de envío personal, es extremadamente importante asegurarse de que su sitio web de comercio electrónico tenga mucho cuidado con la información del cliente. Nada puede dañar una campaña de marketing de comercio electrónico y una reputación más rápido que una gran cantidad de identidades robadas u otras violaciones de seguridad financiera.

Un plan de marketing de comercio electrónico se desarrolla centrándose en tres objetivos: ayudar a los nuevos visitantes a encontrar el sitio web, convertir a los visitantes en clientes y mejorar la facilidad de su sitio web y el marketing posventa para alentar a los visitantes habituales.

Atraer a los visitantes y convertir a los visitantes van de la mano. Uno sin el otro reduce drásticamente las oportunidades de crear nuevos clientes. Un sitio web debe atraer a nuevos visitantes para que lo visiten y luego proporcionar un incentivo suficiente para convertir a esos visitantes en clientes compradores regulares.

Ayudar a los nuevos visitantes a encontrar el sitio web de comercio electrónico de una empresa depende en gran medida del posicionamiento en los motores de búsqueda y la publicidad en banners, y redes sociales. Un equipo de marketing de comercio electrónico exitoso debe tener experiencia en optimización de motores de búsqueda, marketing de pago por clic, marketing en redes sociales y publicidad gráfica para llegar a la parte superior de los resultados de búsqueda.

La optimización de motores de búsqueda, más conocida como SEO, es uno de los aspectos más críticos del marketing de comercio electrónico. Se basa en algoritmos especiales que analizan las instancias de palabras clave específicas en su sitio web. Debido a que los usuarios navegan por Internet a través de motores de búsqueda como Google, estos resultados juegan un papel importante en el éxito de su sitio web. Una buena campaña de SEO puede posicionar su sitio web de comercio electrónico para subir a la cima de las clasificaciones de Google.

La publicidad de pago por clic funciona de manera similar al SEO, ya que se basa en palabras clave. Sin embargo, mientras que la optimización de motores de búsqueda funciona orgánicamente, lo que significa que una empresa de marketing no tiene que pagar por ello, los resultados de PPC son los que aparecen en cuadros resaltados en Google. Las campañas de marketing pagan para estar representadas por palabras clave específicas y deben dinero cada vez que un usuario hace clic en uno de estos enlaces "patrocinados". Las campañas de PPC y SEO a menudo funcionan muy bien juntas, al cubrir una variedad de palabras clave orgánicas y pagas.

Hoy en día, el marketing en redes sociales es además muy importante para los sitios web de comercio electrónico. Al crear una página de negocios de Facebook eficaz y atraer a los clientes potenciales para que den "likes" en su página con ofertas y descuentos exclusivos, no solo se obtiene publicidad de boca en boca inconmensurable a través de la red, sino que también se establece como un negocio de Internet confiable y de buena reputación.

El marketing estratégico efectivo a veces es suficiente para atraer visitantes a un sitio web, pero el trabajo no termina ahí. Una campaña de marketing de comercio electrónico efectiva los convencerá de comprar el producto o servicio disponible. Los visitantes del sitio web se convierten en clientes debido a su experiencia en su sitio web. Si bien la calidad y el precio del producto son importantes, la experiencia del usuario es igual de importante. El nombre de dominio debe ser fácil de deletrear, debe cargarse rápidamente y debe verse bien y ser fácil de leer.

En las páginas de productos, es esencial que todas las ofertas sean fáciles de encontrar, fáciles de entender y que estén acompañadas de muchos detalles y fotografías. Los compradores en línea se sienten atraídos a comprar si saben de inmediato cuánto cuesta su producto y el envío, si pueden ver múltiples vistas de un producto, acercar sus fotos, leer reseñas de otros clientes y guardar los productos que están considerando en un carrito de compras. Todas estas acciones reflejan la forma en que compran en una ubicación física.

Los clientes habituales se ganan a través del servicio al cliente. Año tras año, empresas minoristas en línea que especializadas, ocupan lugares destacados como opciones que los clientes recomiendan a sus amigos. La razón es un excelente servicio al cliente que incluye ofrece envíos gratuitos, devoluciones y cambios sin preguntas durante un año completo, descripciones en video y reseñas completas los productos. Además, emplean un personal de representantes de servicio al cliente que manejan cada interacción como una experiencia positiva.

## 28. MARKETING DE EMPRESA A CONSUMIDOR

En este tipo de mercadeo todo se reduce al tamaño, la velocidad y la necesidad. A diferencia de los compradores empresariales, que suelen realizar grandes compras para satisfacer necesidades comerciales previamente identificadas, un consumidor individual final suele realizar compras mucho más pequeñas, a veces para satisfacer una "necesidad" en la que solo piensa después de ver el producto a la venta.

Las compras de los consumidores individuales toman mucho menos tiempo—son en general una compra impulsiva; tal vez un par de semanas si compra un artículo específico al mejor precio. La decisión la toma una sola persona o dos, en el caso de una pareja que hace una compra conjunta. Los consumidores esperan recibir algún beneficio de su compra, pero por lo general no sopesan los riesgos financieros tanto como lo hacen las empresas.

Los especialistas en marketing de empresa a consumidor, también denominado B2C por su sigla en inglés (Business to Consumer) desarrollan campañas que se conectan con la mentalidad del consumidor final. A través de la publicidad, el marketing directo y por Internet, los escaparates y las ofertas de descuento, el especialista en marketing B2C trabaja para convertir a los clientes potenciales en compradores de la forma más eficiente posible.

Dado que "consumidores" se refiere a todos los compradores individuales de productos y servicios, y es probable que ningún producto atraiga a todos, los especialistas en marketing B2C dividen a los consumidores en segmentos objetivo, por ejemplo, por género, edad, educación, etc. El propósito es hacer coincidir el mensaje de marketing con el segmento de consumidores objetivo, ya que los diferentes segmentos responderán de manera diferente a los distintos métodos de marketing.

El marketing B2C es más efectivo con clientes que ya han tenido una experiencia positiva con el producto o la empresa. Es más probable que los clientes satisfechos compren más y recomienden el producto a sus amigos. La repetición de negocios es la clave para un negocio exitoso y en crecimiento, y las prácticas de marketing B2C funcionan para desarrollar la lealtad del cliente.

Las campañas de marketing B2C comienzan con una investigación de mercado exhaustiva. Las empresas deben saber quiénes son sus clientes, qué quieren y los mensajes a los que responden. La investigación de mercado permite a las empresas elaborar mensajes efectivos y seleccionar elementos de campaña que atraigan a audiencias específicas.

En la era actual de interconectividad vía Internet, la audiencia pasa una cantidad significativa de tiempo en línea. Debido a esto, las reglas para desarrollar una campaña B2C efectiva han cambiado. Una campaña B2C exitosa debe tener en cuenta las herramientas Internet, como redes sociales, sitios web, programas de afiliados y códigos de respuesta rápida (QR).

Las redes sociales son un método común para llegar a grandes audiencias y conectarse con ellas a un nivel más personal. Por ejemplo, si a un cliente satisfecho le gusta una página en Facebook, todas sus relaciones en línea lo verán. Por lo tanto, la creación de un sitio web de fans obtiene automáticamente publicidad de una empresa, además de permitirles ver lo que dicen los clientes sobre sus productos, brindándoles más ideas para nuevas campañas.

Finalmente, las empresas también desarrollan programas de fidelización de clientes a través de sus iniciativas de redes sociales, ofreciendo descuentos especiales a los clientes que han comprado anteriormente, los siguen en línea o han comentado en su sitio. Esto puede motivar negocios repetidos adicionales, una clave para cualquier éxito comercial a largo plazo.

Estos sitios web brindan a los usuarios un lugar para compartir pensamientos y contribuir a la discusión; por lo tanto, independientemente de las redes sociales que utilice una empresa, es importante entablar un diálogo con los usuarios. Prestar atención a las contribuciones de los usuarios a estos sitios revela lo que los consumidores piensan sobre un negocio y lo que quieren de él. Independientemente de la publicidad, diferentes usuarios discutirán los valores de los productos y servicios, y también sus decepciones. La participación de una empresa en estos sitios les permite responder directa e inmediatamente a los deseos y necesidades de los consumidores.

## 29. MARKETING DE EMPRESA A EMPRESA

El marketing de empresa a empresa o marketing B2B (Business to Business), como se le conoce comúnmente, implica la venta del producto o servicio de una empresa a otra empresa. Las técnicas de marketing B2B se basan en los mismos principios básicos que el marketing de consumo, pero se ejecutan de una manera única. Mientras que los consumidores eligen productos basados no solo en el precio, sino también en la popularidad, el estatus y otros desencadenantes emocionales, los compradores B2B toman decisiones solo en el precio y el potencial de ganancias.

Encontrar nuevas formas de fomentar las relaciones a través de las redes sociales es actualmente un tema candente en el mundo del marketing B2B. Las plataformas de redes sociales han abierto conversaciones bidireccionales entre empresas. Es más probable que las empresas adquieran productos o servicios de empresas a las que pueden rastrear a través de las redes sociales. Empresas expertas en tecnología como Cisco Systems Inc., han encontrado formas innovadoras de utilizar estrategias B2B en las redes sociales en su beneficio, posicionando sus ventas en lo más alto de la historia de la compañía y ahorrando una cantidad significativa de los gastos normales de lanzamiento.

En esencia, el marketing B2B implica construir relaciones valiosas para garantizar clientes duraderos, un objetivo importante para cualquier empresa ya sea una megacorporación minorista o una empresa familiar más pequeña. El mercado B2B es el más grande de todos los mercados y supera al mercado de consumo en inversión y retorno económico. Mientras que el marketing B2B es empleado en gran medida por empresas que fabrican productos para los que los consumidores no tienen un uso práctico, como el acero, también lo utilizan empresas que venden productos y servicios comprados por consumidores y otras empresas por igual. Empresas como GE e IBM gastan grandes cantidades al día en bienes que respaldan las operaciones de sus negocios.

Un comercializador B2B puede poner su producto o servicio en las manos adecuadas de manera efectiva al posicionar su oferta de una manera interesante, si comprende las necesidades del cliente y propone las soluciones adecuadas Es importante que comprendan las necesidades de sus clientes antes de implementar cualquier táctica de marketing o publicidad. En el marketing de consumo, se puede lanzar un anuncio efectivo en canales amplios, y un porcentaje de consumidores se verá impulsado a comprar el producto. Sin embargo, dado que el marketing B2B es mucho más especializado, las empresas corren el riesgo de perder a sus posibles clientes si no prestan atención a sus necesidades antes de adaptar sus productos o servicios a esas necesidades.

Un plan de marketing B2B debe centrarse en la entrega y ser amplio en su aplicación. Esto significa que mientras que el marketing de consumo puede publicitarse de manera muy específica como un producto de consumo masivo anunciado a través de anuncios impresos, de televisión e Internet para una amplia audiencia, el marketing B2B no puede hacerlo. En su lugar, necesita promocionarse de manera específica a través de correo electrónico, imagen corporativa y especificaciones técnicas para clientes definidos.

Los especialistas en marketing empresarial pueden desarrollar y decidir cómo emplear su plan B2B al identificar y comprender la importancia de los siguientes aspectos:

• **El producto o servicio:** cuando se comercializa a consumidores de productos o servicios masivos, hay un componente emocional involucrado. Las personas se sienten atraídas por los productos debido a cómo los hacen sentir. Con los clientes B2B, los compradores son profesionales capacitados que se preocupan por la calidad de los productos, sus beneficios de ahorro de costos y/o generación de ingresos, y el servicio brindado por la empresa anfitriona.

• **El mercado objetivo:** Muchos vendedores B2B pueden enfocarse en industrias específicas que reflejan necesidades especializadas. Si bien esto puede hacer que el marketing sea un poco más sencillo, también puede requerir un alto nivel de conocimiento técnico diferente al de los especialistas en marketing.

• **Fijación de precios:** Las empresas suelen estar más preocupadas por el costo, el valor y el potencial de ingresos que los consumidores. Sin embargo, también se les puede convencer más fácilmente para que paguen el mejor precio, siempre que los especialistas en marketing B2B hagan un excelente trabajo al convencerlos de que el producto, la calidad y el servicio al cliente valdrán la pena.

• **Promoción:** Los especialistas en marketing B2B deben ser expertos no solo en marketing y publicidad, sino también en su industria. El pleno conocimiento de la industria que desarrollan les permitirá escoger las mejores formas de comercializar sus productos o servicios, ya sea a través de blogs, revistas, ferias comerciales o de boca en boca. El marketing B2B rara vez emplea medios tradicionales como comerciales de radio y televisión.

El éxito del marketing B2B no proviene de la promoción o publicidad a través de medios tradicionales como radio o televisión. El éxito del marketing B2B proviene de la integración de una empresa en la industria y de hacer que sus productos o servicios aparezcan como elementos básicos. Or esta razón el marketing B2B utiliza las siguientes herramientas:

• Organización de seminarios web informativos.

• Instalación de puestos en ferias comerciales populares de la industria.

• Envío de boletines por correo electrónico que posicionan a la empresa como experta en la industria.

• Mantener una presencia activa e interactiva en las redes sociales.

• Asistir a eventos de redes de la industria y establecer relaciones directas con los compradores.

## 30. MARKETING DE VITRINA

Hace tan solo una década, las experiencias de compra de la mayoría de las personas aún implicaban conducir a la tienda o al centro comercial. Este viaje se ha convertido en gran parte en una cosa del pasado para muchos clientes, que dividen sus experiencias de compras tradicionales con puntos de venta más nuevos en Internet. Mientras que algunas empresas ofrecen ambas opciones a los consumidores, otras solo ofrecen compras en línea. Aquellas empresas que operan principalmente desde una tienda física ahora se han convertido en "tiendas de exhibición", lo que denota su falta de presencia en línea. A medida que la experiencia de compra continúa pasando de las ubicaciones físicas a los monitores de computador y teléfonos personales, las empresas que mantienen escaparates buscan desarrollar formas nuevas y creativas para atraer la atención de los consumidores.

Hay varios enfoques que un negocio de escaparate puede adoptar para la comercialización, lo que refleja la cara cambiante de la experiencia de compra actual. El primer enfoque implica el uso de métodos publicitarios más tradicionales, comenzando con un letrero llamativo en el frente de la tienda y luego introduciendo otras formas de medios físicos: catálogos, anuncios en revistas, recortes de periódicos y tal vez incluso una valla publicitaria en la carretera. En un nivel más básico, también podría incluir la impresión de volantes para repartir, publicar en tableros de anuncios o entregar puerta a puerta en los vecindarios cercanos.

Sin embargo, estos métodos tradicionales están siendo reemplazados cada vez más por el marketing de tiendas de exhibición a través de los medios en línea. Esto incluye la integración de opciones de compra en línea, que variarán según el producto que venda la empresa. De esta forma el enfoque de la tienda de escaparate pone a la empresa en el camino del consumidor, tanto físicamente como en línea, y esta mayor exposición ayuda a la empresa en ambos extremos.

Ciertos tipos de productos y servicios requieren la presencia física de un cliente en la tienda. Las empresas que venden este tipo de productos o servicios quieren atraer a más y más clientes a sus ubicaciones. Quieren que los clientes sin cita previa puedan ver y manipular sus productos. Imagine tratar de tomar una decisión de compra de un automóvil desde su computadora en casa. Ciertamente, muchos clientes buscan vehículos en Internet, pero eventualmente visitan el concesionario para probar los autos que eligieron. Además, un vendedor podría proporcionar a los clientes más información de la que podrían haber encontrado en línea.

La experiencia en la tienda también es una oportunidad para "mejorar las ventas" de otros productos. Dado que los clientes deben cruzar las puertas de la tienda, también brinda oportunidades para abastecer los estantes con otros productos que los clientes podrían querer comprar. Por comodidad, es posible que a un cliente le guste comprar un producto allí en lugar de hacerlo en una tienda en línea o en otra tienda.

La primera prioridad de cualquier negocio de escaparate es atraer gente a la tienda. Para lograr esto, una tienda planificará una campaña de marketing efectiva que comience con dos enfoques principales: comprender el área alrededor de la ubicación de la tienda y el mercado objetivo. Ya sea que el negocio sea nuevo o haya operado durante décadas, es importante comprender quiénes son los clientes potenciales. Dado que los mercados están en un estado de cambio constante, el mercado objetivo de una empresa deberá reevaluarse periódicamente.

Para la empresa de tiendas de exhibición, esto requiere que los expertos en marketing investiguen la demografía del área que rodea la tienda. Los especialistas en marketing deben aprender cómo piensan y sienten los miembros de la audiencia objetivo, sus ingresos familiares, sus profesiones y sus necesidades de compra. Una vez que un equipo de marketing haya descubierto a quién le está vendiendo, deberá determinar la competencia en el área y cómo su empresa se destaca. Esto se determina analizando e interpretando la investigación demográfica del público objetivo. Puede haber otras empresas que puedan satisfacer las necesidades del mercado objetivo, pero con el enfoque de marketing adecuado, la empresa puede desarrollar un mensaje más conciso que atraiga más negocios.

El siguiente paso es diseñar el mensaje y las imágenes que lograrán que la marca de la empresa quede en la mente de los consumidores y sus pies atraviesen la puerta. Se deben considerar estrategias tales como los enfoques tradicionales de marketing de área, exhibiciones creativas, volantes o anuncios publicitarios, o impulsar agresivamente la presencia de la empresa en un evento de área local, o colocar anuncios en publicaciones locales como periódicos, revistas, boletines, etc. Una vez más, conocer al público objetivo es clave.

Una vez que se ejecuta el plan, el equipo de marketing evalúa la efectividad de la campaña: aumento de ventas, presencia de nuevos clientes, etc. El equipo de marketing debe recopilar e interpretar las respuestas a estas preguntas para informar de manera efectiva los resultados a la empresa y ajustar las campañas de marketing en el futuro.

## 31. MARKETING DE FERIAS COMERCIALES

Las ferias comerciales del pasado tenían mala reputación. La gente los imaginaba como puestos interminables llenos de mesas plegables, mercancías baratas, vendedores desatentos y promociones cursis. Hoy en día, las ferias comerciales especializadas son eventos deslumbrantes, donde las empresas invierten recursos significativos para promocionarse y atraer a los asistentes. Algunas de las ferias comerciales más importantes hoy cuentan con actuaciones de artistas famosos, cabinas multimedia impresionantes, fiestas privadas exclusivas y la energía y el entusiasmo de un evento cinematográfico. Una feria comercial ofrece una oportunidad para que toda una industria muestre cuán relevantes y vitales son sus participantes.

Aparte de la promoción, las ferias comerciales se tratan fundamentalmente de hacer negocios. Las empresas asisten a ferias comerciales para generar nuevas oportunidades de ventas, cerrar negocios y tratar directamente con otros en su industria. Estas reuniones de toda una industria ofrecen una oportunidad única para presentar en persona argumentos de venta persuasivos que permanecerán en la mente de los posibles clientes durante meses. Por lo general, se llevan a cabo en un centro de convenciones o en un gran salón y cuentan con participantes de todas las áreas de la industria involucrada.

Con tantos clientes potenciales reunidos en la misma sala, las ferias comerciales presentan increíbles oportunidades de marketing. Brindan a las empresas la oportunidad de conectarse con los clientes que están más interesados en lo que ofrece la empresa. La mayoría de las empresas instalan puestos con pantallas de video, letreros impresos, materiales promocionales y representantes de ventas informados para resaltar lo que es ejemplar y atractivo de la empresa. Los representantes darán discursos, demostraciones, realizarán concursos y otras promociones para tratar de captar la atención de los asistentes a la feria. Muchas empresas ofrecen alimentos y bebidas para dar a los asistentes un descanso de la actividad de la feria comercial, brindando la oportunidad de entrevistarlos uno a uno.

Hay una desventaja asociada con el marketing de ferias comerciales: el costo y el tiempo requerido. Las empresas planificarán durante meses y gastarán potencialmente grandes cantidades de dinero preparándose para una feria comercial que podría durar solo tres o cuatro días. Algunas sugerencias para una empresa interesada en participar en una feria serian:

**Instale un teatro de negocios:** Un teatro de negocios es un pequeño teatro donde los representantes de ventas pueden hacer presentaciones sobre los productos y servicios de una empresa. Las empresas con grandes stands a menudo instalarán un teatro de negocios como una de sus atracciones. Los teatros de negocios permiten a los representantes de ventas dar argumentos de venta sostenidos a los clientes que han expresado un interés explícito en lo que la empresa tiene para ofrecer.

**Zonas informativas:** Similares a un teatro de negocios, pero a menor escala, las zonas informativas son pequeñas áreas en la parte delantera de un stand donde se da la bienvenida a los asistentes, se les brinda una breve descripción general de la empresa y se les informa sobre todas las cosas interesantes que encontrarán dentro del stand.

**Actividades en el stand:** Una manera fácil de captar el interés de los asistentes es ofrecer actividades divertidas en el stand, como juegos interactivos y premios. Las mejores actividades en el stand enfatizarán los puntos de venta y al mismo tiempo entretendrán a los invitados.

**Recorrido por el stand:** Ofrecer recorridos guiados por el stand de una feria comercial brinda a las empresas la oportunidad de resaltar las características más atractivas y causar una impresión rápida y directa en los asistentes. Ofrecer un recorrido garantiza que todos los invitados vean y comprendan los mensajes de marketing más atractivos de una empresa.

**Visitas autoguiadas:** Algunos puestos adoptan un enfoque de no intervención y facilitan que los asistentes interactúen con productos y promociones a su propio ritmo. Las ferias comerciales pueden ser entornos de ventas de alta presión. Una empresa que adopte un enfoque más informal y deje que los productos hablen por sí mismos puede ser un antídoto refrescante para el resto de la feria comercial.

Las ferias comerciales son una gran oportunidad para que una empresa muestre productos nuevos y emocionantes. Dar a los clientes la oportunidad de ver y usar un nuevo producto causa una gran impresión. Las empresas que ofrecen productos específicos como software y maquinaria invierten mucho en ferias comerciales. Las empresas que ofrecen productos más difusos como servicios empresariales invierten menos en ferias comerciales. Cualquier empresa que desee comercializar con éxito necesita saber dónde causará la impresión más fuerte de sus productos o servicios.

Dado que las ferias comerciales tienen el tamaño de la industria que representan, ofrecen muchas oportunidades para que las empresas, tanto grandes como pequeñas, se comercialicen por sí mismas. Una feria comercial especializada a la que asisten las principales marcas ofrece la oportunidad a empresas más pequeñas para presentarse junto a los lideres de la industria mejorando su posicionamiento. Normalmente los organizadores de ferias comerciales nivelan el campo de juego al brindarle a cualquier vendedor con los medios para asistir la oportunidad de participar. Es una oportunidad excepcional de promoción para una empresa en proceso de crecimiento.

El primer paso de cualquier plan de marketing de una feria comercial es identificar la feria a la que se asistirá. Todos los esfuerzos de marketing deben derivarse de esta elección inicial. Considere al ambiente comercial más apropiado para su línea de productos o servicios. Cada evento ofrece desafíos y oportunidades únicos, por lo que la empresa debe averiguar cuántas personas asistirán, qué tipo de audiencia tendrá y a qué competidores se presentaran.

Después de seleccionar una feria, la empresa debe adoptar objetivos específicos. Estos objetivos pueden variar desde vender una cantidad determinada de productos hasta generar entusiasmo en torno a una nueva oferta de productos. Estos objetivos deben explicarse claramente porque afectarán a todas las demás partes de la estrategia de marketing. Una empresa que trata de generar entusiasmo podría enfocarse en armar un stand de feria comercial llamativo, mientras que un enfoque de ventas podría llevar a una empresa a organizar reuniones personales con clientes en la feria comercial.

Con objetivos claros en mente, la empresa debe diseñar sus materiales de marketing específicos. El éxito del marketing en ferias comerciales se basa en crear interés antes de la feria, causar una fuerte impresión en la feria y hacer un seguimiento de esos clientes potenciales para generar ventas después de la feria. Cada una de estas etapas requerirá una estrategia de marketing diferente que debe estar claramente identificada en el plan general.

El plan de marketing también debe cubrir la logística de asistencia a la feria, ya que a menudo implica el uso de mucho personal y materiales publicitarios voluminosos. Las empresas deben identificar quién asistirá a la feria, cómo transportarán todo su equipo, quién lo instalará y cómo se utilizará una vez que finalice la feria.

El paso final es evaluar el éxito de la estrategia de marketing. La empresa debe hacer referencia a los objetivos que establecieron al comienzo del plan para desarrollar métricas claras para el éxito o el fracaso. Las métricas pueden variar desde la cantidad de personas que visitaron el stand hasta la cantidad de personas que dieron información de contacto y la cantidad de artículos promocionales regalados.

# 32. MARKETING DE LEALTAD

El marketing de lealtad se enfoca en generar confianza entre los clientes recurrentes, recompensándolos por realizar negocios continuamente con una empresa. Un ejemplo de esta estrategia son los programas de viajero frecuente de las aerolíneas. Si utiliza la misma aerolínea para sus viajes recurrentes tiene la oportunidad de ser recompensado con "millas" que después puede usar para pagar tiquetes o mejoras en los servicios. Al mismo tiempo, puede ganar millas adicionales usando la tarjeta de crédito registrada, un programa que lo beneficia a usted, a la aerolínea y a la compañía de la tarjeta de crédito.

La industria de viajes ha sido uno de los principales desarrolladores de programas de fidelización de clientes y continúa ofreciéndolos a los consumidores. Los hoteles también tienen programas para huéspedes frecuentes; los clientes ganan puntos en vuelos y estadías en hoteles que luego pueden canjearse como descuentos en futuras compras. Este tipo de programas generaron una revolución en el marketing de fidelización. Para muchas empresas, un gran porcentaje de todo su negocio proviene de las ventas generadas por su base de clientes fieles.

Las compañías de tarjetas de crédito son un importante proveedor de incentivos de lealtad, ofrecen puntos, devolución de efectivo y otras recompensas por realizar compras con sus tarjetas. A menudo, se asocian con otras empresas como la industria de viajes y ofrecen descuentos adicionales para compras en lugares específicos. Además de las compañías de tarjetas de crédito, los programas de lealtad son comunes entre las tiendas por departamentos, y muchas de ellas ofrecen algún tipo de tarjeta club para recompensar a los clientes leales.

El marketing de lealtad se concentra en fortalecer las relaciones con los clientes que ya tiene una empresa. Por lo tanto, los clientes que realizan compras regulares son los más interesados en un programa de recompensas, ya que sus compras repetidas les otorgan más recompensas. Anteriormente, los programas de fidelización solían presentarse en forma de comprobantes de compra canjeables por productos especiales. Hoy en día, se operan más comúnmente a través de compras con tarjeta utilizando información digital. A su vez, esta información digital se puede utilizar para descubrir más métodos para inculcar y reforzar la lealtad del cliente.

Se puede llegar a nuevos clientes a través de incentivos y referencias de clientes existentes, pero esto depende de obtener y mantener la lealtad de la base de clientes original. Además, según la complejidad del programa de lealtad y la tecnología implementada, se pueden seleccionar segmentos de mercado más específicos dentro de la base de clientes para obtener recompensas especiales. En última instancia, los clientes se vuelven leales a través de repetidas interacciones satisfactorias con una empresa; por extensión, esto depende de que la empresa proporcione un producto y un servicio de calidad.

Solo después de que estos aspectos de una empresa estén en su lugar, debe considerar desarrollar un programa de lealtad; ningún incentivo atraerá a los clientes a comprar productos de bajo valor o soportar un servicio de mala calidad. Por tanto, el lanzamiento de un programa de fidelización debe reforzarse con la formación de los empleados; si el final promocional de su campaña tiene éxito, sus clientes tendrán más interacción con su empresa y empleados, y cada una de estas interacciones será una oportunidad para construir, o destruir, una relación de largo plazo con un cliente.

Una empresa en crecimiento tiene varias opciones para la selección de un método de recompensas e incentivos. Un método simple y de bajo costo para una pequeña empresa podría incluir una tarjeta que se pueda perforar o sellar con cada visita, lo que resulta en un producto gratuito una vez que se llena la tarjeta. Sin embargo, cuando las oportunidades lo permitan, debe implementar un sistema que pueda usarse para recopilar y almacenar información; una tarjeta de fidelización que se pueda escanear como una tarjeta de crédito permitirá a la empresa realizar un seguimiento del volumen y el tipo de compras de cada titular de la tarjeta. Esta información se puede utilizar para estudios de mercado o para desarrollar ofertas promocionales más personalizadas para los clientes.

Las empresas grandes desarrollan esto más a través del marketing de base de datos; pero incluso las empresas medianas y muchas pequeñas pueden permitirse algún tipo de software de gestión de relaciones con los clientes, que les permitirá desarrollar una mayor comprensión de su base de clientes, así como crear nuevas posibilidades para las promociones de marketing que generan la lealtad del cliente.

Para comercializar un nuevo programa de fidelización rápidamente, ofrezca un incentivo simplemente por el hecho de registrarse. Una pequeña recompensa establece inmediatamente el valor del programa en la mente y la experiencia del cliente. Además, la promoción de la tarjeta debe ser una prioridad en el punto de contacto con el cliente: el cajero en el punto de venta, por ejemplo, o el mesero que toma el pedido de un cliente en un restaurante. Esto ni siquiera requiere un "empuje"; el simple hecho de pedirle a un cliente su tarjeta de fidelización para aplicar las recompensas anunciará a ese cliente tanto la existencia como el beneficio del programa.

Los programas de fidelización también se pueden combinar con el marketing en redes sociales. Por ejemplo, un programa de fidelización podría acumular puntos cada vez que un cliente se registra a través de una aplicación de redes sociales u ofrece una reseña del producto o servicio. Finalmente, los programas de fidelización pueden reforzarse aún más a través del marketing de marca, que promueve el valor de la empresa y su mentalidad entre los clientes; una tarjeta de fidelización, que ofrezca descuentos en varios establecimientos asociados, puede estar en sus billeteras, manteniendo una recordación permanente de la marca de la empresa.

## 33. MARKETING DE MARCA

La comparación de precios implica algo más que comprobar los precios. La mayoría de los compradores también tiene en cuenta la calidad del producto y la confiabilidad de una empresa. Si la empresa ofrece un producto excepcional, si respalda sus productos y si sus productos obtienen críticas positivas. Según la importancia de la compra, un cliente puede hacer todas estas preguntas de cada negocio que ofrece el producto que desea. Por supuesto, una investigación completa requiere mucho tiempo, e incluso el cliente más astuto tiene un límite de tiempo y obviará la investigación si ve una respuesta rápida e informativa a sus preguntas.

Esa respuesta rápida es la marca. Una marca informa instantáneamente a los clientes sobre la reputación de una empresa, lo que les permite confiar en la calidad de cada producto o servicio que ofrece la empresa. La mera mención del nombre o la vista del logotipo de la marca evoca todas las experiencias y percepciones de un cliente sobre un negocio, buenas y malas.

La creación de marca es un concepto que se extiende mucho más allá de la comercialización de productos de "marca". Representa la identidad de una empresa en el mercado: quién es, qué hace, qué calidad ofrece, su reputación de confiabilidad y más. En consecuencia, el marketing de marca es importante para casi todas las empresas, desde las que venden productos de consumo hasta las que desarrollan nuevas tecnologías o las que brindan apoyo logístico a otras empresas.

Incluso cuando una empresa vende un producto como una alternativa genérica sin marca, el producto "genérico" lleva el nombre de la empresa y afecta su reputación. Si a un cliente no le gusta un producto, lo pensará dos veces antes de comprar otro producto "genérico" de la misma compañía.

Mientras tanto, los principales minoristas como Wal-Mart y Target venden una gran variedad de sus propios productos junto a los productos de "marca" en sus estantes. En ambos casos, los clientes prueban los productos y desarrollan una expectativa de los productos vendidos bajo la misma marca.

El marketing de marca influye en las decisiones de una variedad de clientes, incluidos los consumidores finales y las empresas. Es más efectivo para desarrollar negocios repetidos, ya que la percepción de cualquier cliente de una marca se basará en gran medida en sus experiencias previas con esa marca. Para los clientes, la marca de la empresa representa un conocimiento instantáneo de una empresa.

En cada caso, el conocimiento de un cliente de la marca de una empresa les ahorra tiempo y energía en la investigación de la empresa, lo que les facilita la decisión sobre la compra de productos y/o servicios de esa empresa.

Al desarrollar una campaña de marca, las empresas trabajan para aumentar la conciencia de los clientes sobre su reputación. Esto implica comunicar lo que hace la empresa y qué tan bien lo hace y proporcionar una forma de recordar esa información en un instante. Este aspecto instantáneo podría comunicarse a través de un logotipo que aparece en todo el material de la empresa: empaque del producto, sitio web de la empresa, tarjetas de presentación y papelería, dirección de correo electrónico y eslóganes en los sistemas de contestador telefónico. El nombre de la marca/logotipo debe ser ubicuo, de modo que los clientes asocien la empresa y su reputación con cada producto y servicio que ofrece.

El marketing de marca incluye tanto a calidad del producto como de la comunicación, ya que la mala calidad del producto afecta la percepción de una marca por parte del cliente mucho más que la buena calidad. Esta atención a la calidad debe extenderse a todos los aspectos de la interacción de la empresa con los clientes, incluido el sitio web de la empresa y la actividad en las redes sociales. El marketing en Internet de una marca no se puede hacer como una idea de último momento, con poca inversión; cualquier deficiencia se reflejará en la reputación de la empresa y de todos sus productos y servicios.

Establecer objetivos para el marketing de marca implica identificar por qué la empresa desea ser conocida y luego desarrollar un mensaje coherente a través de múltiples canales publicitarios. La personalidad o el carácter de la marca de la empresa debe coincidir con los valores fundamentales del cliente objetivo.

Las campañas de marca deben tener una serie de objetivos definidos y medibles. Por ejemplo, una empresa puede querer que su marca represente el liderazgo o la innovación de la industria, según lo medido por las referencias de los medios a tal efecto. Buscando lograr este objetivo, los especialistas en marketing pueden crear comunicados de prensa, publicar artículos y utilizar las redes sociales para resaltar los esfuerzos de investigación y desarrollo de la empresa. Por otro lado, una empresa de equipos deportivos puede desear que su marca represente "triunfo". Pueden usar las redes sociales para anunciar qué premios han ganado o seguir los logros de los atletas que usan sus productos. Los fanáticos que siguen a estos atletas identificarán los éxitos de los atletas con el nombre de la marca que representan.

## 34. MARKETING DE MULTI-NIVEL

El marketing multinivel (MML) es conocido por una variedad de nombres: marketing en red, marketing de referencia y, de forma más peyorativa y/o cuando se hace de manera poco ética, marketing piramidal. En esta estructura, los representantes de marketing y ventas no solo reciben una compensación por sus propias ventas, sino que también reciben un porcentaje de las ventas generadas por otros vendedores que reclutan.

Los consultores involucrados en el marketing multinivel generalmente venden productos directamente a los consumidores a través de relaciones y de boca en boca. La mayoría son de medio tiempo y trabajan desde casa como distribuidores de una determinada línea de productos. Muchas empresas multinivel también emplean una estrategia de "plan de fiesta", donde los consultores y posiblemente algunos promotores invitan a amigos y otros clientes interesados en el área a una reunión en la casa del consultor u otro lugar disponible. Se muestran muchos productos, todos se divierten y, al final de la reunión, se espera que el consultor haya realizado varias ventas, y posiblemente incluso haya contratado a un nuevo consultor que a su vez se convierte en la línea descendente de ese vendedor.

Por su aspecto relacional, los productos que suelen involucrar y el género de los propios consultores, las mujeres son el objetivo predominante de las estrategias de MML. Sin embargo, la proporción de género cambia significativamente en el caso de las compañías financieras y/o de seguros. Cuando llega el momento de desarrollar una cartera financiera o considerar una póliza de seguro de vida a término, generalmente es una decisión conjunta que toman el esposo y la esposa, o el cabeza de familia, independientemente del género.

En términos de antecedentes económicos, los clientes de MML se perfilan de acuerdo con los productos o servicios que se ofrecen, pero generalmente tienden hacia una audiencia de clase media. La mayoría de las personas pueden permitirse comprar los productos ofrecidos, y es posible que deseen asistir a una fiesta para ver los productos de todos modos. Sin embargo, una demostración de productos de consumo, o que requiere una tarifa por suministros básicos, atraerá a la demografía con más dinero disponible, pero no a una audiencia con gustos lujosos.

Aunque la mayor parte de la venta la realizan individuos, ya sea a individuos o a grupos, MML se enfoca principalmente en la presentación de una marca. Casi todas las presentaciones comienzan hablando de la empresa en sí, antes de pasar a los productos individuales. A nivel corporativo, los profesionales de MML desarrollan una misión e imagen fácilmente comunicables y crean recursos que facilitan esa comunicación. La clave para saber cómo comunicar este mensaje a los clientes es conocerlos y comprenderlos. Por lo tanto, el MML efectivo comienza con datos y se basa en esos datos a lo largo de una campaña. Con la información de ventas y clientes generada en cada presentación, las empresas pueden discernir mejor qué productos adquirir y/o desarrollar, cómo presentarlos mejor a su audiencia y cómo adaptar su mensaje a los diferentes segmentos del mercado.

Establecer y actualizar periódicamente la marca de la empresa es fundamental para el éxito de la campaña. Los especialistas en marketing multinivel identificarán los principales bienes y servicios de la empresa y luego investigarán el mercado objetivo cuyas necesidades están satisfaciendo. Tanto los especialistas en marketing como los creativos se asegurarán de que la "personalidad" de la marca resuene con la personalidad general del cliente objetivo. Asimismo, los mensajes se ajustarán regularmente para reflejar los intereses cambiantes y crecientes de los clientes.

La reputación de una marca depende tanto de la calidad de un producto como de la comunicación con el consumidor. Ninguna estrategia de marketing puede superar productos o servicios deficientes. Por lo tanto, los consultores/distribuidores deben estar capacitados de manera efectiva, no solo para que estén entusiasmados con la empresa y sus productos, sino también para que estén bien informados y puedan demostrar esos productos con confianza. Gran parte de esto se logrará a través de las líneas ascendentes directas de los consultores filtradas a través de las líneas ascendentes de sus líneas ascendentes; sin embargo, la creación de catálogos, folletos, piezas de correo directo y otros artículos de marketing atractivos y fáciles de entender permitirán al consultor desarrollar rápidamente una imagen profesional.

## 35. MARKETING DE PAGO POR CLIC

El pago por clic (PPC) es un método de compra de espacios publicitarios dirigidos en plataformas de Internet que aprovecha los términos de búsqueda orgánicos. Los anunciantes pagan a los propietarios de un espacio web, como la página de resultados de un motor de búsqueda o una página web específica, una cierta cantidad de dinero cada vez que un usuario de Internet hace clic en su anuncio específico. Esto toma muchas formas diferentes y ha evolucionado desde que la tecnología fue presentada por primera vez en 1998.

Para obtener una prueba del poder económico del marketing en Internet, no mire más allá de la tendencia de compras masivas de negocios en Internet. Empresas que ni siquiera tienen oficinas físicas son absorbidas por grandes corporaciones como Google, Yahoo!, Facebook y Microsoft por millones de dólares cada año. Hoy en día, más empresas buscan implementar campañas de marketing de pago por clic rentables y miran hacia los vendedores con habilidades tecnológicas y antecedentes educativos tradicionales para encabezar esos esfuerzos.

Los motores de búsqueda como Google y Bing son algunos de los proveedores más prolíficos de espacio PPC. En lugar de colocar sus anuncios en sitios web específicos donde creen que encontrarán clientes, los anunciantes celebran acuerdos con plataformas de motores de búsqueda. El sitio web de ese anunciante aparece más alto en los resultados del motor de búsqueda, lo que permite que una empresa más pequeña aumente su visibilidad en ausencia de los métodos tradicionales de optimización del motor de búsqueda.

Hoy en día, el marketing de pago por clic es comúnmente utilizado por una variedad de empresas y organizaciones que van desde pequeñas empresas que venden productos hasta campañas políticas que buscan crear conciencia sobre un problema. Los dueños de negocios se sienten atraídos por el marketing de pago por clic porque puede ser muy efectivo a un bajo costo. PPC permite que una empresa llegue a personas que probablemente ya estén interesadas en lo que vende la empresa, porque muchos anuncios de PPC solo aparecen en sitios web y páginas de resultados de motores de búsqueda que están relacionados con el producto. Para campañas políticas u otros esfuerzos de concientización, el pago por clic también puede ser una forma rentable de llegar a posibles partes interesadas.

Dependiendo de su estructura, una campaña de marketing de pago por clic puede ser una forma de publicidad muy frugal o costosa. Una organización que nunca haya usado PPC debe comenzar con una pequeña campaña con un presupuesto limitado y luego expandir el alcance de la próxima campaña en función de las lecciones aprendidas de la primera incursión. Antes de registrarse en un servicio de pago por clic y gastar dinero, un anunciante debe identificar a quién se dirigirá el anuncio y dónde será más efectivo. Los especialistas en marketing suelen utilizar primero el software de análisis web para rastrear el tráfico web y determinar la mejor ubicación para el anuncio.

Muchos paquetes modernos de pago por clic son muy flexibles, lo que permite a los anunciantes establecer un presupuesto limitado para cada día, semana o mes, así como congelar el servicio a pedido. Un anunciante puede asignar un presupuesto publicitario mensual de PPC de una cierta cantidad, y luego pedirle al proveedor del espacio publicitario que elimine el anuncio una vez que la cantidad de clics alcance ese límite. Esta no es solo una excelente manera de mantener registros financieros simples durante la campaña de marketing; también es una excelente manera de controlar cuántas personas visitan el sitio web de la empresa. Dicho control permite análisis muy sencillos e interacciones manejables con los clientes.

El marketing de pago por clic funciona mejor como campañas cortas, que generalmente duran de uno a tres meses. El anunciante debe analizar la efectividad de cada campaña y luego ajustar las palabras clave, la ubicación y la asignación de presupuesto para capitalizar los datos de campañas anteriores.

## 36. MARKETING DE PRODUCTOS

El marketing de productos es una rama del marketing que se centra en encontrar los clientes adecuados para un producto en particular y crear un tono atractivo para esos clientes. El marketing de productos utiliza una combinación de investigación, diseño y publicidad para garantizar el éxito de un producto. No es una estrategia de marketing específica, sino un aspecto esencial de muchas estrategias que maximizan el potencial de un producto específico.

La industria de los videojuegos, que hoy vale decenas de miles de millones de dólares en todo el mundo, casi dejó de existir en los Estados Unidos a mediados de la década de 1980. El resurgimiento de una industria que hoy incluye compañías de gran éxito se ha atribuido a una empresa con un gran producto: Nintendo. Después de numerosos comienzos en falso, problemas técnicos y una disputa especialmente dañina con el posible distribuidor Atari, Nintendo finalmente trajo su Nintendo Entertainment System a los Estados Unidos en 1985 con gran éxito y vendió millones de consolas, juegos y hardware a consumidores entusiastas.

Nintendo utilizó una exitosa estrategia de marketing de productos para posicionarse en la mente de los jugadores de videojuegos estadounidenses. La empresa realizó una investigación de mercado para determinar primero quiénes eran sus principales clientes, lanzar el NES a la ciudad de Nueva York y recopilar datos sobre quién compró su producto y por qué. Con esa información, el equipo de marketing de Nintendo creó la estética visual y los anuncios que acompañarían a la NES en su lanzamiento en todo Estados Unidos.

El éxito de la Nintendo se puede atribuir a la confianza de la empresa en su producto y su capacidad para informar a los clientes al respecto. Las cubiertas de los cartuchos de juegos presentaban gráficos reales del juego y el hardware se diseñó de manera intuitiva, lo que refleja el respeto de Nintendo por los clientes. Nintendo se dirigió a grupos específicos de consumidores, probando su producto en grupos de enfoque más pequeños antes de intentar un lanzamiento de producto a nivel nacional. Mediante la comercialización agresiva de su producto a consumidores específicos, Nintendo sacó a toda una industria del borde de la extinción.

Cada vez que una empresa quiere informar a los clientes potenciales sobre un nuevo producto o aumentar el conocimiento de un producto existente, debe determinar quién querría el producto, cuánto está dispuesto a pagar por él y qué consumidores ven como sus mejores características. El marketing de productos permite a las empresas probar nuevos lanzamientos en una audiencia más pequeña antes de abrirse al público.

Por ejemplo, si el propietario de una pequeña empresa desea comercializar un nuevo producto basado en una antigua fórmula familiar, podría determinar los métodos de marketing más efectivos realizando primero una investigación. Ella podría ofrecer el producto a diferentes grupos demográficos, a diferentes precios y con diferentes presentaciones en un pequeño mercado de prueba para encontrar la combinación que resulte en las mejores ventas. Con esa información, el dueño del negocio puede tener más confianza cuando lanza el producto a una distribución más amplia. El marketing de productos también es efectivo cuando las empresas desean cambiar la marca o la presentación de productos existentes. Al usar diferentes presentaciones de un mismo artículo, una empresa puede atraer a un grupo demográfico más amplio y aumentar las ventas.

Una campaña de marketing de productos implica más que una simple publicidad, ya que abarca varios pasos, desde la investigación hasta el lanzamiento. Antes de embarcarse en campañas, los especialistas en marketing primero deben comprender el producto ofrecido, sus características clave y el costo de producción. Teniendo en cuenta el ejemplo de una nueva línea de productos, el propietario de una pequeña empresa primero podría hacer preguntas importantes sobre las cualidades del producto. Luego puede realizar una investigación sobre quién estaría interesado y por qué. Esto podría tomar la forma de una mesa o un stand instalado en una feria comercial para ofrecer muestras de su producto El propietario podría crear un cuestionario estandarizado para cada visitante preguntándoles sobre sus experiencias con el producto, tomando nota sobre la reacción de cada participante.

Al recopilar esta información en tiempo real, el propietario de la empresa tiene una base para las etapas posteriores de la publicidad que se dirigen a clientes potenciales específicos y establecen el precio final del producto. Esto le permite determinar hacia que grupo demográfico dirigir sus esfuerzos publicitarios. También puede determinar qué precio haría que el producto sea más rentable, tal vez creando productos de lujo de mayor precio junto con una línea de productos de oferta de menor costo.

Con un objetivo demográfico definido, funciones y precio preferidos identificados, un producto está listo para anunciarse y venderse. El fabricante ahora puede diseñar empaques, promoción de la marca y materiales publicitarios, como un sitio web y un folleto del producto, que están destinados a atraer a su grupo demográfico objetivo.

## 37. MARKETING DE PUNTO DE VENTA

El marketing de punto de venta se refiere a todos los esfuerzos que aumentan las ventas en el momento en que se realiza el pago de la compra. Principalmente, esto gira en torno a una caja registradora aunque un punto de venta para una empresa puede ser una mesa de reuniones o una página de Internet, y es un elemento básico de los entornos minoristas.

La exhibición de productos o campanas de donaciones a una organización benéfica, al alcance de la mano, es el método más común de mercadeo en el punto de venta, mientras que otros métodos incluyen el uso de letreros, recibos y ventas sugerentes por parte del minorista durante el proceso de pago. Starbucks es un ejemplo particularmente bueno de marketing de punto de venta, en la medida en que allí se exhiben mercancías de bajo costo, un software que facilita la venta sugestiva y un programa de recibos que fomenta la repetición de negocios.

Los minoristas suelen utilizar tácticas de marketing en el punto de venta para animar a los clientes a realizar compras de última hora. Sin embargo, debido a que los minoristas revenden los productos de otras empresas, el marketing en el punto de venta es importante para todas las empresas que venden artículos ubicados en o cerca del punto de venta. Las organizaciones y causas sin fines de lucro pueden vender elementos recordatorios en el punto de venta, que representan visualmente una donación realizada y ofrecen al cliente una recompensa social por la donación.

Las tiendas de comestibles suelen colocar estanterías de mercancías entre cada punto de venta disponible, con artículos como revistas, dulces, chicles y baterías. Los refrescos a menudo se muestran en una pequeña unidad de refrigeración al final de los puntos. Los artículos cerca del punto de venta con frecuencia se mueven hasta tres veces más rápido que el mismo producto en un estante en otra parte de la tienda, y se ha establecido que algunos artículos en supermercados de alto tráfico se venden mucho más rápido. Algunas empresas de marca compran espacio de exhibición en los puntos de pago de minoristas, o incluso usan el software del sistema para promocionar sus productos en los recibos de los clientes.

La mercadería de punto de venta tiende a enfocarse en artículos de impulso de bajo costo que se pueden agregar fácilmente a otras compras. Atraen más a los clientes impulsivos que no son particularmente leales a una marca mientras que los compradores de marca generalmente encontrarán sus productos de marca preferida en su estante normal.

Si bien los diferentes tipos de minoristas pueden tener bases de clientes muy diferentes, los estantes de los puntos de venta tienden a tener un atractivo universal. A pesar de representar una compra no planificada, los artículos son particularmente atractivos para los clientes sensibles a los precios, ya que comúnmente se muestran como “artículos en oferta", ya sea que estén o no en rebaja, "nuevos en la tienda" o "artículos de temporada".

Los minoristas tienen muchas opciones disponibles en el marketing de punto de venta, por lo que primero deben identificar qué objetivos desean lograr. Deben establecer si quieren mover artículos con exceso de existencias, aumentar la visibilidad de artículos nuevos, resaltar una línea de productos en particular o satisfacer demanda de temporada.

Luego, deben considerar el diseño físico de sus tiendas, incluidas las rutas de los clientes al punto de venta. Los supermercados tienden a tener una línea por caja registradora, mientras que otros minoristas, suelen usar una línea para varias cajas registradoras. Esto permite a las empresas exhibir diferentes productos a lo largo de las filas, atrayendo a los consumidores que buscan distracciones mientras esperan en la fila. También deben tener en cuenta las restricciones espaciales al diseñar los estantes de los puntos de venta, y a menudo visitan varias tiendas para recomendar variaciones en una estantería.

Po otra parte, los fabricantes y proveedores de productos trataran de negociar con los minoristas el espacio de exhibición, un recurso escaso, ya que hay muchos más productos disponibles para exhibición de los que permite el espacio. Esta negociación puede tener lugar con propietarios de tiendas individuales o con oficinas corporativas que controlan muchas tiendas.

## 38. MARKETING DE RECOPILACIóN DE DATOS

Las empresas no venden productos a las estadísticas; venden productos a la gente. Cuando se discuten estrategias para convertir a los compradores primerizos en clientes habituales, la conversación no solo termina con números, sino que considera sus preferencias y necesidades individuales. Con estrategias sólidas y probadas en las relaciones con los clientes, como la recopilación de datos de marketing, el cliente individual se convierte en una prioridad y las ganancias aumentan por el incremento en la lealtad a la marca.

En un plan de marketing de recopilación de datos, cada cliente deja de ser parte de un grupo demográfico más grande, como hombres de mediana edad con trabajos corporativos o mujeres de 20 años con educación universitaria. En cambio, cada cliente se convierte en lo que los profesionales de marketing llaman un “segmento individual": un grupo demográfico de marketing poblado por un solo individuo único.

La estrategia de marketing de recopilación de datos está diseñada para recopilar información sobre clientes individuales y luego usar esa información para fomentar una venta, retener el negocio del cliente para transacciones futuras y determinar la relación costo-beneficio de atender a ese cliente. Como su nombre lo indica, es el intento de identificar consistentemente cuál debería ser el próximo mejor paso en el proceso de ventas para cada cliente.

El marketing de recopilación de datos requiere que los profesionales recopilen información sobre los clientes utilizando una variedad de métodos. Si bien esto puede tomar la forma de una simple interacción entre empleados y clientes, los datos de los clientes también se pueden recopilar con varios métodos de ingreso y suscripción.

El método de ingreso incluye la recopilación se información cada vez que un cliente se acerca a una empresa como primer paso, como cuando un cliente llama a un hotel para preguntar sobre las tarifas de las habitaciones. El método de suscripción ocurre cuando a los clientes se les da la oportunidad de ser voluntarios para recibir información sobre la empresa o sus productos. Cuando los consumidores se acercan a una empresa por su propia voluntad, esa empresa normalmente recopila información demográfica sobre los consumidores, lo que les permite personalizar mejor sus esfuerzos de marketing.

Cualquier empresa que interactúe con clientes individuales puede utilizar estrategias de datos en sus planes de marketing. Debido a que la estrategia requiere recopilar, clasificar e implementar datos de clientes, el programa debe ser coherente en toda la empresa, desde quienes trabajan en Tecnología Informática (TI) hasta el departamento de marketing, el departamento de ventas y la gerencia.

Las empresas que venden productos utilizan tácticas de marketing de recopilación de datos para determinar cómo pueden generar lealtad a la marca en clientes individuales durante una conversación de ventas. El marketing de recopilación de datos también puede determinar si los recursos dedicados a lograr una venta a un cliente individual valen menos de lo que la venta generará para la empresa. Los concesionarios de automóviles utilizan estrategias de recopilación de datos a menudo, hablan con los clientes para averiguar si están interesados en comprar un automóvil, aprenden qué tipo de características quieren los clientes en sus automóviles y determinan cuánto dinero están dispuestos a gastar los clientes individuales en un automóvil.

Las tácticas de marketing de recopilación de datos también funcionan bien en entornos de proveedores de servicios, como un spa de día donde los empleados hablan con clientes individuales para averiguar qué tratamientos podrían interesarles y qué servicios pueden pagar. Un empleado puede guiar a un cliente que acude al spa para recibir un masaje para aliviar la tensión a considerar otros servicios centrados en la relajación, como la acupuntura.

Las organizaciones sin fines de lucro utilizan prácticas de recopilación de datos para aumentar las tasas de donación, los montos de las donaciones y los esfuerzos voluntarios de las partes interesadas potenciales. Un activista, por ejemplo, podría usar una plataforma de redes sociales para saber quién está interesado en la campaña y aprovechar la información proporcionada por esas personas para solicitar donaciones caso por caso.

Las estrategias de marketing de recopilación de datos no son tácticas centradas en el producto. Los productos se comercializan mejor con campañas discretas con fechas de inicio y finalización, para que los clientes no se aburran con la campaña y la ignoren. La recopilación de datos es más una filosofía continua que funciona mejor cuando se implementa en toda la empresa y está sujeta a mejoras. Las empresas nunca deben dejar de aprender acerca de sus clientes o utilizar lo que saben para aumentar la rentabilidad de sus productos.

El primer paso para crear una estrategia de recopilación de datos es recoger información sobre cómo la empresa interactúa actualmente con sus clientes. Es fundamental analizar las conversaciones entre los clientes y los representantes de ventas y postventas para comprender qué funciona y qué no, y recopilar los datos demográficos existentes sobre los clientes de la empresa. Esto permitirá a la empresa crear métricas utilizables para el plan de marketing.

Una vez que se organizan los datos de los clientes, la empresa debe crear métodos para recopilar nuevos datos de manera confiable. También deben tener un estilo coherente de conversaciones individuales con los clientes y una comprensión clara del tiempo y los recursos promedio que se necesitan para proponer la venta de un nuevo producto o servicio. A lo largo del proceso, la empresa debe continuar recopilando y analizando los datos que acumula y la efectividad de cada argumento de venta. Si ciertos métodos son ineficientes o no rentables, deben eliminarse y reemplazarse.

## 39. MARKETING DE RENDIMIENTO

El marketing basado en el rendimiento es un método de publicidad interactiva que no se paga con un precio fijo, sino con un precio variable que depende del rendimiento del anuncio. Por ejemplo, el costo de un anuncio puede basarse en la frecuencia con la que se ve en una página web, la frecuencia con la que se hace clic en él, la frecuencia con la que genera un cliente potencial o la frecuencia con la que genera una venta.

Al comprar un anuncio en una revista con una gran distribución, una empresa debe pagar por esa gran audiencia, pero es posible que muchos lectores nunca noten el anuncio especialmente si se trata de uno de los artículos menos interesantes de la revista. Hoy en día en lugar de pagar el precio de un anuncio en una revista sin ninguna indicación de su rendimiento, más empresas buscan en línea alternativas más baratas.

Si bien esta forma de publicidad se ha creado y desarrollado en Internet, y últimamente se ha ampliado al marketing móvil, sus versiones también pueden funcionar en otros medios. Por ejemplo, la publicidad por rendimiento ha sido implementada por proveedores de directorios en línea. Un subconjunto del marketing basado en el rendimiento es el marketing de afiliados, que paga a los editores de Internet para promocionar un producto o servicio en particular, pagando una comisión por cada cliente potencial o venta generada por el sitio web afiliado.

La publicidad basada en el rendimiento es principalmente utilizada por empresas que utilizan Internet para llegar a los clientes. Estos van desde concesionarios de automóviles hasta minoristas de moda, compañías de seguros y vendedores cuestionables que prometen productos cosméticos o para perder peso. Mientras tanto, los anuncios basados en el rendimiento son especialmente atractivos para las pequeñas empresas con presupuestos reducidos. Al comprar anuncios de costo por acción, pueden estar seguros de que cada dólar publicitario genera un retorno positivo de la inversión.

La publicidad basada en el rendimiento se puede comprar de una amplia variedad de editores web, prácticamente cualquier sitio web que busque ganar dinero con el tráfico que genera, además de vender sus propios productos y servicios. Los anfitriones populares de publicidad basada en el rendimiento incluyen motores de búsqueda como Google, páginas de inicio populares como Yahoo!, redes de medios sociales como Instagram y Facebook, proveedores de correo electrónico y blogs individuales.

Como herramienta de Internet, el marketing basado en el rendimiento suele llegar a quienes pasan la mayor parte del tiempo en línea. Además, mientras que un anuncio puede promover una compra fuera de línea, la mayoría de la publicidad basada en el rendimiento promueve las ventas en línea; por lo tanto, se supone que la audiencia de un anuncio determinado ya se siente cómoda realizando transacciones en línea. Esto hace que dichos mensajes sean menos efectivos para las personas mayores que para una generación que ha crecido con dispositivos móviles y comercio en línea.

Si bien la publicidad basada en el rendimiento solo cuesta dinero cuando es efectiva, esta función no la eleva automáticamente por encima de otras formas de marketing. El retorno de la inversión puede ser positivo, pero menor que con métodos alternativos. Para que el marketing basado en el rendimiento funcione, las empresas deben desarrollar anuncios atractivos y páginas de destino fáciles de entender y procesos de clics. Hay varios tipos de anuncios de Internet disponibles en base a un costo por vista, incluidos los anuncios publicitarios y los anuncios emergentes o "pop ups". Sin embargo, esta es la forma más débil de publicidad basada en el rendimiento, porque si bien las empresas pagan según el tamaño de la audiencia, aún no hay garantía de que la audiencia responda al anuncio.

El costo por clic (CPC) es una mejor opción, ya que las empresas solo pagan cuando los clientes realmente responden al anuncio. Pero la vista no garantiza la compra. El resultado depende de varios factores entre los cuales está a dónde el anuncio los lleve con su clic o "página de destino". La página de destino debe optimizarse para la experiencia del usuario; debe ser fácil de leer, fácil de usar y presentar una propuesta de valor convincente para el cliente quien, ha llegado a la página a propósito. Una página de destino ineficaz significa que una empresa paga para que los clientes se presenten, se desanimen y y se vayan. Por lo tanto, la campaña de marketing debe involucrar tanto a los equipos de publicidad como de desarrollo web, enfatizando que los anuncios de CPC solo son efectivos cuando están conectados a páginas de destino efectivas.

Los anuncios de CPC funcionan mejor cuando se publican con contenido relevante, como información que analiza la industria o reseña productos. Uno de los métodos más poderosos para alinearse con contenido relevante es anunciarse con un motor de búsqueda como Google mediante palabras clave; al vincular un anuncio de CPC con una palabra clave de búsqueda, solo aparecerá para las personas que realizan búsquedas relacionadas con el anuncio.

Sin embargo, las palabras clave más populares son naturalmente las más caras, simple oferta y demanda, muchos anunciantes y espacio limitado para mostrar los anuncios. Por lo tanto, una palabra clave popular puede costar varios dólares por clic, mientras que una palabra clave menos popular cuesta solo unos pocos centavos. El costo exacto generalmente se determina mediante subasta. Sin embargo, el vendedor puede optar por vender a alguien que no sea el mejor postor si se anticipa que un postor por clic más bajo tendrá una respuesta mucho mayor y, por lo tanto, producirá más clics en total, permitiendo que el vendedor pueda ganar más dinero con él.

## 40. MARKETING DE RESPUESTA

Uno de los principales inconvenientes de la mayoría de las formas de publicidad es la dificultad que se experimenta al determinar el éxito de una campaña. Piense en un cliente que compra un nuevo producto. Es esencial, pero no una tarea fácil, determinar que lo hizo comprar el producto. Si fue el reconocimiento de marca, el diseño, la publicidad, la presentación en las vitrinas o la presencia en redes sociales con el impulso de un influenciador.

A medida que se realiza más marketing en línea, los anunciantes han intentado desarrollar nuevas herramientas para rastrear el impacto de los anuncios que pagan. Los especialistas en marketing quieren saber cuántas veces se ven, cuántas veces se hace clic y con qué frecuencia conducen a una venta. Uno de los métodos más efectivos para determinar si la publicidad funciona es implementar tácticas de marketing de respuesta en una campaña. El marketing de respuesta intenta obtener una respuesta inmediata de los clientes, llevándolos del anuncio directamente a una venta.

El marketing de respuesta toma muchas formas, desde anuncios clasificados básicos hasta infomerciales. Por lo general, les piden a los consumidores que "llamen ahora" o "actúen rápido" para aprovechar las ofertas especiales. Los nuevos anuncios en línea son una de las formas más comunes de marketing de respuesta debido a sus características interactivas. Si el anuncio capta la atención de un cliente, hace clic en él y lo acerca a los productos de una empresa.

Hay dos ventajas principales para responder a la comercialización. La primera es que es económico. Dado que el objetivo es crear una venta inmediata, las empresas suelen utilizar menos publicidad total cuando utilizan una estrategia de respuesta. La segunda gran ventaja es que el marketing de respuesta produce datos cuantificables sobre la eficacia de la campaña. Imagine que una empresa está ejecutando dos comerciales separados con una estrategia de marketing de respuesta. Uno destaca el valor mientras que otro destaca la calidad. Cada anuncio incluye un número de teléfono diferente para llamar. El número que recibe más llamadas es la característica del producto que más atrae a los clientes.

La única desventaja del marketing de respuesta es que suele ser tan inmediato que desalienta las relaciones a largo plazo entre un cliente y una empresa. El marketing de respuesta invita a los clientes a aprovechar las oportunidades en lugar de formar lealtades. Esta forma de marketing por sí sola no es muy eficaz para alentar a los clientes habituales. Sin embargo, debido al costo relativamente bajo de una estrategia de marketing de respuesta, muchas empresas implementan estas campañas.

Por otra parte, las campañas de marketing de respuesta más completas son realizadas por empresas importantes, generalmente con muchas líneas de productos. La infraestructura necesaria para rastrear, almacenar y analizar datos sobre los clientes puede tener un costo prohibitivo para muchos equipos de marketing. Una empresa de gran cobertura geográfica invertirá mucho en marketing de respuesta porque vende miles de productos diferentes y comercializa a través de docenas de canales diferentes.

Los entornos online son uno de los mejores lugares para realizar campañas de marketing de respuesta. Se producen enormes cantidades de datos sobre el cliente, sus preferencias y su información demográfica. Cuanto más se analiza esta información, más eficiente y efectiva se vuelve la publicidad. Esta es la razón por la que los anunciantes están gastando miles de millones de dólares más en publicidad digital que hace unos años.

El marketing de respuesta exige mucha atención por parte de los clientes. Les dice qué deben hacer, por qué deben hacerlo, cuándo deben hacerlo y dónde. La gestión de todos estos mensajes requiere un plan de marketing integral que pueda guiar los esfuerzos publicitarios. Además, las empresas que implementan campañas de marketing de respuesta deben comenzar analizando sus productos, sus recursos y su base de clientes objetivo para determinar si un enfoque de marketing de respuesta es el correcto y las empresas deben responder a la demanda inmediata generada por el marketing de respuesta.

Es necesario encontrar los segmentos correctos del mercado en los que centrarse antes de desarrollar cualquier anuncio. Los especialistas en marketing deben elegir el medio en el que desean enfocarse y luego elegir los mercados a los que desean dirigirse. Si se dirigen a consumidores de edad avanzada, pueden optar por publicar anuncios de televisión durante el día. Si quieren dirigirse a los fanáticos de los deportes, pueden publicar anuncios en programas o revistas especializadas.

Una vez que los especialistas en marketing establecen los objetivos de la campaña, deben crear anuncios que convenzan a los consumidores para que interactúen con el producto o la marca. Los redactores, los diseñadores gráficos, los videógrafos y el personal técnico trabajarán juntos para crear anuncios que capten la atención del cliente. La empresa deberá decidir qué características de sus productos enfatizar y cómo entusiasmar a los clientes. El marketing de respuesta debe hacer un llamamiento fuerte y potente al cliente que fomente la acción inmediata.

El paso final del plan será analizar su eficacia. Antes de que comience cualquier campaña, los especialistas en marketing deben establecer métricas claras para medir el éxito o el fracaso. Los objetivos pueden variar desde aumentar las ventas hasta disminuir la cantidad de dinero gastado en cada anuncio que lleva a una venta. Una vez que se definen los números, la campaña debe revisarse varias veces a lo largo de su duración. Si una campaña no produce los resultados esperados, deben formular un nuevo plan de marketing.

Una de las técnicas de marketing de respuesta más utilizadas es la publicación de infomerciales. Si bien hay una tendencia a descartar los infomerciales como la forma más baja de publicidad. Dado que a veces utilizan portavoces ruidosos, artilugios baratos y técnicas de venta de alta presión para comercializar productos de dudosa calidad y utilidad. Sin embargo, esta es consistentemente una de las formas de publicidad más efectivas y produce un gran retorno de la inversión. Todos los vendedores de respuesta tienen algo que ganar al estudiar las técnicas utilizadas en los infomerciales.

**Use testimonios:** los infomerciales a menudo usan testimonios de personas promedio para ayudar a promocionar sus productos. Los testimonios de los clientes parecen auténticos y ayudan al cliente a imaginar cómo se beneficiará personalmente al comprar un producto.

**Use métricas:** los creadores de infomerciales se basan en los datos de marketing desde antes de que fuera una práctica estándar de la industria. Realizan un seguimiento cuidadoso de dónde provienen sus pedidos, quiénes son sus clientes y dónde y cuándo han visto los anuncios del vendedor. Este tipo de datos conduce al uso eficiente de los presupuestos de marketing.

**Llamadas a la acción:** los infomerciales recuerdan a los clientes una y otra vez que necesitan comprar un producto ahora mismo. Crean una sensación de urgencia en torno a la venta y animan a los clientes a comprar ahora y no más tarde. Si se presiona a un cliente para que compre ahora, es menos probable que compare precios o lea reseñas de productos que puedan contradecir las afirmaciones del anunciante.

**Sea claro y directo:** los infomerciales hacen declaraciones muy claras e inmediatas sobre la calidad, el valor, la utilidad y la innovación de un producto. Evitan el uso de lenguaje abstracto, declaraciones de marca vagas o jerga demasiado técnica. Cuanto mejor entienda un cliente un producto, es más probable que lo compre.

**Resalte el valor:** los infomerciales son excelentes para hacer que los clientes sientan que están obteniendo una ganga. Presentan un producto, reducen su precio y luego ofrecen un segundo de forma gratuita. Al final del infomercial, el cliente siente que se perderá algo si no aprovecha esta increíble oferta. Enfatizar el valor crea un sentido de urgencia en el cliente.

## 41. MARKETING DE SEGMENTO

El marketing de segmento, también conocido como marketing de nicho, es un plan de marketing dirigido que se enfoca en una sección particular del mercado que tiene un alto potencial para conectarse con un producto o servicio. En lugar de proyectarse en una red amplia en los medios masivos y en grandes eventos, el marketing de segmento se concentra en lugares y plataformas de medios estratégicamente seleccionados que tienen altas concentraciones de sus consumidores objetivo. Muchas empresas utilizan eficazmente estrategias de marketing de segmento en sus campañas generales de marketing. Es una estrategia especialmente útil para empresas pequeñas o medianas con presupuestos limitados y productos o servicios que están dirigidos a un segmento determinado de la población.

Incluso las grandes empresas y organizaciones que ofrecen productos y servicios que se utilizan ampliamente y se comercializan en masa suelen utilizar técnicas de marketing de segmento. La mayoría de las principales compañías automotrices, por ejemplo, ofrecen modelos híbridos de bajo consumo que atraen a segmentos específicos de la población: ecologistas y conductores urbanos con viajes largos. Se enfocan en ese segmento más pequeño de su mercado con alta visibilidad en las autopistas de la ciudad y en las tiendas, revistas y sitios en línea frecuentados por consumidores especialmente "ecológicos". El marketing de segmento es especialmente eficaz para llegar a los consumidores a los que se puede dirigir en función de ciertas características, como la demografía, el pasatiempo, la ocupación o el compromiso con causas sociales o políticas.

Cuando una empresa desea implementar un plan de marketing de segmento, debe primero intentar responder preguntas importantes que guiarán sus esfuerzos: Publicaciones que lee el nicho objetivo, estaciones de radio que escuchan, sitios web y redes sociales de preferencia, comunidades y relaciones interpersonales. Una vez que se establece familiaridad con el nicho o segmento objetivo, se puede desarrollar el plan de marketing. Cada aspecto del plan, desde la apariencia de la marca hasta las tácticas de marketing empleadas como patrocinio de eventos, publicidad, obsequios, o promotores de la marca, se adapta a las sensibilidades y preferencias que se descubrieron durante la investigación inicial. Algunas estrategias de marketing de segmento pueden ser:

**Campañas boca a boca:** estas campañas se basan más en las conversaciones entre los consumidores que en la publicidad o los materiales de marketing que promocionan el producto o servicio. La exposición de la marca es discreta y sutil, como el patrocinio o los obsequios en eventos o establecimientos frecuentados por el grupo objetivo. Como resultado, estas campañas tardan más en desarrollarse y generar resultados, pero los retornos pueden ser extremadamente altos, dado que las recomendaciones de boca en boca generalmente tienen mucho peso entre los consumidores.

**Campañas de respaldo de confianza:** esta estrategia se basa en encontrar personas influyentes en el segmento de mercado y reclutarlas como portavoces en nombre de un producto o servicio. Un ejemplo de esta estrategia sería contratar a un actor, reconocido y aceptado públicamente, como portavoz de productos que las personas usen con frecuencia. El éxito de estas campañas depende en gran medida de la credibilidad del vocero y la sinceridad con la que se entregue el respaldo.

**Campañas colaterales dirigidas:** esta estrategia se basa en la exposición constante de la marca al segmento de mercado objetivo. Prácticamente cualquier estación de radio que reproduzca un tipo de música, alternativa, country, western o clásica, por ejemplo, que atraiga a una determinada audiencia empleará campañas colaterales específicas. Pueden distribuir material publicitario y asistir a conciertos de artistas que tocan con frecuencia en su estación, o anunciarse en publicaciones locales de música o entretenimiento.

## 42. MARKETING DE SELECCION

El marketing de selección se dirige a los clientes existentes para fomentar la lealtad a la marca y estimular el comportamiento de compra. El marketing de selección se basa menos en la creación de anuncios persuasivos y más en la creación de tratos, ofertas y estrategias que atraigan a los clientes existentes.

En todas las industrias, los consumidores nunca han tenido tantas opciones. Ya sea que elijan entre uno de dos productos similares en la tienda o salten la tienda por completo para comprar en línea, los clientes pueden comparar fácilmente la oferta de múltiples compañías y medios de compra. Con tanto poder en manos del consumidor, las empresas deben posicionarse como necesarias en la mente de los clientes existentes. Se dice que es de cinco a diez veces más caro encontrar un nuevo cliente que venderle a uno existente. Cuando los clientes ya están familiarizados con una empresa y sus productos, los costos de publicidad son significativamente más bajos. Además, ese mismo cliente gasta hasta más de lo que gastará un cliente nuevo.

Esto presenta tanto desafíos como oportunidades para las empresas. Los clientes existentes cuestan menos, pero también esperan más. Cuanto más leales se vuelven a una empresa, más esperan que esa empresa satisfaga sus necesidades y refleje sus deseos. Las empresas deben hacer esfuerzos cuidadosos y concertados para promocionarse ante los clientes que ya tienen, o arriesgarse a perder esos clientes ante los competidores emergentes.

El marketing de selección se basa en gran medida en la segmentación del mercado; una técnica que divide el mercado en bloques más pequeños y específicos de clientes con necesidades únicas. Los segmentos de mercado pueden ser amplios o específicos. La segmentación depende de la recopilación de datos sobre el comportamiento de los clientes. Por ejemplo, las tiendas de comestibles ofrecen tarjetas de descuento que ofrecen ahorros, pero también rastrean todo lo que compran y controlan sus datos demográficos. Los minoristas en línea solicitan detalles sobre la ubicación, la edad, el sexo y las preferencias personales de un cliente cuando se registra para obtener una cuenta. Todos estos datos se almacenan en bases de datos y los departamentos de marketing los analizan para tener una mejor idea de quiénes son sus clientes y qué quieren.

Utilizando estos datos, las empresas crean programas de fidelización para los clientes existentes, que van desde mercancías gratuitas hasta tratamientos especiales y acceso a productos exclusivos. El objetivo de cualquier oferta es hacer que los clientes sientan que su negocio es valioso y que se reconocen sus necesidades. Si una empresa puede proporcionar una experiencia de cliente ejemplar de manera consistente, es más probable que ese cliente regrese. Las empresas de todos los tamaños buscan construir una base de clientes leales. Algunas tácticas económicas, fáciles y efectivas hacen que el marketing de selección sea una estrategia de marketing altamente flexible.

Sin embargo, por lo general, las empresas grandes con líneas de productos en expansión están más interesadas en utilizar una estrategia de marketing de selección integral. La competencia entre las empresas de los sectores minorista, hotelero y de viajes puede ser feroz y estas empresas prosperan gracias a la repetición de negocios. Invierten recursos significativos en recopilar datos de clientes, analizar estos datos y luego usarlos para ofrecer tratos y ofertas a sus clientes existentes.

El marketing de selección está determinado por la precisión y el enfoque. La única forma de llevar a cabo una estrategia de marketing de selección que produzca resultados es siguiendo un plan cuidadoso e integral. Por ejemplo, considere una de cadena hotelera líder en la industria que atiende a familias y viajeros de negocios que usan este servicio con frecuencia. Con el fin de alentar la repetición de negocios, la cadena puede desarrollar programas de recompensas que brinden incentivos para la lealtad del cliente. A través de presentar con éxito a los viajeros su programa de fidelización, la cadena está buscando la mejor manera de aumentar la membresía.

Una vez la empresa adquiere una cantidad significativa de datos sobre sus clientes, recopilada a través de iniciativas en línea y analizar estos datos, la cadena puede iniciar una campaña de marketing por correo directo para conectarse con sus clientes habituales. Puede ser utilizando comunicaciones impresas informando de los beneficios para el cliente con un formato similar a facturas de tarjetas de crédito o estados de cuenta de viajero frecuente. El objetivo es facilitar que los clientes comprendan qué beneficios han acumulado y qué se necesitaría para ganar más. Estos estados deben presentar información de manera clara y completa que permita a los clientes maximizar los beneficios que reciben. Esta estrategia también puede ser utilizada para animar a los clientes a adquirir nuevos productos o servicios como tarjetas de crédito, suscripciones a programas de descuentos o servicios afines como renta de autos, planes vacacionales, etc.

## 43. MARKETING DE SERVICIOS

El marketing de servicios es una categoría amplia de estrategias de marketing centradas en vender cualquier cosa que no sea un producto físico. Esto incluye desde servicios personales como atención médica y tratamientos de spa, alquiler de vehículos y espacios, hasta experiencias como conciertos y clases de baile. Cualquier método que pueda comunicar el atractivo y los beneficios de un servicio a los clientes es un enfoque válido, incluido el contenido informativo, las ofertas promocionales, los anuncios y muchos otros tipos de materiales de marketing.

Todas las organizaciones que brindan servicios de algún tipo utilizan estrategias de marketing de servicios. Estos se dividen en dos categorías amplias: organizaciones que brindan servicios a individuos de empresa a cliente y organizaciones que brindan servicios a otras organizaciones de empresa a empresa. El marketing de servicios es más comúnmente utilizado por empresas que venden a particulares. Investigan el comportamiento del consumidor para crear anuncios que atraigan a ciertos grupos demográficos, lo que permite a las empresas reducir el enfoque de marketing a un esfuerzo concentrado.

En los Estados Unidos, el turismo es una industria de billones de dólares. Sin embargo, vender un producto intangible es una tarea desafiante para la mayoría de las ciudades del país. Las campañas de turismo más exitosas no venden productos, sino experiencias. Un ejemplo de éxito es el caso de la campaña "Lo que pasa en Las Vegas, se queda en Las Vegas", que vendió la experiencia de visitar la ciudad con el fin de generar clientes para hoteles, restaurantes y otros negocios locales. La campaña consistió en una amplia variedad de promociones, como comerciales de televisión, anuncios en revistas, anuncios en Internet, vallas publicitarias y otros materiales de marketing que comunicaron el mensaje de manera consistente.

Las organizaciones que brindan servicios a otras organizaciones aplicarán estas técnicas en sus esfuerzos de marketing industrial, un campo dedicado a los esfuerzos de marketing de empresa a empresa. Por lo general, esto requiere un enfoque que implica más contacto de persona a persona, ya que un representante de ventas del proveedor de servicios negocia con un representante del negocio del cliente. Una empresa que brinda soporte técnico para las computadoras de otra empresa, por ejemplo, usará el marketing de servicios para convencer a los clientes de que su servicio es de alguna manera necesario o una buena inversión. Es probable que esto incluya reuniones, presentaciones y negociaciones de contratos, además de crear materiales publicitarios que atraigan a las empresas que usan computadoras.

A diferencia de los servicios, una empresa que produce bienes tiene más facilidad para fijar el precio de sus productos que un proveedor de servicios. La producción de bienes cuesta una cantidad determinada de dinero para fabricar, empaquetar y enviar. En cambio, los servicios, al ser intangibles, pueden variar mucho en el valor real y percibido de lo que ofrecen. La presentación, las creencias del consumidor y la sofisticación de la experiencia con el servicio prestado pueden afectar significativamente el precio.

Independientemente de los tipos específicos de técnicas de publicidad y ventas que utilice una empresa para sus estrategias de marketing de servicios, el plan general seguirá tres pasos: investigación, materiales y evaluación.

Antes de embarcarse en campañas, las empresas deben investigar a sus clientes para desarrollar proyecciones de sus intereses y necesidades. Una vez que una empresa compila y revisa los datos de investigación de mercado, debe crear materiales de marketing basados en el mensaje que cree que atraerá a su grupo demográfico objetivo.

El paso final en un plan de marketing de servicios es evaluar el éxito del plan. El proveedor de servicios debe establecer objetivos específicos para las ventas, las tasas de conversión, el costo de publicidad por cliente y otras métricas concretas. Después de un cierto período de tiempo, la campaña debe determinar su continuidad y la empresa debe medir cualquier cambio en las métricas que esperaba alcanzar con la campaña.

## 44. MARKETING DIRECTO

El marketing directo ocurre cuando las empresas se dirigen a los clientes a través de una multitud de canales, incluidos el correo postal, el correo electrónico, el teléfono y en persona. Los mensajes de marketing directo implican un llamado a la acción específico, como comunicarse por teléfono o ingresar a un sitio web mediante un enlace para suscribirse. Los resultados de tales campañas se pueden medir de inmediato, ya que una empresa puede rastrear cuántos clientes han respondido a través del llamado a la acción de un mensaje.

Por el contrario, la publicidad general, por ejemplo, una cartelera que promociona un concepto de marca o el conocimiento de un producto, aunque la ve el cliente, no requiere una respuesta específica y, por lo tanto, no se puede medir fácilmente. Un encargado de marketing no sabe exactamente qué tan efectiva es una valla publicitaria de este tipo, o cuántas personas están pensando y comprando el producto debido a la valla publicitaria. Sin embargo, debido a la llamada a la acción específica, sabe exactamente cuántas personas respondieron a un correo directo.

Minoristas, compañías de tarjetas de crédito, compañías de medios, compañías de tecnología, organizaciones sin fines de lucro: casi todas las empresas destinan gran parte de su presupuesto de mercadeo a publicidad directa. El marketing directo comenzó con catálogos de pedido por correo. Las campañas de correo directo se expandieron después por la creación de las tarifas de correo masivo y más recientemente el desarrollo del correo electrónico aumento aun sustancialmente el alcance del marketing directo.

Los clientes que responden mejor a la publicidad por correo directo, o correos electrónicos, son aquellos que se han suscrito a las listas de correo, por ejemplo, compradores en línea que compran un producto y marcan una casilla marcada para el envío de información sobre futuras promociones. Dichos clientes, que ya han expresado interés en los productos de la empresa, prestan atención a los nuevos productos y servicios.

Sin embargo, mucho más que simplemente la opción de los clientes de recibir correos directos, los envíos generales no dirigidos llegan diariamente a muchos buzones y cuentas de correo electrónico. Sin embargo, a pesar de la frustración con el "correo basura" y el "spam", se aplica sobre un porcentaje suficientemente alto lectura de tales correos. De hecho, los porcentajes pueden aumentar cuando la publicidad está dirigida específicamente a una comunidad o grupo en particular.

El marketing directo efectivo comienza con los datos. Los mercaderistas examinan categorías de clientes o prospectos que creen que estarán interesados en sus producto o servicios, y desarrollan u obtienen listas para establecer contactos. Las listas se pueden obtener a través de fuentes públicas o comerciales y pueden representar a las personas en un grupo en particular, las personas que participaron en un concurso, las personas que optaron por recibir un boletín informativo, una lista de clientes de otro negocio, etc. Sin embargo, las listas no deben utilizarse indiscriminadamente; en su lugar, los datos deben analizarse para crear mensajes y ofertas que sean relevantes para estos clientes o prospectos específicos.

Una campaña de marketing directo puede utilizar múltiples canales de comunicación, incluidos el correo postal, el correo electrónico, los teléfonos y el contacto presencial. Se seleccionarán diferentes canales en función del grupo objetivo. Por ejemplo, un negocio nuevo puede distribuir volantes o folletos de puerta en puerta, lo que ahorra dinero en costos de envío, y dirigirse al vecindario inmediato del negocio brindando la oportunidad para la participación persona a persona. Adicionalmente, se pueden combinar diferentes canales de comunicación. Por ejemplo, un anuncio de correo directo puede incluir un código QR para respuesta rápida, lo que permite a los destinatarios seguir e interactuar inmediatamente con el mensaje en línea.

Cada campaña de marketing directo debe incluir una llamada a la acción específica. A menudo, esto es para una compra inmediata, pero puede ser un paso preliminar que conduzca a una venta. Un esfuerzo de marketing directo podría adquirir clientes potenciales más sólidos para un equipo de ventas llamando a los clientes para programar citas para consultas. Otras llamadas a la acción pueden implicar una acción que no sea financiera, como cuando una organización sin fines de lucro utiliza el marketing directo para reclutar voluntarios.

Todas las comunicaciones de marketing directo deben incluir algún método para rastrear las respuestas. Los especialistas en marketing directo utilizan los datos de la tasa de respuestas para medir la eficacia de su comunicación y si es necesario modificarla para la próxima versión. Dichos datos no solo se utilizan para ajustar la campaña inmediata, sino que también se coordinan con datos de otras campañas para presentar una mejor imagen general de sus mercados objetivo. Luego, los datos se pueden usar para optimizar la comunicación de manera más efectiva para segmentos de mercado específicos.

Actuar sobre la base de los comentarios de una campaña es esencial para un marketing directo eficaz. El marketing directo deficiente solo desperdicia recursos con una baja tasa de retorno y molesta a los clientes potenciales. De hecho, una sobreabundancia de marketing generalizado ha resultado en leyes que dificultan todo el marketing directo. Por ejemplo, las leyes requieren que las comunicaciones de marketing directo incluyan una opción de exclusión y prohíban por completo ciertos métodos o tiempos de contacto.

Además de tales acciones legales, la industria privada también ha respondido a la molestia de los clientes con el correo no deseado proporcionando filtros de correo electrónico que bloquean dicha comercialización. Por lo tanto, los vendedores directos inteligentes deben tener cuidado de evitar frustrar a los clientes potenciales y trabajar para dirigirse a ellos con mensajes y promociones relevantes y útiles que no se reciban como "spam", sino como útil información comercial.

## 45. MARKETING DIRIGIDO

El marketing dirigido apela a la demografía o las preferencias individuales, lo que hace que aquellos que ven las tácticas de marketing dirigido respondan y compren el producto o servicio anunciado. A su vez, las empresas descubren que esta publicidad altamente efectiva da como resultado un aumento general de las ventas y el conocimiento de la marca. El marketing dirigido identifica una audiencia que probablemente comprará servicios o productos y promociona esos servicios o productos a esa audiencia. Una vez que estos grupos clave son reconocidos, las empresas desarrollan campañas de marketing y productos específicos para esos segmentos de mercado preferidos. Los mensajes promocionales y los anuncios se envían a esos grupos primarios en lugar de marketing masivo que no tiene en cuenta las características específicas de la audiencia.

Las empresas que ofrecen productos o servicios especializados suelen ser las que más se benefician del uso de estrategias de marketing dirigido. Centrar los esfuerzos de marketing en grupos específicos que tienen más probabilidades de responder aumenta las posibilidades de que los esfuerzos de marketing sean relevantes para esos grupos. Cuando el marketing es relevante, es más probable que las personas gasten dinero en ese servicio o producto. Además, el marketing dirigido por lo general proporciona información específica e incentivos a las personas, dándoles una razón para elegir esa empresa sobre los competidores en la misma industria.

Las empresas utilizan el marketing dirigido para obtener más información sobre su audiencia principal para un producto o servicio específico, lo que permite centrar sus esfuerzos en la publicidad dirigida a los que tienen más probabilidades de responder. El marketing dirigido suele ser mucho más eficaz que el marketing masivo, que tiende a no tener en cuenta las cualidades del consumidor que ve un anuncio.

Un plan de marketing dirigido comienza con la identificación de los principales segmentos de audiencia. Una vez que se recopilan los datos, las empresas eliminan a las personas que tienen menos probabilidades de responder a sus esfuerzos de marketing y se enfocan en aquellos que podrían estar más interesados. Después de identificar una audiencia clave, pueden implementar esfuerzos de marketing específicamente en esa audiencia.

Las posibles campañas de marketing incluyen correos electrónicos promocionales, cupones enviados por correo, mensajes de texto y anuncios publicitarios en línea. Una vez que la campaña de ventas y marketing se lanza a los segmentos de mercado objetivo, la empresa evalúa los resultados de la campaña. Las ventas del producto específico se controlan para determinar el éxito de la campaña. Además, con base en los resultados de la campaña de ventas y marketing, la empresa puede alterar o cambiar el formato o expandir su mercado objetivo definido para mejorar las ventas futuras. Algunas estrategias de Marketing Dirigido son:

**Estrategias Geográficas:** encuentran audiencias en un lugar determinado, como un estado o vecindario determinado.

**Estrategias Demográficas:** encuentran audiencias con ciertas características como raza, edad o género.

**Estrategias Psicológicas:** buscan atributos de personalidad deseados como la religión o compras previas de un determinado producto.

**Atractivo y capacidad relativa:** una vez que se han determinado estos elementos, el enfoque de la campaña de marketing se reduce al determinar si es probable que la audiencia identificada esté interesada en el producto específico. Esto se evalúa en asociación con la capacidad de la empresa para satisfacer las necesidades y deseos de esa audiencia.

Un ejemplo vigente de Marketing Dirigido son las aerolíneas. Algunas se anuncian a sí mismas como de bajo costo y bajo lujo con vuelos frecuentes a muchos destinos. La aerolínea centra sus esfuerzos de marketing en familias de clase media, propietarios de pequeñas empresas, personas que viajan distancias cortas y adultos jóvenes.

Por el contrario, otras aerolíneas más grandes enfocan su mercadeo en personas que tienen educación universitaria de grado o posgrado, están empleados a tiempo completo, preferencialmente en una posición gerencial o ejecutiva con un ingreso familiar alto. Es más probable que los viajeros de negocios paguen el tiquete de avión en su totalidad que los que viajan por placer. Además, aquellos con ingresos más altos a menudo seleccionan opciones de primera clase en lugar de clase económica. Debido a este marketing dirigido, estas empresas venden más tiquetes con tarifas de costo completo y aumentan sus ingresos generales. De esta manera, mediante estrategias de marketing dirigido, las aerolíneas identifican a aquellos que tienen más probabilidades de responder a sus ofertas particulares, como tarifas bajas para personas de clase media o sillas más lujosas para ejecutivos de negocios adinerados

Otro ejemplo de Marketing Dirigido es la empresa Starbucks que actualmente posee la mayor participación de mercado de la industria del café en los Estados Unidos. La compañía enfoca su publicidad a mujeres y hombres entre 25 y 40 años que viven en áreas urbanas, tienen ingresos y trayectoria profesional moderadamente altos, y demuestran interés por el comercio justo y el bienestar social. Starbucks apuesta a que es más probable que estos grupos clave gasten dinero en bebidas y productos de café especiales. Además, Starbucks se dirige a jóvenes de entre 18 y 24 años al brindarles un lugar cómodo y atractivo donde pueden sentarse y conversar, estudiar o trabajar. Starbucks también se mantiene activo en los sitios web de redes sociales, lo que atrae aún más al grupo demográfico de 18 a 40 años. Esto alienta a los adultos más jóvenes a seguir a Starbucks en las redes sociales, aumentando el conocimiento de la marca y alentando a las personas a gastar su tiempo y dinero en los locales de Starbucks.

## 46. MARKETING ECOLOGICO

El marketing ecológico, a veces llamado marketing ambiental o marketing verde, es el marketing de productos y empresas que promueven la protección del medio ambiente de alguna manera sustancial. Algunas definiciones buscan una producción ambientalmente segura o “sostenible”, mientras que otras buscan reducir los llamados “productos residuales nocivos” en los procesos industriales de una empresa. En cualquier caso, el marketing verde implica más que simplemente presentar un producto ecológico. También habla y promueve activamente los procesos y prácticas comerciales de una empresa como de bajo impacto ambiental.

Algunas prácticas empresariales, como la reducción de los residuos de producción o los costes energéticos, son buenas tanto para el medio ambiente como para la rentabilidad empresarial. La adopción de tales prácticas puede o no ser percibida como “verde”, dependiendo de las percepciones del consumidor sobre otros aspectos del negocio. Sin embargo, estas acciones se pueden posicionar como la empresa haciendo inversiones ecológicas promoviendo reacciones positivas hacia su marca.

Dado que la producción industrial implica el consumo de energía y la generación de cierta cantidad de residuos, cualquier empresa podría participar potencialmente en mejoras y marketing ecológicos. En la práctica, sin embargo, diferentes empresas participan en este tipo de marketing en función de la estimación de su valor económico, y algunas empresas dedican sus declaraciones de misión a las prácticas ecológicas.

Uno de los desafíos que enfrentan las organizaciones que se presentan como lideres ecológicas es un mayor escrutinio. Al equilibrar las compensaciones entre los objetivos ambientales y la rentabilidad del negocio, que en última instancia es necesario si el negocio va a seguir existiendo, incluso un líder ambiental puede ser percibido como no lo suficientemente comprometido en algunas de sus decisiones. Por lo tanto, algunas empresas son celebradas por sus prácticas comerciales y criticadas por una inversión ecológica considerada mínima cuando podrían estar haciendo más según la estimación de sus críticos.

La mayoría de las encuestas indican que los consumidores prefieren los productos ecológicos y están dispuestos a pagar más por ellos. Sin embargo, el hecho es que los productos ecológicos de mayor precio siempre han luchado por su cuota de mercado. En muchas industrias obtienen sólo un mínimo porcentaje del total del mercado de consumo; mientras que en los mercados de empresa a empresa, el marketing ecológico a menudo genera mejores resultados. Esto no significa que a la mayoría de los compradores no les importe el marketing ambiental, sino que también les importan otras propuestas de valor competitivas, como la calidad, la conveniencia y el costo.

Los consumidores muy sensibles a los precios son los que menos responden al marketing ambiental. Para aquellos con menos ingresos disponibles, ser ahorrativos con su dinero se convierte en una preocupación más inmediata. Por lo tanto, el marketing ecológico enfrenta un desafío particular en tiempos de desaceleración económica, ya que el precio se convierte en un factor más importante en las decisiones de compra de los consumidores.

El marketing ecológico requiere un enfoque holístico. Una empresa no puede tener éxito simplemente destacando un aspecto de un producto en particular, sino que debe demostrar un compromiso en múltiples niveles, como en los procesos de producción o el compromiso ambiental. Los clientes son particularmente escépticos de muchas afirmaciones ecológicas; saben que las empresas buscan ganancias y no están por encima del resultado económico de sus negocios cotidianos para que parezcan amigables con el medio ambiente cuando no les preocupan realmente.

Por lo tanto, uno de los primeros desafíos del marketing efectivo es establecer credibilidad a través de un plan integral. En primer lugar, el marketing tiene que abarcar todo el negocio. No sirve de nada anunciar las propiedades ecológicas de un producto si la producción y distribución de la empresa ignoran por completo las preocupaciones ambientales. Segundo, tiene que ser honesto; deben evitarse las afirmaciones sin fundamento. En tercer lugar, debe ser transparente. Los consumidores necesitan información sobre una empresa para evaluar sus afirmaciones y su reputación; por lo tanto, la empresa debe promover el conocimiento de sus productos, incluido el origen y la fabricación. Cuarto, un producto puede ser certificado como verde por un tercero. Algunas empresas se autocertifican; sin embargo, para que eso sea creíble, un tercero debe poder revisar y aprobar sus procesos de certificación.

Hay muchas opciones para la certificación, con algunas dedicadas a cualidades únicas, hechas de componentes reciclados o que sean energéticamente eficientes, y otras que evalúan múltiples atributos. Las certificaciones más intensas implican evaluaciones del ciclo de vida, que examinan los métodos y la energía que se utilizan para producir un producto, el producto en sí y las consecuencias futuras del producto, como su duración de uso y si se puede reciclar. Si los materiales para un producto en particular se deben comprar de otra empresa, algunas evaluaciones del ciclo de vida también extenderán su evaluación a los procesos de esa empresa.

Al buscar cualquier tipo de certificación ecológica, las empresas deben evitar las certificaciones de entidades no reconocidas o tratar de hacer pasar la certificación interna como un respaldo de terceros. Tales tácticas pueden tener una recompensa inicial, pero están destinadas a provocar una reacción negativa. Además, los mensajes ecológicos sobre los productos deben ser claros. Una descripción técnica con especificaciones científicas y términos de uso poco común puede provocar más escepticismo que confianza. El término "ecológico" puede abarcar muchas cosas: conservación de agua/tierra, reciclaje, productos químicos no tóxicos, reducción de la huella de carbono, agricultura sostenible, por lo que es importante identificar exactamente cómo un producto o marca en particular es ecológico.

Los especialistas en marketing también deben recordar que las virtudes ecológicas compiten con otros factores como la calidad y el precio y, por lo general, no se pueden vender por sí solas. La comercialización eficaz de productos individuales se centrará primero en los beneficios directos, como la salud, añadiendo los beneficios ambientales como factor positivo adicional. Por lo tanto, los especialistas en marketing deben asegurarse de que estos beneficios ambientales no comprometan el valor del producto.

Finalmente, los mercaderistas deben asegurarse de que los productos ecológicos se entreguen en los mercados correctos. Por ejemplo, es probable que los productos ecológicos de mayor precio no se vendan bien en las tiendas de consumo en donde el cliente promedio tiene ingresos limitados para comprar comestibles. Sin embargo, pueden venderse extraordinariamente bien en un vecindario exclusivo en donde los residentes tienen más dinero disponible, además de una cultura local que promueve la conciencia ambiental.

## 47. MARKETING EN EVENTOS

El marketing de eventos es una estrategia promocional que implica el contacto cara a cara entre las empresas y sus clientes en eventos especiales como conciertos, ferias y eventos deportivos. Las marcas utilizan el entretenimiento de marketing de eventos, como espectáculos, concursos o fiestas, para llegar a los consumidores a través de muestras directas mano a mano o pantallas interactivas. La práctica funciona porque involucra a los consumidores mientras están en una posición voluntaria y participativa.

Las estrategias de marketing de eventos dejan una impresión duradera y centrada en la marca al captar la atención de un grupo de personas reunidas. Si se ejecuta con éxito, el marketing de eventos proporcionará a cada uno de ellos una experiencia que resonará en sus mentes. Cada una de estas experiencias únicas ofrece un vistazo de lo que puede ser el marketing de eventos del futuro. El marketing de eventos está entrando en una era en la que lo físico y lo virtual se cruzan, ofreciendo nuevas opciones para los profesionales del marketing que generan expectación sobre un servicio o producto.

Una campaña de marketing de eventos exitosa brinda valor a los asistentes más allá de la información sobre un producto o servicio. Un descuento, una muestra gratis, una alineación benéfica o un evento divertido harán que los clientes sientan que están recibiendo un beneficio y no solo asistiendo a un comercial de acción en vivo. A diferencia de la publicidad tradicional, que sorprende a millones de consumidores con el mismo mensaje general de televisión, radio o vallas publicitarias, el marketing de eventos se dirige a individuos o grupos específicos en lugares de reunión, con la esperanza de causar impresiones individuales de calidad.

La clave para llevar a cabo una campaña de marketing de eventos efectiva es identificar correctamente al público objetivo y crear una experiencia que permanezca en la memoria de los participantes. Al encontrar una oportunidad para interactuar con el grupo demográfico correcto, tanto clientes actuales como compradores potenciales, una marca puede generar impresiones favorables y relaciones duraderas. Los mejores y más creativos eventos crean interacciones que no solo se reflejan positivamente en la marca en ese momento, sino que también generan entusiasmo mucho después de que finaliza el evento.

Siempre que una empresa pueda rastrear e identificar a su público objetivo, puede encontrar una manera de atraerlos directamente. Por ejemplo, si una empresa vende artículos deportivos, puede comercializar en un evento deportivo. Si venden productos tecnológicos, pueden ofrecer demostraciones de las últimas y mejores tecnologías en un evento de convención. De hecho, cualquier empresa que proporcione un producto puede dar muestras, siempre que no sea ilegal. Incluso las empresas cuyos productos no se pueden entregar como muestras, como las empresas farmacéuticas, pueden brindar experiencias interactivas a los consumidores.

El marketing de eventos no debe reemplazar al marketing tradicional o comunitario, sino que debe ser una táctica complementaria para ambos. Si los comerciales nacionales de una marca presentan una imagen reconocida en otros medios, esa imagen debe aparecer en el evento en lugares visibles para los asistentes.

El marketing de eventos es único porque cada evento debe abordarse de manera diferente; en este sentido, un equipo de marketing no necesita necesariamente un "plan" general para sus diversos eventos. En cambio, es importante basar cada táctica de marketing de eventos individuales en el plan de marketing general de la marca y cómo se adapta a las condiciones del evento. Al abordar cada evento como una oportunidad separada para causar una buena impresión, una marca puede adaptar sus esfuerzos para impactar mejor a cada audiencia.

Las empresas pueden impresionar a las multitudes en eventos a través de una variedad de tácticas creativas, no solo con un atractivo visual puro. Por ejemplo, una táctica es crear un evento dentro de un evento. La idea es crear una razón convincente para que los clientes se detengan y exploren su marca, y no sean no solo otro stand por el que pasar.

El marketing de eventos también puede ser mucho más sutil: muchas empresas usan códigos QR en sus carteles y materiales de marca que funcionan para integrar la marca física y virtual. Estos códigos QR pueden llevar a los usuarios a sitios móviles que ofrecen descuentos y ofertas especiales en productos físicos. Además, algunas empresas ofrecen cupones exclusivos de beneficios de eventos a quienes les dan "like" en Facebook. Esta estrategia además es una excepcional forma de recopilar información para las bases de datos de clientes potenciales.

## 48. MARKETING EN LA NUBE

Es imposible subestimar cuánto ha cambiado Internet el mundo. Las formas en que aprendemos, jugamos, interactuamos y compramos han cambiado drásticamente por los entornos en línea. Una de las razones por las que Internet se ha expandido tan rápidamente es por el increíble desarrollo del comercio electrónico. Vastas nuevas oportunidades para comprar y vender aparecieron casi de la noche a la mañana. La gente ahora compra de todo, desde calcetines hasta camiones, en Internet. Con el fin de aprovechar este mercado en expansión, las empresas han trasladado cada vez más sus esfuerzos en línea.

El término marketing en la nube abarca todos los esfuerzos de marketing en línea de una empresa. Los portales en línea brindan a las empresas nuevas formas de presentar productos, interactuar con los clientes e impulsar mensajes de marca. Tradicionalmente, la publicidad se ha limitado a la prensa, la televisión y la radio y se ha vinculado a las tiendas físicas. Internet ha abierto nuevas y enormes vías comerciales que permiten a las empresas conectarse con sus clientes de manera más íntima, desde tiendas en línea hasta fuentes de Twitter.

Piense en un importante minorista en línea como Amazon.com que vende decenas de miles de productos diferentes, pero no tiene tiendas físicas. Los clientes reciben avisos sobre ventas a través de su correo electrónico en lugar de su apartado de correos. Los compradores pueden obtener más información sobre un producto de la que podría ofrecer todo un ejército de personal de ventas. Amazon ofrece todos estos servicios a una fracción del costo operativo que enfrentan la mayoría de los minoristas. Todo el modelo de negocio se basa en el marketing en la nube; utilizando las herramientas de Internet para conectarse con los clientes.

Otro componente del marketing en la nube son las aplicaciones en línea que ayudan a los departamentos de marketing a operar de manera más efectiva. Ahora es posible ejecutar más rápido, de manera más eficiente y a costos reducidos mientras se logran los mismos objetivos. Por ejemplo, la investigación de mercado obtenida de los perfiles de los clientes se puede utilizar para respaldar objetivos de marketing más amplios. La recopilación de estudios de mercado solía ser un proceso tedioso y laborioso. Ahora se puede hacer casi instantáneamente ya una fracción del costo.

La comunicación entre los vendedores también ha mejorado. Las herramientas en línea facilitan que los colegas accedan, compartan y distribuyan información entre ellos. Usando nuevas aplicaciones, las tareas de marketing se pueden subcontratar para lograr un gran ahorro de costos. Por ejemplo, en lugar de contratar a un diseñador gráfico interno, los especialistas en marketing pueden encontrar un profesional independiente de bajo costo en línea. Internet es tanto un lugar para hacer marketing como una herramienta para hacer marketing.

Es imperativo para cualquier empresa, independientemente de la industria, conectarse con sus clientes en línea. La mayoría de las empresas al menos tienen un sitio web y se está convirtiendo en estándar para ellos tener también páginas de redes sociales. El alojamiento en línea económico y las herramientas sencillas de diseño web hacen posible que incluso las empresas más pequeñas desarrollen una presencia en línea.

La función de muchos departamentos de marketing tradicionales ha cambiado para incluir un gran énfasis en el marketing en la nube. Las campañas publicitarias en medios más antiguos, como la prensa y la televisión, ahora se integran con las campañas en línea. Empresas conocidas como Google obtienen gran parte de sus ganancias de los esfuerzos de marketing en la nube. Google vende espacios publicitarios y herramientas analíticas a empresas que desean aprovechar el motor de búsqueda más popular del mundo. Ganan dinero apoyando los esfuerzos de marketing en la nube de otros.

El marketing en la nube se volverá más común a medida que comencemos a usar Internet en más y más áreas de nuestras vidas. Ya sea un gran minorista o un pequeño taller mecánico, todas las empresas deberán expandirse y mejorar su presencia en línea si quieren seguir siendo relevantes para sus clientes.

Uno de los aspectos más difíciles del marketing en la nube es coordinar los esfuerzos de marketing en múltiples plataformas. Solía ser suficiente idear un eslogan y hacer un comercial de televisión. Ahora los anunciantes deben presentar un mensaje de marketing cohesivo que se traduzca en Facebook, Twitter y YouTube. Tener un plan de marketing integral es la mejor manera de mantener la variedad de medios de marketing trabajando hacia un objetivo común.

El primer paso será establecer los objetivos del proyecto. Una empresa podría querer establecer una identidad de marca para un nuevo producto, llegar a un nuevo grupo demográfico o tranquilizar a los clientes después de un escándalo público. El objetivo deberá estar claramente definido para garantizar que el proyecto no se lleve a cabo al azar.

A continuación, un equipo creativo desarrollará textos publicitarios, creará gráficos y producirá material multimedia flexible. Una vez que se establezca la estética de la campaña, los desarrolladores web y otros expertos en tecnología encontrarán formas de mover el contenido en línea. La clave para el éxito de cualquier campaña de marketing en la nube es que se vea bien y funcione bien. Los enlaces rotos, los sitios web estériles y las aplicaciones confusas son formas fáciles de frustrar innecesariamente a los clientes.

Una vez que una campaña se ha puesto en línea, requerirá un mantenimiento continuo. Esto significa que las campañas de marketing en la nube nunca son estáticas. A diferencia de un anuncio de televisión que puede funcionar durante meses sin cambios, los esfuerzos de marketing en la nube requieren un mantenimiento diario. Los miembros dedicados del departamento de marketing deben ser responsables de moderar los foros de discusión, enviar tweets, actualizar las páginas de Facebook y mantener actualizado el sitio web de la empresa.

A lo largo de la campaña, será importante evaluar si un mensaje de marketing está funcionando y modificarlo cuando sea necesario. Cualquier plan de marketing debe establecer líneas de base para el éxito y diseñar un sistema para evaluar el éxito o el fracaso de un proyecto. Una de las grandes fortalezas del marketing en la nube es que es flexible y rápido. Si es necesario cambiar una campaña publicitaria, se puede hacer sin mucho costo o tiempo. Algunos de los beneficios del marketing en la nube son:

• Reducción del costo de los materiales de marketing: las empresas ya no tienen que pagar los costos de impresión ni comprar costoso tiempo de publicidad.

• Costos reducidos de distribución de materiales de marketing: los vendedores en línea no tienen que pagar para enviar catálogos o boletines por correo. Los formatos digitales ofrecen formas rápidas y económicas de comunicarse con los clientes.

• Menos materiales de marketing desperdiciados: la publicidad se produce solo cuando se necesita. Los sobres y letreros sin usar no se quedan acumulando polvo. Una vez que finaliza una campaña de marketing en particular, simplemente se borra de la red.

• Mayor personalización: la web ha abierto todo tipo de nuevos medios interactivos para que los anunciantes coloquen marketing.

Esta flexibilidad permite una publicidad más enfocada, relevante y efectiva.

• Mayor eficiencia: el marketing en la nube reduce en gran medida el tiempo entre la planificación y la implementación de una campaña publicitaria.

## 49. MARKETING EN MEDIOS CRUZADOS

El marketing de medios cruzados es lo que sugiere el nombre: implica el uso de una variedad de formas de medios para integrar su mensaje de marketing en la conciencia de las personas. El uso de una variedad de medios pone el mensaje de su empresa frente a más consumidores con mayor frecuencia. En lugar de comercializar un producto exclusivamente en un sitio web, los vendedores cruzados usan una combinación de aplicaciones móviles, retornos de motores de búsqueda pagados, anuncios de enlaces, comerciales de televisión, videos de YouTube, marketing de contenido, folletos impresos, anuncios de radio y televisión, redes sociales y comercio. Muchas formas de marketing de medios cruzados son tan sutiles que los consumidores a menudo no se dan cuenta de que están siendo comercializados.

Sería una tontería gastar todo un presupuesto de marketing en un sitio web y no comercializarlo a través de los canales de las redes sociales. De hecho, uno de los principios fundamentales del marketing cruzado en Internet es difundir su nombre, productos y enlaces en tantos lugares como sea posible. Es difícil determinar quién va a hacer clic en su sitio web a partir de un comentario en un blog; pero cuando sucede, es otra oportunidad para invitar a la actividad.

Del mismo modo, el uso de múltiples sitios de redes sociales es una buena práctica. Los tuiteros acérrimos pueden no resonar con LinkedIn, y los fanáticos de Facebook pueden evitar expresarse en pocos caracteres en Twitter. Sin embargo, las personas que tienen un producto o servicio para vender no deben ser exigentes con sus redes sociales; todos los clientes son bienvenidos. Casi todas las organizaciones o empresas utilizan al menos dos formas de medios para comercializar sus productos o servicios.

No es coincidencia que cuando Disney lanza una nueva película, los estantes de las tiendas se llenen simultáneamente con una nueva línea de muñecas y figuras de juguete que aparecen en esa película, ni que las escuelas y los pediatras de repente tengan una gran cantidad de películas de Disney gratis y stickers para repartir a los niños. El marketing de medios cruzados de una película de Disney se extiende a juguetes de comida rápida, mochilas, loncheras, ropa, zapatos, libros para colorear, premios gratis e incluso regalos para las nuevas madres que salen del hospital. Además, la promoción de medios cruzados en línea para una película de Disney puede incluir una aplicación de teléfono inteligente, un sitio web de juegos, una página de Facebook, un código en línea para ganar puntos o ganar un premio de un sitio web interactivo e incluso publicidad en patrocinios escolares.

Muchas empresas utilizan promociones y campañas de marketing en varios medios para hacer crecer su negocio colocándose frente a la conciencia de los clientes con la mayor frecuencia posible. Las tiendas de comestibles y otras tiendas minoristas usan Facebook para anunciar ventas y promociones, al mismo tiempo que envían circulares minoristas por correo o correo electrónico. Las tiendas minoristas también suelen usar Facebook para preguntar a los clientes qué quieren ver más en las tiendas, al mismo tiempo que ejecutan una gran campaña de correo directo y publican comerciales de televisión con diseñadores famosos. Muchas empresas regalan productos a través de concursos en blogs y también compran marketing de contenidos en forma de reseñas.

Esta estrategia también funciona en otros ámbitos. Muchos autores crean promociones de medios cruzados al ofrecer calendarios, CD o podcasts de discursos y obsequios a través de recorridos de libros y recorridos de blogs. Del mismo modo, las organizaciones políticas y los candidatos, las organizaciones benéficas y sin fines de lucro y las organizaciones religiosas también utilizan el marketing de medios cruzados para captar la atención de posibles donantes, votantes y feligreses.

Las personas se enfrentan diariamente al marketing de medios cruzados. Cuanto más a menudo ven un mensaje de la empresa, más comienzan a identificarse con la empresa o el producto. A menudo, ver o escuchar repetidamente sobre una empresa mitiga cualquier escepticismo original sobre un nuevo producto o empresa. Por ejemplo, las personas generalmente no creen en ninguna píldora de dieta o suplemento, hasta que se presenta como efectivo en un programa de televisión famoso y se ofrece a la venta en su sitio web.

La conciencia de los clientes sobre un producto crece cada vez que se enfrentan a una forma de publicidad sobre el producto. Cada vez deja una impresión y solidifica aún más el producto como legítimo y conocido. Cada impresión aumenta la probabilidad de que un cliente potencial se convierta en un cliente real.

Toda empresa necesita una estrategia de marketing integral, y esa estrategia casi con toda seguridad incluirá el marketing de medios cruzados. Un estudio realizado por la Escuela de Negocios de Harvard encontró que los negocios que usan marketing de medios cruzados son más rentables que aquellos que usan solo un canal para la promoción.

El primer paso para construir una estrategia de marketing cruzado es crear un mensaje cohesivo y consistente que pueda usarse en todos los medios de comunicación posibles. Es un error hacer afirmaciones diferentes, en diferentes tonos, a través de diferentes puntos de venta, ya que confunden a los consumidores y generan sospechas. La forma en que se presenta una empresa también es una consideración. Debe anunciar en espacios que sean apropiado para sus productos o servicios.

El uso de la amplia gama disponible de herramientas de investigación ayuda a descubrir cómo dirigirse a una audiencia de la manera más efectiva. Existen empresas especializadas que se dedican a saber quién compra qué, de dónde y cuál es la mejor manera de mantener la atención de sus clientes.

Además, los sitios de redes sociales y los motores de búsqueda, como Google, pueden ser fantásticas fuentes de información para descubrir de qué habla la gente y dónde se reúne. Incluso hay herramientas de investigación que lo ayudan a determinar a qué hora su público objetivo pasa el rato en Facebook o Twitter, lo que a su vez le permite configurar publicaciones en las redes sociales en los horarios de máxima audiencia. También puede obtener información de los análisis de su propio sitio web, como qué publicaciones reciben la mayor cantidad de tráfico, de qué ubicación geográfica provienen los lectores, a qué herramientas y enlaces hacen clic y su demografía general.

Al crear campañas de medios cruzados, es mejor designar una acción deseada. Por ejemplo, su objetivo puede ser crear una estrategia para su campaña de medios cruzados para que lleve a los clientes potenciales a su sitio web para pagar una suscripción impresa o en línea. Para lograr esto, puede crear aplicaciones móviles, boletines de correo electrónico, cuentas de Facebook y Twitter, videos de YouTube con comentaristas y podcasts con editorialistas o expertos financieros; o bien, puede contratar a blogueros populares e intentar obtener enlaces de otros sitios de medios. Todos estos puntos de venta pueden llevar a los clientes al sitio web; sin embargo, es importante determinar de antemano qué estrategias funcionarán realmente.

Dependiendo del tamaño de su empresa, cada uno de estos pasos puede involucrar a una persona con muchas funciones o un equipo de diseñadores gráficos, desarrolladores de aplicaciones móviles y tabletas, desarrolladores de sitios web, redactores, gerentes de marketing, analistas de investigación y especialistas en redes sociales. En una empresa grande, cada uno de estos tendrá sus propias funciones, mientras trabajan juntos como un equipo cohesionado para difundir la red de marketing.

## 50. MARKETING EN REDES SOCIALES

El marketing en redes sociales se refiere a la creación y el uso activo de una página o anuncio en una de las redes sociales disponibles: Instagram, Facebook, Twitter, Linkedin o en la plataforma audiovisual de YouTube, como canales de comunicación para mantener el contacto y atraer clientes. Facebook proporciona activamente esto, lo que permite a los usuarios crear perfiles individuales o páginas comerciales para empresas, organizaciones o cualquier grupo que intente desarrollar una base de seguidores para un producto, servicio o marca.

En los primeros años de las redes sociales, MySpace era el gran nombre. Luego vino Facebook, hoy por hoy con más de 35.5 millones de usuarios anuales y, más adelante redes como Instagram con 24.000 millones, Twitter con 4.400 millones; Linkedin con 875 millones; y la plataforma audiovisual de YouTube con 2.600 millones para el año 2022. Estos, además de Google.com, son los sitios web más visitados de Internet, lo que brinda a las empresas un acceso sin precedentes a los consumidores potenciales.

Con esos miles de millones de clientes potenciales, todas las empresas deberían usar, y están usando, las redes sociales como plataforma principal de publicidad. Hoy en día la presencia en la redes es tan esencial como tener una página web comercial y, de hecho, mucho más fácil de crear. Ya sea que represente a una gran marca o a una pequeña empresa que emplea solo a un puñado de personas, puede apostar a que una parte de sus clientes ya está en las redes sociales. Comúnmente, el marketing de redes sociales es utilizado por:

**Marcas.** Alimentos, productos electrónicos, artículos para el hogar, restaurantes: casi cualquier tipo de marca puede promocionarse a través de las redes sociales, convirtiendo a los clientes pasivos en fanáticos activos que siguen las noticias de promociones y desarrollos, y que las comparten con sus propios amigos.

**Negocios locales.** Ya sea que una empresa sea de propiedad familiar o una franquicia de una empresa más grande, una anuncio en las redes se puede usar para convertir una base de clientes local en una base de fanáticos que visitan su tienda con más frecuencia.

**Alusiones personales.** Músicos, celebridades, autores, columnistas sindicados: cualquiera que gane dinero siendo conocido quiere ser conocido por tantas personas como sea posible en las redes sociales.

**Organizaciones sin ánimo de lucro.** Las organizaciones benéficas, los grupos políticos y las campañas de servicio público pueden aprovechar las capacidades naturales para compartir de las redes.

Si bien originalmente Facebook se comercializó para estudiantes universitarios, esta y las demás redes se han expandido mucho más allá de ese grupo demográfico. Más de la mitad de todos los usuarios se encuentran en el rango de edad de 15 a 35 años, y un poco más de la mitad de los usuarios de los Estados Unidos son mujeres. En los Estados Unidos, la mayoría de todos los perfiles de usuario accede las redes a través de dispositivos móviles, así como a través de computadoras. Debido a su considerable cantidad de usuarios, existe una amplia variedad de segmentos de mercado a los que se puede llegar y una base de seguidores activa para casi cualquier nicho.

Un anuncio en una red social puede ser repetido en más de una plataforma de Internet; por lo tanto, a menudo es una buena idea usar parte o toda la misma información en varios lugares, para mantener la familiaridad. Se puede buscar una página de negocios tan pronto como esté activa, pero a diferencia de un perfil personal, no puede invitar a amigos a través de él. Las páginas de negocios no obtienen "amigos", sino "fanáticos", y esa distinción marca la diferencia.

Para crear una semilla inicial para la base de fans, cada miembro del equipo de marketing debe comenzar marcando una aceptación o “like” a la página comercial en sus propios perfiles personales; todos los empleados, de hecho, deben ser alentados a unirse. Cuando a un individuo le gusta una página, la plataforma de la red inmediatamente publica este evento en su perfil, y esta actividad puede ser vista por todos sus amigos. De esta forma la información comienza a correr.

Todos los usuarios de las redes a los que les gusta una página en especial podrán ver cualquier contenido que publique una empresa y recibirán notificaciones de las publicaciones a través de su fuente de noticias. Si están comprometidos con ese contenido, pueden comentarlo o indicar lo que les gusta de ese elemento; y ese comentario positivo aparecerá en todas las fuentes de noticias de sus amigos. Además, pueden compartir ese contenido, que se replicará en sus propios perfiles y notificará a sus amigos para que lo vean. La tarea de la empresa, entonces, es incentivar al máximo este proceso.

El aspecto más importante del marketing de redes sociales es la consistencia de la comunicación. Crear un anuncio en la página de la red y luego dejarla inactiva no generará ningún negocio. Para atraer seguidores, una empresa debe publicar regularmente contenido nuevo en una variedad de formatos diferentes, para que más personas vean y compartan la página. El contenido puede anunciar próximas promociones, destacar productos o personas específicos, compartir datos divertidos, proporcionar códigos de incentivos para descuentos en productos y servicios, y cualquier otra cosa que capte el interés de los fans.

Dada la forma en que funcionan la fuentes de noticias de las redes sociales, la actualidad de una publicación es un factor importante en la organización de lo que ve un usuario. El usuario promedio tiene más de 130 amigos y puede ser fanático de varias marcas, personalidades y organizaciones. Cuando él o ella inicia sesión, no hay forma de ver instantáneamente la actividad de cada una de esas fuentes. La fuente de noticias les muestra publicaciones de los amigos/etc. que interactúan con la mayoría, y cuáles son más recientes. Por lo tanto, es probable que la publicación de una empresa solo sea visible en las noticias de sus fanáticos durante unas tres horas después de publicada. Además, dependiendo de la hora del día, es probable que lo vean visitantes completamente diferentes a los de su base de seguidores.

Además del contenido y el formato variados, las publicaciones deben invitar a los clientes a interactuar y responder. Las empresas deben presentar llamados a la acción consistentes, que pueden ser tan simples como "ver esto", "me gusta" o "compartir esto". Además, las empresas pueden invitar a participar a través de concursos y encuestas, que también son una forma de recopilar información para estudios de mercado. Tales inversiones de bajo compromiso fomentan la familiaridad y la afinidad en su base de clientes.

Esta relación positiva se puede promover aún más manteniendo una comunicación bidireccional. En otras palabras, cuando los fanáticos publican un comentario sobre el contenido, las empresas deben responder. Cuánto respondan dependerá de cuántos fanáticos comenten y cuánto tiempo puedan dedicar al marketing de redes sociales; pero cuanto más interactúa un seguidor en particular con una página, más probable es que él o ella compre.

## 51. MARKETING EN TIEMPO REAL

El marketing en tiempo real captura la información y los datos del usuario en línea, incluidas las tendencias personales y el historial de compras, para proporcionar anuncios instantáneos e individuales a ese usuario. La recopilación de datos en línea brinda a las empresas la capacidad de ofrecer publicidad en línea inmediata que responde a lo que hacen las personas, como lo que compra, busca y mira cuando está en línea.

Hoy en día los consumidores de todo el mundo esperan una gratificación instantánea. Los teléfonos inteligentes, las tablets y las computadoras portátiles nos mantienen entretenidos, actualizados e informados casi cada segundo del día. Como tal, las personas se están volviendo cada vez más competentes en el uso de la tecnología. Según algunos estudios, las personas revisan el correo electrónico o navegan ventanas virtuales en promedio más de 35 veces por hora mientras están en el trabajo. Debido a esta creciente necesidad de gratificación e información inmediatas, la forma en que las empresas ofrecen sus productos y servicios a los consumidores también ha cambiado.

En el pasado, el marketing consistía en campañas cuidadosamente construidas que seguían cronogramas y plazos y, por lo general, se lanzaban semanas después de concebidas y organizadas. Ahora los clientes esperan marketing en tiempo real, creado en el momento para generar valor instantáneo y a corto plazo, específico para sus personalidades y preferencias de compra. Por ejemplo, los visitantes de un sitio web pueden ver un anuncio emergente que corresponde al producto que están viendo en línea: una oferta en tiempo real basada en las preferencias de los usuarios y el historial web.

Aquellos que tengan alguna duda sobre el poder del marketing en tiempo real en las decisiones de compra, deben considerar que encuestas de comercio electrónico realizadas por empresas especializadas, indican que aproximadamente el 40 por ciento de las compras realizadas por los consumidores en línea son compras impulsivas. Además, según esas encuestas de marketing, alrededor del 75 por ciento de los participantes en la encuesta coincidieron en que un precio de venta especial genera compras impulsivas.

Es importante tener en cuenta que el marketing en tiempo real es tanto una tecnología como una herramienta de marketing. Las empresas recopilan datos de inteligencia del cliente, como búsquedas en línea, datos demográficos, historial de compras y en qué temas o productos hace clic el cliente mientras navega por la red. Una vez recopilada, esta información se usa para crear anuncios que aparecen casi instantáneamente para el cliente y están directamente relacionados con los intereses y preferencias del cliente.

Un ejemplo actual es Google AdWords, el programa publicitario de Google que ofrece anuncios de pago por clic en respuesta a búsquedas en línea. Cuando una persona se conecta a Internet y busca en Google varias palabras clave, aparecen anuncios, textos y pancartas específicos en la página de empresas relacionadas, lo que anima a esa persona a visitar su sitio web para obtener información o productos.

Estos datos de inteligencia del consumidor incluyen cualquier cosa, desde correos electrónicos hasta publicaciones de blogs, podcasts, visitas a sitios web, búsquedas en línea y mensajería instantánea. Toda esta información ayuda a las empresas a predecir las tendencias y elecciones de los clientes, lo que les permite crear mensajes de marketing instantáneos que atraen las preferencias específicas de los clientes. Además, los mensajes de marketing en tiempo real alientan a los consumidores a gastar más tiempo y dinero con esa empresa.

Esto puede ser tan simple como enviar un correo electrónico a los clientes que abandonan un sitio web antes de realizar una compra, ofreciéndoles una oferta especial para que regresen al sitio. Otra forma de marketing en tiempo real incluye anuncios publicitarios que muestran elementos que un cliente miró previamente durante una visita anterior o buscó en línea. Por ejemplo, si un consumidor busca un electrodoméstico en línea, la próxima vez que se conecte, es probable que vea anuncios publicitarios de diferentes fabricantes y minoristas de estos equipos.

Las empresas también pueden utilizar el marketing en tiempo real para predecir la probabilidad de que un consumidor compre artículos en línea. El seguimiento del consumidor mientras compra en línea informa a la empresa si es probable que esa persona gaste dinero y compre artículos o no. A los clientes identificados como menos propensos a comprar se les presentan más pasos en el sitio antes de llegar a un punto de compra, mientras que a los clientes con más probabilidades de comprar se les presentan oportunidades inmediatas para comprar. Los datos en tiempo real también utilizan la información del cliente para ofrecer ofertas específicas de la ubicación, de modo que un consumidor en una región vera los almacenes y las ofertas especiales locales del área en vez de los negocios de otros sitios.

Los minoristas en línea utilizan principalmente el marketing en tiempo real, monitoreando las búsquedas, elecciones, compras y comentarios proporcionados por los consumidores para generar ofertas, anuncios, mensajes de texto, correos electrónicos y promociones específicas para ese cliente individual. Recopilan información a medida que un visitante navega por el sitio web, como qué elementos mira el visitante, las palabras clave que usa y las compras realizadas. A medida que el visitante se desplaza por el sitio, aparecen anuncios publicitarios relacionados específicamente con esas palabras clave, vistas de productos y compras.

Otras industrias que utilizan el marketing en tiempo real incluyen a los medios de noticias en línea y sitios web de entretenimiento, que reaccionan y responden a las noticias a medida que ocurren. Esto incluye historias actualizadas en el sitio web y correos electrónicos y mensajes de texto de "Noticias de última hora" para los suscriptores. Las organizaciones que utilizan información y datos en tiempo real incluyen todo, desde noticias políticas o sociales de interés general hasta información de entretenimiento. A menudo denominado web en tiempo real, este sistema envía información a los usuarios de forma instantánea, sobre eventos inmediatamente después de su ocurrencia, en lugar de pedirles que descarguen actualizaciones o software para obtener las últimas noticias.

Para desarrollar un plan de marketing en tiempo real, los departamentos de marketing comienzan determinando los parámetros de los datos deseados. Por ejemplo, los datos pueden incluir información demográfica, el tiempo dedicado a varios sitios web, las palabras clave buscadas, los productos en los que una persona hizo clic para ver información adicional, los artículos colocados en el carrito de la persona y si se realizó o no la compra. Otra información puede incluir búsquedas en línea, palabras clave utilizadas en correos electrónicos o mensajes instantáneos y temas discutidos por el individuo en sitios web de redes sociales.

A medida que se recopila esta información, un departamento de marketing crea mensajes instantáneos que responden a estos factores, como anuncios de productos específicos, anuncios publicitarios con palabras clave y mensajes de texto. Esto también puede incluir correos electrónicos que ofrecen a los clientes una invitación exclusiva para comprar o ver el sitio web y recibir algo a cambio, como una oferta o promoción. Parte del plan de marketing en tiempo real puede incluir una aplicación de suscripción voluntaria en el sitio web de la empresa para que los clientes se unan a una membresía o club. Los miembros de este club pueden recibir mensajes de texto y correos electrónicos especiales con noticias de última hora, información importante y ofertas exclusivas.

Actualmente las redes sociales son un elemento muy importante en el despliegue de marketing en tiempo real. Un administrador de redes sociales puede crear una página de perfil comercial en las redes y luego enviar un correo electrónico o mensaje de texto a los clientes, alentándolos a aprobar o seguir los anuncios de la empresa. Una vez que se establece un seguimiento, el administrador de redes sociales publica actualizaciones periódicas, noticias y ofertas especiales en sus páginas. Algunas estrategias de Marketing de Tiempo Real son:

**Anuncios en Redes Sociales:** publique comentarios, noticias, ofertas, cupones, descuentos especiales e información sobre ofertas exclusivas en las redes sociales como Instagram, Facebook, Pinterest y Twitter para aquellos seguidores que aprueban la publicidad o el perfil de la empresa. Aliente a las personas que reciben estos mensajes especiales a reenviarlos a otras personas que también pueden inscribirse o participar.

**Anuncios de motores de búsqueda:** anuncios que aparecen en los principales motores de búsqueda como Google, Yahoo! o Bing en respuesta a palabras clave o temas específicos. Use términos o palabras clave en el contenido personalizado sobre sus productos o servicios.

**Anuncios de banner:** los anuncios de banner aparecen en línea en respuesta a palabras clave específicas del motor de búsqueda, lo que se denomina ofertas en tiempo real. Por ejemplo, si alguien busca el nombre de una empresa específica, es probable que aparezca un anuncio con ese nombre, instando al usuario a ingresar al sitio web de esa compañía.

**Campañas de correo electrónico:** correos electrónicos enviados a clientes o miembros de forma regular sobre noticias, información o promociones.

**Mensajes de texto:** envíe mensajes de texto en tiempo real a los clientes que se suscriban a estos mensajes de texto especiales en el sitio web de una empresa. Esto puede incluir publicidad basada en la ubicación o "Noticias de última hora". Por ejemplo, si un cliente se muda dentro de un radio cercano a la ubicación de una empresa o tienda, el cliente puede recibir un mensaje de texto que lo aliente a detenerse y recibir un descuento especial por tiempo limitado.

## 52. MARKETING EN VIDEOJUEGOS

Cualquiera que haya jugado un videojuego en los últimos 10 años sabe cuán increíblemente inmersivos se han vuelto. El nivel de detalle posible en los juegos de hoy permite a los jugadores ingresar a otro universo donde se involucran con imágenes, sonidos, historias y juegos interactivos. A medida que ha mejorado la calidad de los videojuegos, ha crecido el número de personas que los juegan. Los juegos en línea permiten que incluso los jugadores ocasionales acedan a juegos de forma gratuita. Juegos populares para teléfonos inteligentes se han descargado decenas de millones de veces. Los juegos interactivos ya no se limitan a la sala de estar. Son una actividad que cualquiera puede disfrutar en cualquier lugar.

Todavía existe la percepción popular del jugador de videojuegos como un joven nerd, pero la realidad es que los videojuegos han entrado en la corriente principal a lo grande. Con tanta gente jugando videojuegos, tiene sentido que los especialistas en marketing intenten capitalizar esta audiencia cautiva, presentándoles anuncios en el juego y ofertas especiales de productos o servicios. Los videojuegos son una forma comprobada de llegar al grupo demográfico joven: un santo grial del marketing para los minoristas.

El marketing en videojuegos permite a los anunciantes pagar para que su marca o sus productos aparezcan en los juegos digitales. Enormes vallas publicitarias colocadas en ciudades virtuales pueden presentar los logotipos de las principales corporaciones, mientras que los juegos de carreras pueden presentar autos reales fabricados por las marcas conocidas. Los anunciantes han sido tanto creativos como agresivos en sus intentos de integrar anuncios de forma orgánica en los juegos.

Hay una serie de ventajas de la publicidad en videojuegos en comparación con el marketing tradicional en prensa, radio o televisión. Dado que los videojuegos son tan inmersivos, el efecto completo del anuncio se registra en el espectador porque está muy interesado en el juego. La interactividad de los juegos también permite formas de publicidad más inteligentes y sutiles. En lugar de bombardear a los jugadores con logotipos o eslóganes, los especialistas en marketing pueden incluir sus mensajes en el juego de una manera que se sienta vital para la experiencia. Los anuncios se convierten en una función en lugar de una distracción.

Las opciones de publicidad en el juego también son altamente personalizables. Dado que la gran mayoría de las consolas de videojuegos están conectadas a Internet, es posible recibir actualizaciones dinámicas de contenido de forma periódica. Esto significa que los especialistas en marketing pueden cambiar y segmentar sus anuncios a voluntad, eligiendo cuándo se muestran los anuncios y a quién se dirigen. Algunos anunciantes incluso han dado el paso de desarrollar sus propios juegos explícitamente con fines de marketing. Muchas películas populares desarrollan juegos en línea simples basados en escenas de la película. Estos anuncios interactivos permiten a las empresas impulsar fuertes mensajes de marketing al mismo tiempo que entretienen a sus clientes más interesados.

El marketing en juegos digitales es una estrategia utilizada casi exclusivamente por las grandes corporaciones. El alcance global de los videojuegos significa que las marcas internacionales tienen más que ganar al mostrar su imagen en los juegos. Actualmente, el costo de la comercialización de los juegos a veces supera los beneficios para las pequeñas y medianas empresas. Los contratos suelen encerrar a los anunciantes en acuerdos de marketing amplios y costosos con los desarrolladores de juegos. A medida que crece la industria y mejora el nivel de personalización de los anuncios, puede haber oportunidades para que las empresas de todos los tamaños utilicen esta tipo de publicidad.

Un plan de marketing en juegos digitales se basa en el nivel de compromiso que una empresa desea dedicar a los jugadores. Colocar anuncios en los principales juegos nuevos puede ser bastante simple, mientras que diseñar juegos originales y alojarlos en línea puede ser mucho más complicado. Una empresa debe evaluar sus objetivos y sus recursos antes de decidir qué tipo de plan emprender.

El aspecto más importante de cualquier plan de marketing en el juego es hacer coincidir el producto correcto con el juego correcto. Personas de todos los grupos demográficos juegan videojuegos, pero los títulos que eligen jugar varían ampliamente. Los hombres jóvenes tienden a preferir los juegos de acción y deportes, y las familias tienden a inclinarse hacia los juegos simples de rompecabezas o de aventuras. No tendría sentido integrar un anuncio de artículos deportivos en una versión online de juego de cartas. Los especialistas en marketing dentro del juego deben investigar a los clientes que tienen más probabilidades de comprar sus productos y luego averiguar qué juegos es más probable que jueguen.

Si una empresa diseña su propio juego, trabajará con los desarrolladores de juegos para traducir sus productos y mensajes de marca en experiencias interactivas. El objetivo es crear un equilibrio entre el mensaje de marketing y el juego. Si un juego se parece demasiado a un anuncio directo, alejará a los jugadores.

Adicionalmente, los anuncios que se colocan en los juegos en línea generalmente se vinculan a páginas donde el consumidor puede comprar productos u obtener más información. Las páginas de destino a las que se vinculan los usuarios deben reflejar los juegos desde los que se han vinculado.

Crear el anuncio en el juego es solo el primer paso. Los minoristas en línea tienen que diseñar páginas web dedicadas que puedan manejar el nuevo tráfico que generan. Las páginas de destino también permiten a los especialistas en marketing realizar un seguimiento de toda la actividad generada por la URL del enlace. Luego analizarán los datos y determinarán si el anuncio fue un éxito o no. De esta manera, los especialistas en marketing pueden mejorar la efectividad de sus anuncios al orientarlos hacia los datos demográficos obtenidos.

## 53. MARKETING FUERA DE LÍNEA

Dado el tremendo aumento de popularidad de Internet, los especialistas en marketing de hoy en día se refieren a otros canales de medios que no están conectados a la World Wide Web como "fuera de línea". Las estrategias de marketing fuera de línea utilizan canales de medios distintos para crear conciencia sobre los productos y servicios de una empresa. Estas campañas pueden incluir publicidad impresa y por radio, incluidos vallas publicitarias, letreros y folletos, telemercadeo y anuncios de televisión.

Si bien el impacto de Internet en el marketing es innegable, no necesariamente es la plataforma para llegar a todos los consumidores. Según algunas estadísticas, del alto porcentaje de la población de los EE. UU. Que está en línea y solo una porción accede a la información de las redes sociales al menos una vez al mes. Eso todavía deja a varios millones de estadounidenses a los que no se puede llegar a través de los esfuerzos de marketing en línea. Esto crea un mundo de oportunidades para que los anunciantes lleguen a través de canales de medios fuera de línea.

Aunque la llegada de Internet parecía ser el fin de los medios impresos y otros medios tildados de anticuados, las campañas de marketing que utilizan canales fuera de línea siguen siendo un aspecto fundamental de las estrategias de marketing de muchas empresas. De hecho, los medios tradicionales fuera de línea, como la televisión, la radio y la prensa, aún desempeñan un papel principal en la promoción y búsqueda de productos y servicios.

Dado que es casi un requisito obligatorio para cualquier empresa tener su propio sitio web, las estrategias de marketing fuera de línea ahora están frecuentemente vinculadas a los esfuerzos de promoción de la información en línea de la empresa. Muchas empresas han creado anuncios impresos que incluyen información escasa sobre vehículos nuevos con direcciones URL predominantes y referencias en redes sociales o teléfonos celulares. Los anuncios fuera de línea pueden incluir URL de seguimiento, páginas de destino o códigos QR. Al usar estas opciones, la empresa puede analizar de dónde proviene su audiencia, quiénes son y cuántos han respondido al llamado a la acción para obtener más información.

Las estrategias de marketing fuera de línea y marketing en línea se utilizan con mayor frecuencia en colaboración entre sí. Muchas empresas tratan sus sitios web como los portales centrales de sus esfuerzos de marketing. La mayoría de los consumidores que desean saber más sobre los productos o servicios de una empresa visitarán en algún momento el sitio web para obtener información y detalles de contacto. El tema principal entre la asociación de marketing fuera de línea y en línea es dar a conocer mejor el sitio web de la empresa.

Las empresas, grandes y pequeñas, usan canales de medios fuera de línea para generar promoción sobre productos o servicios. Las estrategias pueden ser aplicadas por empresas de cualquier tamaño, desde negocios familiares en pequeñas comunidades hasta algunas de las marcas más grandes y reconocidas del mundo. Las empresas que desarrollan estrategias de marketing offline se ajustan a una serie de perfiles, entre los que se encuentran:

**Empresas familiares:** operaciones pequeñas que desean establecer un nombre o un punto de apoyo en una comunidad local. Los negocios tales como restaurantes familiares, salones y boutiques locales, o estudios de fotografía independientes pueden usar anuncios en periódicos comunitarios o pequeñas piezas de correo directo específicas para establecerse en el área limitada en la que sirven.

**Empresas medianas y regionales:** empresas con grandes bases de clientes que necesitan llegar a clientes en un área metropolitana o región geográfica. Las empresas de construcción, los concesionarios de automóviles y las cadenas de tiendas de comestibles se encuentran entre las empresas que pueden familiarizarse con los clientes a través de los medios publicitarios tradicionales. Las vallas publicitarias, los comerciales de televisión regionales y los anuncios de radio pueden difundir información sobre una empresa y aumentar su credibilidad.

**Grandes empresas nacionales o internacionales:** grandes corporaciones con nombres reconocibles y características de marca. Estas son corporaciones que mantienen una presencia regular en campañas de marketing que involucran canales de medios fuera de línea. Cada una de las campañas de estas empresas presenta una ubicación de alta frecuencia y un enfoque en el conocimiento de la marca.

Las estrategias de marketing fuera de línea tienden a ser más costosas que las en línea, lo que requiere que las empresas desarrollen planes integrales antes de implementar campañas. Por lo general, una empresa primero debe decidir exactamente a quién está tratando de llegar, es decir, el grupo demográfico objetivo para los servicios nuevos o existentes que quiere promocionar y luego determinar qué canales de medios se pueden usar para llegar a ellos.

Los datos de investigación de mercado se pueden adquirir para poner a las empresas al día sobre los hábitos de consumo de medios de su público objetivo. Si los clientes potenciales tienden a leer ciertas revistas, los especialistas en marketing pueden colocar estratégicamente anuncios en esas publicaciones. Estos anuncios suelen presentar mensajes coherentes sobre la empresa, así como imágenes de la marca: se utilizan los mismos eslóganes y logotipos para familiarizarse con los clientes potenciales.

Detrás de las campañas publicitarias y los materiales promocionales creativos, la intención básica de cualquier estrategia de marketing fuera de línea es aumentar el tráfico en línea, las ventas generales y las ganancias. Hay varias estrategias que las empresas pueden emplear para lograr estos resultados, que incluyen:

**Correo directo:** el correo postal, como se le conoce comúnmente, es uno de los medios más utilizados en las campañas de marketing fuera de línea. Los especialistas en marketing pueden adquirir listas de correo en función de los datos demográficos que incluyen a las personas que tienen más probabilidades de comprar sus productos.

**Ofertas especiales y descuentos:** otra forma de llevar a los clientes directamente al sitio web de una empresa es ofrecer ofertas y descuentos en línea. Los grandes almacenes, las tiendas minoristas y muchas otras empresas anuncian con frecuencia las ventas de sus productos y servicios en los periódicos locales y en los insertos publicitarios. En lugar de incluir cupones en el periódico, estos anuncios pueden indicar a los clientes que impriman sus cupones desde el sitio web de la empresa. Si quieren un descuento, tienen que visitar el sitio en línea.

**Programas de fidelización:** para generar clientes habituales, las empresas de todos los tamaños a menudo confían en los programas de fidelización fuera de línea. Estos programas alientan a los clientes a visitar sus negocios con mayor frecuencia. Por ejemplo, un almacén especializado puede recompensar a los clientes que se inscriban en sus programas de fidelización con un producto o un servicio gratis después de un numero establecidos de visitas o compras, llevando un registro acumulado de las mismas.

## 54. MARKETING GENERADO POR EL CONSUMIDOR

El marketing generado por el consumidor es una estrategia de marketing económica que consta de dos componentes: las empresas invitan a los clientes a crear material para una campaña publicitaria y responden a lo que los consumidores dicen sobre sus productos. El ingrediente principal es el contenido creado por el consumidor.

El contenido creado por el consumidor incluye reseñas de productos en blogs, artículos, boletines electrónicos y comentarios en foros y tableros de mensajes. Los videos breves de revisión de productos en YouTube, los podcasts, el uso compartido de fotos y el etiquetado de fotos son formatos multimedia populares. Los consumidores transmiten este contenido a través de las redes sociales, el correo electrónico y lo publican en diferentes sitios.

Una empresa no puede controlar por completo este tipo de marketing, pero es posible ayudar a dirigir el flujo participando en conversaciones en línea sobre los productos. Las empresas se unen a sitios donde los clientes comparten sus opiniones y contribuyen activamente a las conversaciones. Además, las empresas escuchan y reconocen los comentarios de los clientes, lo que genera confianza y transparencia. Sin relaciones positivas, las reseñas de los clientes pueden tomar cualquier giro sin el aporte de una empresa.

Las empresas también pueden iniciar proyectos pidiendo a los consumidores que participen en concursos en los que presenten contenido generado por los usuarios. El contenido viene en muchas formas: comerciales, fotos de clientes que usan el producto o tal vez historias convincentes que relatan cómo el producto afectó sus vidas. Se les pide a los consumidores que reinventen el jingle de la marca, creen algo innovador o envíen ideas para hacer del mundo un lugar mejor.

Si bien el marketing generado por el consumidor puede aumentar la exposición y las ventas, también puede hacer que una empresa preste demasiada atención a las opiniones de un pequeño segmento de su base de clientes. Es posible que otros usuarios de productos no sean tan explícitos en línea sobre sus opiniones. Una empresa puede tomar decisiones apresuradas de marketing y desarrollo de productos basadas únicamente en conversaciones en Internet. Es beneficioso combinar reseñas en línea con otras formas de datos de clientes, como encuestas y grupos focales.

Con el marketing generado por el consumidor las empresas buscan contenido publicitario de los consumidores para aumentar sus bases de clientes y cultivar relaciones con clientes anteriores y conectarse con clientes anteriores y actuales a nivel individual y aumenta su visibilidad como empresas confiables.

Mientras que las empresas de todos los tamaños usan marketing generado por el consumidor para aumentar sus ganancias, las organizaciones sin fines de lucro, como asociaciones y grupos de defensa, también lo emplean para difundir su trabajo y recaudar fondos. Con esta estrategia las organizaciones sin fines de lucro reciben exposición en línea cuando patrocinan una campaña, así como ideas de marketing gratuitas de colaboradores talentosos.

Los consumidores jóvenes expertos en Internet, en particular, responden bien a las campañas de marketing generado por el consumidor. Los leales a la marca suelen crear anuncios y están felices de correr la voz sobre sus creaciones, así como sobre la marca o el producto que están promocionando, o atacando, todo en Internet. Las personas que buscan comprar un producto pueden ver sus videos, leer sus blogs y luego pasar la voz a otros consumidores en línea o mediante el boca a boca tradicional.

Por lo general, los consumidores prefieren ver un anuncio de marketing generado por el consumidor que uno creado únicamente por una empresa de marketing. El generado por el consumidor es creado por clientes para clientes. Habla de sus preocupaciones, intereses y deseos más que un anuncio creado en una sala de conferencias aislada.

Un plan de marketing generado por el consumidor se desarrolla en dos frentes. En primer lugar, una empresa debe realizar un seguimiento de su reputación en línea. Los especialistas en marketing pueden hacer esto a través de un software especializado que registra contenido en línea sobre su empresa. Luego, la empresa puede responder a las críticas uniéndose a comunidades de revisión en línea, publicando comentarios en blogs, o publicando una declaración en su página de Facebook o en el sitio web de la empresa.

Una empresa también puede permitir que los clientes revisen y califiquen los productos directamente en su sitio web, lo que ayuda a crear transparencia y apertura. La empresa juega un papel central en lo que la gente dice en línea y se gana la reputación de escuchar y responder a las opiniones de los clientes.

En segundo lugar, los especialistas en marketing pueden diseñar e implementar concursos en los que los clientes pueden responder con el contenido que crean. Los concursos innovadores atraen el mayor número de envíos de contenido. Mientras el público comienza a votar para elegir la mejor entrada, los concursantes corren la voz para reunir votos para sus presentaciones. En este punto, una empresa recibe la exposición inicial del proyecto a medida que se difunde la noticia del concurso y comienza la votación para participar.

Finalmente, la empresa otorga premios como dinero, viajes, boletos para eventos especiales o la oportunidad de conocer a una celebridad a los ganadores. Luego, el equipo de marketing incorpora las mejores entradas en una campaña publicitaria. Esto muestra a los consumidores que la empresa se preocupa por incorporar sus puntos de vista e ideas y ayuda a construir relaciones positivas y duraderas. Es más probable que los clientes vuelvan a comprar, y la empresa desarrolla una reputación de ser cariñosa e involucrada con la clientela.

## 55. MARKETING GENERADO POR EL USUARIO

Aunque similar al marketing generado por el consumidor, el marketing generado por el usuario hace énfasis en el uso de las plataformas tecnológicas para obtener referencias y notas de calificación de los usuarios en esas plataformas. Cualquier campaña de marketing que permita a los consumidores crear contenido publicitario o participar de otro modo en el proceso de marketing puede considerarse marketing generado por el usuario. Esta estrategia se ha vuelto cada vez más fácil de usar y popular con el advenimiento de las tecnologías de Internet, que incluyen redes sociales, sitios de recomendación y herramientas para compartir contenido.

Los especialistas en marketing implementan campañas generadas por los usuarios para crear una experiencia más interactiva y atractiva para los consumidores. El marketing generado por el usuario puede ser tan complejo como un concurso en un evento masivo o tan simple como integrar una sección de reseñas de clientes en el sitio web de un producto. Sea cual sea la forma que se adopte, esta estrategia está diseñada para convertir a los clientes en socios en el proceso de marketing, en lugar de solo compradores objetivos.

El marketing generado por el usuario es rentable y relativamente fácil de mantener, lo que hace que la estrategia sea útil tanto para empresas grandes como pequeñas. Las pequeñas empresas se benefician del marketing generado por los usuarios porque les ayuda a establecer una reputación que podría generar poderosos efectos de boca en boca que aumentan el tráfico comercial. Por ejemplo, las pequeñas empresas, se anuncian en directorios empresariales, websites y redes sociales para dar a sus clientes un lugar donde escribir reseñas para ellos. Los consumidores revisan esas reseñas para encontrar negocios locales y determinar si otros consumidores aprueban esos negocios. Si los clientes hacen críticas positivas de una empresa, aumenta la probabilidad de que otros consumidores se conviertan en nuevos clientes.

Las organizaciones sin fines de lucro usan contenido para crear conciencia sobre la causa de la organización y crear una comunidad a su alrededor. Si, por ejemplo, un grupo sin fines de lucro que aboga por más ciclovías en la ciudad de Boston quisiera iniciar una campaña de marketing generada por los usuarios, el grupo podría escribir publicaciones de blog relevantes y alentar la participación de los lectores en una sección de comentarios dentro del blog. Los lectores no solo visitarían el blog para leer los artículos publicados allí, sino también para participar en conversaciones con otros usuarios que es probable que compartan en otros lugares de Internet (es decir, a través de correo electrónico, actualizaciones de redes sociales y enlaces cruzados con otros blogs).

Si bien la mayoría de las estrategias de marketing comienzan con un período de investigación para determinar un público objetivo, una estrategia generada por el usuario recopila esa información durante la campaña real.

Un negocio que desea implementar una estrategia de marketing generado por el usuario podría comenzar solicitando comentarios de los clientes. Esto puede adoptar muchas formas, como tarjetas de notas en la propia tienda o un sistema de clasificación de productos en el sitio web que permita a los clientes otorgar calificaciones de una a cinco estrellas a artículos individuales, así como la opción de dejar comentarios. Esta información permite ajustar su stock y mejorar sus servicios, así como llamar la atención sobre las mejores valoraciones.

Al desarrollar una presencia en las redes sociales, las empresas desarrollan reputaciones para el marketing generado por los usuarios. Para agregar un componente para compartir a su plan, la empresa podría incluir widgets de redes sociales en la página de calificación de su sitio web para que los clientes puedan difundir su entusiasmo por sus artículos favoritos. La calificación indica qué productos prefieren los clientes, y el componente de redes sociales les permite a los clientes crear conciencia sobre sus productos favoritos y anima a otros a hacer sus propias compras.

El marketing generado por el usuario puede ser un proceso continuo. Es fácil evaluar la efectividad y refinar en cualquier etapa. Una vez que comienza la campaña, no hay razón para que la organización que la utiliza deje de recopilar comentarios de los clientes.

## 56. MARKETING GLOBAL

El marketing global es más que simplemente vender un producto a nivel internacional. Más bien, incluye todo el proceso de planificación, producción, colocación y promoción de los productos de una empresa en un mercado mundial. Grandes empresas a menudo tienen oficinas en países extranjeros a los que comercializan; pero con la expansión de Internet, incluso las pequeñas empresas pueden llegar a clientes de todo el mundo.

Hace unas pocas generaciones, se necesitaban meses para enviar productos a un mercado de otro país, y hacerlo era una tarea difícil que solo grandes empresas comerciales podían correr el riesgo. Luego, los avances en la tecnología del transporte hicieron posible que las personas y los productos se movieran mucho más rápido y comenzó el impulso hacia la globalización. Más recientemente, la tecnología de la información, y en particular Internet, ha reducido aún más el mundo. Una empresa puede tener socios y empleados al otro lado del planeta, y los consumidores pueden obtener productos de esos lugares en cuestión de días.

Incluso si una empresa decide no expandirse a nivel mundial, bien puede enfrentarse a la competencia nacional de empresas extranjeras que sí lo hagan. Esta competencia ha hecho que sea casi una necesidad para la mayoría establecer una presencia internacional. Mientras que el marketing global es particularmente importante para los productos que tienen una demanda universal, como los alimentos y los automóviles. En los Estados Unidos, sin embargo, la mayoría de las empresas se centran en el mercado interno ya que es la economía más grande del mundo, con un bajo porcentaje de empresas estadounidenses involucradas en la exportación.

Dado que el marketing global involucra una variedad de productos y oportunidades diferentes, es imposible identificar un solo perfil de cliente. Una empresa global debe estar preparada para desarrollar múltiples perfiles para cada una de las diferentes regiones en las que comercializa. Aunque los principales socios comerciales de Estados Unidos son Canadá, México, China y la Unión Europea; el comercio internacional de ninguna manera termina ahí.

Dependiendo del producto, se puede llegar a los clientes en casi cualquier parte del mundo. Para hacerlo, las empresas globales pueden confiar en las redes de distribución locales; pero a medida que crecen en mercados particulares, pueden establecer sus propias redes. Las empresas que intentan ingresar a nuevos mercados tienden a comenzar en centros urbanos densamente poblados, antes de mudarse a las regiones circundantes.

Se debe prestar especial atención al creciente mercado internacional en línea, que aumenta enormemente el acceso de las empresas a los clientes en todo el mundo, sin embargo es necesario contemplar seriamente el idioma. Por lo tanto, las empresas que deseen ingresar a esos mercados necesitan no solo crear un buen producto y hacer lo que funciona en sus países de origen sino también necesitan sumergirse en el idioma y la cultura del mercado internacional en el que desean ingresar.

Al comercializar productos a nivel mundial, las empresas deben reconocer que una combinación de marketing que funciona en el mercado nacional puede no tener el mismo éxito en otro mercado. Las diferencias en la competencia local pueden requerir una estrategia de precios diferente. La infraestructura local puede afectar la forma en que se producen y/o envían los productos. En algunos casos, puede ser más rentable producir localmente; en otros, puede ser más barato enviarlos desde otra parte del mundo.

Las asociaciones con empresas locales pueden ser un paso importante para expandirse a un mercado; mientras que, en otros mercados, tales asociaciones podrían diluir la marca. El marketing global debe considerar todos estos aspectos además de la tarea de comunicación entre culturas. Al promocionar un producto o una marca a nivel mundial, una empresa debe tomar decisiones con respecto a las condiciones entre sus mensajes publicitarios estándar y locales. Un solo mensaje es más barato de producir y mantiene la consistencia de la marca; pero es posible que no funcione bien en algunas regiones debido a las diferencias en los valores o expectativas culturales.

Una empresa global debe investigar cuidadosamente los diversos mercados y prepararse para hacer ajustes a sus productos y mensajes cuando sea necesario. A veces, esto requiere cambiar un nombre, incluso implica cambiar el empaque y las imágenes que identifican la marca para hacerlas aceptables en un entorno cultural especifico.

Igualmente los especialistas en marketing que trabajan con campañas globales deben esforzarse por aprender el idioma del mercado en el que están interesados, tanto para administrar las relaciones comerciales con empresas locales como para verificar los esfuerzos de traducción. Muchas veces deben acudir a traductores profesionales que garanticen que el significado de sus textos publicitarios envíe el mensaje que pretenden llevar a sus consumidores.

Además, los especialistas en marketing deben visitar personalmente sus mercados objetivo y pasar tiempo en ellos, incluso mudarse por un tiempo. Así pueden establecer contactos locales, y obtener una mejor comprensión de cómo se llevan a cabo los negocios en el área. En Japón, por ejemplo, no basta con hablar japonés; también debe realizar negocios al estilo japonés. Aprender lo que se valora culturalmente y lo que es ofensivo es imperativo en el terreno de los negocios internacionales.

Desarrollar y respetar el talento empresarial local también es fundamental para el marketing global. Si se tiene una oficina en el extranjero, es imperativo aprovechar al máximo los talentos profesionales locales en su mercadotecnia, publicidad y distribución. Muchas empresas han perdido oportunidades y desalentado a sus aliados potenciales al tener la actitud de que, por la experiencia de su país de origen, sabían más que sus socios extranjeros.

## 57. MARKETING GRUPAL

Las personas se esfuerzan por mantener relaciones significativas en sus vidas con familiares y amigos, y los clientes anhelan lo mismo con las empresas a las que les compran. Las empresas no deben subestimar la fuerza del diálogo auténtico para crear esas relaciones con los clientes. Las empresas inteligentes se están dando cuenta de este concepto fundamental de marketing al emplear una estrategia conocida como marketing grupal para atraer a sus clientes.

La idea es simple: una empresa anuncia que quiere incorporar las historias de los clientes sobre sus experiencias con los productos en una próxima campaña de marketing. Los clientes a menudo están ansiosos por compartir sus experiencias y tener un momento en el centro de atención. A cambio, los clientes hacen correr la voz sobre la campaña de marketing a través de sus redes.

Las empresas les piden a sus clientes que envíen videos, declaraciones, obras de arte u otras formas de expresión de su lealtad a un producto o marca en particular. La empresa o el público luego elige las mejores entradas para incluirlas en una próxima campaña de marketing. La lealtad a la empresa aumenta como resultado de la publicidad gratuita y ellos, a su vez, informan a sus redes sobre la campaña de marketing de la empresa.

Mientras que el marketing grupal y el marketing viral comparten similitudes, el marketing grupal es diferente. Una empresa dirige sus esfuerzos de marketing a un pequeño subconjunto de sus clientes, un subconjunto que es fundamental para su éxito, no para el público en general. Este grupo especial luego pasa la voz a los nuevos clientes potenciales.

Las empresas que utilizan el marketing grupal están un paso por delante de sus competidores que solo buscan una participación pasiva del cliente. Ofrece una participación real en una empresa y brinda a los clientes la oportunidad de participar en sus operaciones de una manera tangible y visible.

Además, los anuncios de marketing comunitario muestran personas reales y sus experiencias con el producto. Si bien las empresas ponen giros en las entradas de sus anuncios, los anuncios de marketing grupal son más creíbles que los anuncios creados únicamente por la empresa. Este grado adicional de transparencia contribuye en gran medida a construir relaciones positivas con los clientes.

La mayoría de las empresas pueden beneficiarse de la implementación del marketing grupal, ya que la estrategia se basa en la participación y los comentarios positivos de los clientes.

En particular, una empresa que vende principalmente a un grupo objetivo se beneficia del marketing grupal y probablemente sufriría pérdidas financieras significativas sin el patrocinio de ese grupo. Una empresa que ofrece productos especializados que no son de interés para el público en general debe comercializar principalmente a clientes anteriores.

Estas empresas quieren alentar a sus clientes anteriores a comprar más para expandir su mercado actual. La implementación de una campaña de marketing comunitaria ayuda a la empresa a construir relaciones sólidas a largo plazo con los clientes. Esos clientes luego hacen saber a sus conocidos que la empresa valora a sus clientes, y esto genera nuevos negocios.

Es probable que los clientes leales a una marca en particular respondan positivamente al marketing grupal. Disfrutan compartiendo sus experiencias de marca con la empresa y el público. Participar en una campaña de marketing grupal aumenta aún más su lealtad, lo que los anima a comprar más.

Cuando se completa la colaboración con los consumidores, la campaña publicitaria se difunde entre la comunidad de consumidores. Ellos, a su vez, informan a otros sobre la marca y envían enlaces al video, sitio web, blog u otra forma de publicidad. Los conocidos pueden entonces comprar los productos de la empresa porque un amigo los recomendó.

El primer paso en un plan de marketing grupal es anunciar a los clientes leales una promoción que involucre su aporte. Una forma es publicar una actualización en la página de Facebook de su empresa que anuncie un concurso para que los clientes se graben en video y cuenten cómo el producto ha impactado sus vidas. Los clientes también pueden publicar comentarios en un blog comercial o enviar entradas de correo electrónico directamente.

Después de recopilar todas las entradas, los clientes pueden votar por sus favoritos en línea. Luego, los profesionales de marketing crean una campaña publicitaria que incorpora las entradas de los clientes de una manera convincente y atractiva.

## 58. MARKETING INDUSTRIAL

El marketing industrial, también conocido como marketing de empresa a empresa o B2B por la definición en ingles Business to Business, es una rama de las comunicaciones y las ventas aplicadas a mercadeo que se especializa en proporcionar bienes y servicios a otras empresas, en lugar de a clientes individuales. Debido a que el marketing industrial a menudo implica grandes pedidos y relaciones a largo plazo entre el productor y el cliente, el proceso desde el primer contacto hasta el cierre de la venta suele ser más complejo que el proceso entre una empresa y un cliente personal. Más bien, el fabricante debe garantizar un acuerdo seguro y rentable entre las dos organizaciones, en el que el fabricante comercializará la calidad, el costo y el atractivo para el cliente de sus productos o servicios.

Si bien las ventas B2C, o Business to Consumer, que se refiere a las ventas directas al consumidor, pueden centrarse en interacciones uno a uno entre dos partes, las empresas generalmente están formadas por varias personas. Antes de que el producto aparezca en los estantes, las dos empresas deben llegar a un acuerdo que implicará la fabricación, compra y envío de productos al por mayor.

Muchas empresas crean y comercializan productos que tienen poca o ninguna aplicación a nivel del cliente individual, por lo que sus únicos clientes serán otras empresas. Una empresa que fabrica maquinaria a gran escala, por ejemplo, es poco probable o incapaz de vender esa maquinaria a particulares porque es poco probable que esos clientes puedan pagarla o no necesiten un equipo de ese tamaño. La maquinaria tendría que venderse a otra empresa que tenga tanto los recursos como la necesidad de producir grandes cantidades de su propio producto.

Muchas empresas de productos de consumo desarrollan divisiones de marketing especiales específicamente para clientes B2B. Los fabricantes de muebles a menudo hacen esto, abriendo sus mesas, sillas y sofás a empresas que pueden quererlos para sus oficinas corporativas. Esto suele suceder cuando el negocio del fabricante crece a una escala lo suficientemente grande como para dar cabida a pedidos más grandes. Los proveedores de servicios también se expanden ocasionalmente a clientes industriales para aprovechar contratos más lucrativos. Una práctica legal especializada en derecho contractual, por ejemplo, podría expandir su alcance de representar solo a individuos a ayudar a las empresas a desarrollar sus propios contratos.

El primer paso para desarrollar un plan de marketing industrial es el mismo que para desarrollar cualquier tipo de plan de marketing: identificar al cliente. El productor debe entender qué tipos de negocios se beneficiarían del producto. Esto crea una base y un enfoque para el resto del plan de marketing.

A continuación, el productor debe adaptar su presentación a los posibles clientes. Aunque los contactos persona a persona están vigentes en las relaciones de empresa a empresa, es cada vez más importante tener una fuerte presencia en línea. Los clientes potenciales siempre investigarán una empresa antes de negociar la venta de su producto. Un sitio web con contenido detallado, pero no demasiado específico sobre la empresa y sus productos sirve como una gran introducción.

Una vez que un cliente potencial está interesado en el producto, el productor debe cambiar el enfoque de la introducción general de su presencia en la web a reuniones y presentaciones más personalizadas. Incluso si el cliente no está listo para firmar un contrato de inmediato, conocerlo con un contacto profesional puede ser de gran beneficio. La comunicación con clientes potenciales a través de correo electrónico, conversaciones telefónicas y presentaciones en persona ayuda a nutrir la relación comercial. Mas aun la empresa fabricante puede enviar muestras de productos con notas personalizadas para crear una fuerte impresión antes de una reunión de negocios.

Una vez que el cliente está listo para discutir los detalles de un contrato, la fase de marketing casi ha terminado. El enfoque para este cliente específico debe cambiar a mantener una buena relación de trabajo a largo plazo. El fabricante debe tener un plan sólido con sus gerentes de cuentas sobre cómo redactar correos electrónicos y realizar conversaciones telefónicas con representantes del cliente, así como también cómo informarle sobre nuevos productos. Debido a que ya no es un cliente nuevo, todas las comunicaciones deben personalizarse según su experiencia específica con el productor.

El marketing industrial es un proceso intrincado que ocurre en muchas etapas. Puede involucrar una amplia variedad de estrategias de marketing, tales como: Sitios web informativos con lenguaje dirigido a otras empresas, presentaciones personalizadas al personal directivo de clientes potenciales, muestras de productos para generar confianza en la calidad del producto, y videos en línea que muestran productos, procesos industriales y calidad profesional del personal.

## 59. MARKETING INFORMATIVO

El objetivo principal de una estrategia de marketing informativo es captar la atención de aquellos que ya están interesados en lo que un producto tiene para ofrecer o que pueden interesarse una vez que lo conozcan. A medida que la información sobre nuestros pasatiempos, intereses y comportamiento de compra se haga más pública, las empresas se volverán más hábiles para ofrecernos lo que queremos. Al proporcionar datos útiles a las audiencias, las empresas fomentan el interés en productos y servicios y mejoran su reputación entre los consumidores.

Internet está dominado por el marketing informativo, pero no es el único lugar para encontrarlo. Todo, desde folletos hasta vallas publicitarias, puede emplear el marketing informativo como táctica para captar la atención de la audiencia. La práctica es más común en Internet debido a lo fácil que es buscar información sobre temas específicos en línea.

Por ejemplo, una valla publicitaria para un servicio llamará la atención del conductor ocasional. De manera similar, el sitio web de con gráficos y artículos que brindan la misma información aparecerá en los resultados de búsqueda para cualquier persona que busque información a través de un motor de búsqueda como Google. En ambos casos, la información es lo que atrae a la audiencia en primer lugar. Lo que es más importante, los datos que la empresa proporciona a su cliente potencial crean confianza entre el cliente y la empresa, lo que aumenta la probabilidad de que el cliente se sienta cómodo comprando lo que la empresa tiene para ofrecer.

Las empresas con fines de lucro utilizan el marketing informativo para demostrar su experiencia en sus productos. Esto no solo los hace parecer dignos de la confianza del cliente, sino que también hace que el cliente sienta que puede tomar una decisión más informada sobre cualquier compra potencial. Por ejemplo, las tiendas de dispositivos de alta tecnología a menudo incluyen listas concisas de especificaciones de productos en sus vitrinas para que el cliente sepa exactamente lo que puede hacer un dispositivo en particular.

Muchas instituciones educativas en todos los niveles, desde programas preescolares hasta universidades importantes, utilizan el marketing informativo para atraer a estudiantes potenciales. Es raro que una organización de este tipo no produzca un folleto que describa estadísticas útiles como las tasas de graduación y que destaque las instalaciones de su campus y sus programas. La presentacion proporciona datos sobre los logros de estudiantes, personal y programas específicos para sugerir que cualquiera que asista puede lograr grandes cosas.

Por otra parte, las organizaciones sin fines de lucro dependen en gran medida del marketing informativo para lograr que sus donantes se interesen en causas específicas y para impulsar su inversión personal en ciertos temas.

La clave para el marketing informativo es la simplicidad; no hay necesidad de pensar demasiado o desarrollar demasiado el contenido informativo estratégico. El propósito del marketing informacional es atraer clientes con contenido útil que llame su atención rápidamente y con poco esfuerzo. Cualquiera que sea la información, debe ser directa y fácil de leer. Todos los materiales de una sola campaña de marketing informativo deben compartir el mismo tono y la misma estética. Esta consistencia ayuda a construir una marca y mantiene la campaña enfocada. La información no debe parecer aleatoria o sin relación.

Uno de los beneficios del marketing informativo es que no siempre necesita un objetivo demográfico. En muchos casos, aquellos que encontrarían interesante la información relacionada con un producto constituyen una parte significativa de las personas que están interesadas en comprar ese producto. Si se supone que una campaña está dirigida específicamente a un grupo demográfico objetivo, el primer paso es identificar qué aspectos del producto encontrarían interesantes y luego crear materiales informativos que comuniquen claramente esos datos.

Los datos sobre la efectividad de la campaña de marketing informativo deben recopilarse a lo largo del proceso y analizarse al final para determinar qué funcionó y qué no. Esto ayuda a determinar lo que la mayoría de los clientes de la empresa quieren saber sobre el producto y qué forma de presentación se adapta a los gustos del cliente promedio.

## 60. MARKETING INTEGRADO

El marketing integrado es una estrategia de marketing que hace hincapié en la importancia de una experiencia de marca consistente, fluida y multidimensional para el consumidor. Esto significa que cada esfuerzo de marca, a través de la televisión, la radio, la prensa, Internet y en persona, se presenta con un estilo similar que refuerza el mensaje final de la marca.

El mundo se ha vuelto cada vez más conectado por la tecnología, lo que requiere que las empresas desarrollen campañas de marketing en múltiples canales de medios. Debido a que los consumidores están constantemente conectados a su tecnología móvil, esperan poder acceder a una marca dondequiera que vayan. Si escuchan un anuncio divertido en la radio, sacarán sus teléfonos inteligentes para buscar la compañía detrás de él, esperando encontrar un sitio web completamente incorporado esperándolos. Si escanean un código QR en un póster, esperan ser dirigidos a una página de destino familiar.

Esta acumulación masiva de marcas en todas las plataformas puede solidificar la reputación de una corporación. También puede dificultar el cambio de marca sobre la marcha, lo que obliga a las empresas a comunicarse entre varios departamentos de marketing para implementar cambios de marca. Aun así, los riesgos del marketing integrado bien valen las recompensas del reconocimiento y costos. Por esta razón, este estilo de marketing se está volviendo cada vez más importante porque la fragmentación y la exposición de los medios han comenzado a insensibilizar a los consumidores. Todos los días, reciben tal aluvión de anuncios que solo las marcas más integradas y consistentes se destacan como memorables.

La consistencia en el marketing integrado no significa falta de creatividad. Presentar la misma imagen en todos los medios o usar el mismo eslogan en las vallas publicitarias y en la página de inicio del website del producto no es el epítome del marketing integrado. En cambio, un equipo de marketing debe trabajar detrás de escena para diseñar una voz unificada y convincente para una marca, y hacer una transición adecuada a todos los aspectos de la personalidad de la marca, desde la publicidad hasta la presencia física y el servicio al cliente.

En el cambiante mundo actual de la publicidad y el marketing, el marketing integrado debe estar en la agenda de las empresas que pretenden:

- Publicidad en múltiples medios.
- Dirigirse a audiencias específicas.
- Preocuparse por los datos y la responsabilidad detrás de sus campañas de marketing.
- Publicitar a los consumidores o a otras empresas.

Las empresas multimillonarias se encuentran en posición ventajosa para implementar estrategias de marketing integradas, ya que sus campañas de televisión e Internet llegan a la mayor cantidad de personas. Aun así, incluso las empresas más pequeñas deberían utilizar la técnica, ya que el marketing integrado crea ventajas competitivas y aumenta las ventas. Incluso las empresas que ya tienen éxito pueden beneficiarse del marketing integrado. Las campañas de marketing integradas no son solo espejos del mismo anuncio que se repite en diferentes plataformas de medios. En cambio, cada plataforma contribuye a una historia de marca más grande.

Para desarrollar una campaña de marketing integrada exitosa, una corporación necesita considerar muchos aspectos relacionados con su marca, comenzando con una base estratégica de comprensión del producto y el mercado.

En primer lugar, al comprender las actitudes de los consumidores hacia el producto, el posicionamiento de la competencia y los avances tecnológicos, un equipo de marketing puede determinar cómo llegar mejor a los clientes potenciales. Necesitan conocer el enfoque de su marca, la cultura corporativa y la identidad que su marca está tratando de expresar a través de sus esfuerzos de marketing.

Luego, el equipo de marketing debe considerar cómo implementar su campaña de marketing integrada. Comenzando con la mensajería, el diseño, el servicio al cliente y la experiencia del producto, considerarán cómo ejemplificar mejor su marca en todos sus programas de marketing.

Finalmente, una vez que se implementa un plan de marketing integrado, se puede modificar según la audiencia y la situación. Por ejemplo, una marca que pretende aprovechar el mensaje del espíritu navideño, y la actividad comercial que la acompaña, se comercializa de manera diferente durante el resto del año, adaptando su enfoque durante todas las temporadas. Sin embargo, el mensaje de la marca, su identidad corporativa y el posicionamiento integrado siguen siendo los mismos.

## 61. MARKETING INTERACTIVO

El marketing interactivo se basa en que los clientes expresen sus preferencias para que los especialistas puedan producir mensajes más relevantes. A diferencia del marketing del pasado, el marketing interactivo crea un diálogo bidireccional entre una empresa y sus clientes. La publicidad se convierte en un proceso dinámico que sigue a los clientes en lugar de guiarlos. Cada vez que se invita a un cliente a proporcionar comentarios, expresar sus preferencias personales u ofrecer información demográfica, está brindando información que los especialistas pueden usar para guiar sus esfuerzos publicitarios.

Tradicionalmente, la publicidad fluye en una dirección. Un comercializador diseña un anuncio, compra espacio publicitario, envía el anuncio al mundo y espera a que los resultados comiencen a aparecer en la caja registradora. Esta conversación unidireccional no crea un diálogo sobre un producto, sino que simplemente transmite un mensaje para que los clientes lo acepten o lo rechacen. Para muchas empresas, este tipo de publicidad vertical ya no es eficaz. Los clientes ahora esperan ser bienvenidos y participantes respetados por las marcas que aceptan. No quieren que los convenzan de que vale la pena comprar algo; quieren contribuir a mejorar esa marca.

En el pasado, involucrar a los consumidores en una conversación era difícil para los especialistas en marketing, ya que requería tiempo y energía para buscar y encuestar a los clientes potenciales. Todo eso cambió con la llegada de Internet. Hoy en día, las herramientas digitales facilitan más que nunca que las empresas soliciten comentarios, realicen un seguimiento de los comportamientos de los clientes y adapten las ofertas de marketing y productos a los deseos de sus clientes. Esta comunicación conduce a una mayor satisfacción del cliente y a una lealtad prolongada a la marca, lo que permite a los consumidores participar en una conversación sobre los productos favoritos.

El marketing interactivo puede tomar muchas formas, siendo el marketing de motores de búsqueda es uno de los más comunes. Cuando los clientes escriben una consulta en un motor de búsqueda, se les muestra publicidad basada en sus términos de búsqueda.

En el otro extremo del espectro se encuentra el sitio web oficial de una empresa. Estos presentan enormes oportunidades para que las empresas interactúen con sus clientes. A diferencia de un anuncio de televisión que dura unos pocos segundos y luego finaliza, los sitios web permiten a los clientes interactuar con las marcas que les interesan según su propio ritmo y agenda. Pueden buscar ofertas de productos, conocer la historia de la empresa, acceder a ofertas y participar en foros.

El marketing interactivo tiene muchas ventajas sobre el marketing tradicional. Uno de sus aspectos más importantes es el costo. La publicidad en línea cuesta significativamente menos que los anuncios de televisión, impresos o de radio y, a menudo, produce mayores tasas de retorno. Las empresas siempre deben estar interesadas en producir los mismos resultados a un costo reducido.

Las actividades en línea también dejan enormes cantidades de información sobre los clientes. Sus detalles demográficos y sus preferencias personales se revelan a través de su comportamiento en línea, lo que permite a las empresas rastrear y almacenar estos datos para utilizarlos en futuros esfuerzos de marketing. Cuanto más relevante sea el marketing para los deseos y necesidades inmediatos de un cliente, más probable es que se produzca una venta.

Para los clientes, el marketing interactivo les brinda oportunidades para ayudarlos a evolucionar y hacer crecer sus productos y marcas favoritos. Cuanto más hablan esos clientes sobre una empresa en foros en línea, sitios de redes sociales, correos electrónicos y videos, más sus esperanzas e ideas para esa empresa entran en la conciencia de la empresa. Las empresas pueden usar esta información para desarrollar los productos que sus clientes están más interesados en comprar, aumentando el sentido de respeto del cliente y las ventas potenciales. Algunos métodos de marketing interactivo son:

- Motores de búsqueda: implica todo, desde la optimización de un sitio para que aparezca más arriba en los resultados de búsqueda, hasta la colocación de anuncios dirigidos a los lados de las páginas de resultados.
- Correo electrónico: enviar anuncios, ofertas y notificaciones por correo electrónico es una forma eficaz y económica de comunicarse con los clientes.
- Patrocinios: las asociaciones con empresas que tienen una presencia en línea más establecida pueden ser una excelente manera de conectarse con nuevos clientes.
- Foros: las publicaciones de comentarios breves y divertidas mantienen a los clientes informados sobre nuevos productos, ofertas especiales y la cultura detrás de una marca.
- Descargables: las herramientas descargables simples que tienen una marca son una excelente manera de crear valor adicional para esa marca.

- Redes sociales: sitios como Instagram, Facebook y Twitter tienen millones de usuarios y son espacios críticos para conectarse con los clientes.
- Orientación: ciertos anuncios pueden dirigirse a ciertos clientes. Cuando los clientes están expuestos a publicidad que es relevante para sus necesidades, compran más.
- Activación fuera de línea: las empresas deben anunciar activamente su URL y sus cuentas de Redes Sociales en entornos fuera de línea para que los clientes puedan encontrarlos fácilmente en línea.

El marketing interactivo se ha convertido rápidamente en una de las formas más comunes de marketing. Incluso las empresas más pequeñas y localizadas mantienen sitios web o blogs, gracias a las sencillas herramientas de diseño web que hacen que sea barato y fácil para las empresas desarrollar una presencia en línea.

Dicho esto, normalmente son las empresas más grandes, en particular aquellas con fondos invertidos en comercio electrónico, las que están más interesadas en el marketing interactivo. Las empresas grandes tienen los recursos técnicos para construir sitios web expansivos, diseñar anuncios dinámicos, filmar videos de YouTube y cubrir la web con anuncios publicitarios. Las empresas más pequeñas pueden usar estas mismas herramientas, pero usarlas todas requiere una cantidad significativa de tiempo, dinero y experiencia. Las empresas pueden utilizar el marketing interactivo de muchas maneras, pero las más creativas e innovadoras ven los mejores resultados.

Cualquier plan de marketing interactivo debe basarse en un análisis cuidadoso de los datos de los clientes. Saber quiénes son los clientes, qué quieren y dónde convergen en línea es crucial para colocar anuncios de manera efectiva. Para recopilar estos datos, las empresas pueden generar ofertas especiales a cambio de proporcionar datos sobre sus preferencias y experiencias con la marca. Estos datos revelarán hechos clave sobre los intereses de sus clientes que pueden usarse para planificar los esfuerzos de marketing futuros, coordinados para ofrecer un mensaje consistente y oportuno. Al adoptar un enfoque en línea agresivo, el marketing interactivo permite a las partes interesadas aprender sobre un producto bajo su propia dirección.

## 62. MARKETING INTERNACIONAL

El marketing internacional es la aplicación de principios de marketing en más de un país, por parte de empresas en el extranjero o a través de las fronteras nacionales. El marketing internacional se basa en una extensión de la estrategia de marketing local de una empresa, con especial atención a la identificación, orientación y decisiones de marketing a nivel internacional.

A medida que la tecnología genera avances en las comunicaciones, el transporte y los flujos financieros, el mundo se sigue sintiendo cada vez más pequeño. Hoy en día es posible que las empresas y los consumidores realicen negocios en casi cualquier país del mundo gracias a los avances en el comercio internacional. Las marcas y productos que se originan en un país son aceptados con entusiasmo en otros.

Sin embargo, la globalización ha creado tantos desafíos como oportunidades para las marcas que se aventuran en el extranjero. Debido a que los consumidores tienen muchas más opciones para productos similares, las empresas deben asegurarse de que sus productos sean de alta calidad y asequibles. Además, estos productos no se pueden comercializar de manera idéntica en todo el mundo. El marketing internacional requiere atención en aspectos que no son solo el idioma: involucra la cultura, la saturación del mercado y los comportamientos de los clientes. Las empresas exitosas en este tipo de mercadeo son aquellas que han convertido sus esfuerzos de marketing en algo más que exportar: han adaptado su marca para tener en cuenta las diferencias en los consumidores, la demografía y los mercados mundiales.

Los rápidos avances tecnológicos significan que las barreras de comunicación geográficas y culturales están desapareciendo, e incluso las empresas más pequeñas, sin presencia física en otros países pueden comercializar y vender sus productos a nivel internacional. Esto significa que casi cualquier empresa con ese interés puede comercializar internacionalmente, pero lo hará con diferentes niveles de éxito, según el esfuerzo y la investigación que se pongan en determinar y ejecutar la estrategia de marketing apropiada.

Las empresas que venden productos que tienen restricciones aduaneras, como alimentos y plantas vivas, deben enfrentarse a un proceso regulatorio más riguroso antes de comercializar sus productos a nivel internacional. Si bien pueden tener más dificultades para establecer su negocio de exportación internacional, también tienen la oportunidad de exponer a otros países a productos nativos a los que no podrían acceder de otra manera.

Sin embargo, existen otros tipos de negocios que a menudo se desempeñan bien a nivel internacional: las empresas de importación/exportación; las empresas de economía conjunta y, las empresas de inversión directa.

La importación/exportación es la práctica de enviar mercancías directamente entre países. Las empresas especializadas en este tipo d servicios tienen un amplísimo mercado em las empresas, nacientes o de trayectoria, interesadas en el intercambio comercial internaciones. Sus servicios van desde el manejo de carga hasta el trámite de la documentación legal requerida para el ejerció de esta actividad industrial.

Las empresas de economía conjunta se refieren a los esfuerzos combinados de dos o más empresas para su beneficio mutuo las que una empresa extranjera y una local se unen para la producción y/o comercialización de productos o servicios en un territorio especifico. Esta asociación tiene grandes ventajas ya que utiliza la experiencia local de la empresa en el territorio más la experiencia industrial y reconocimiento internacional de una marca extranjera.

Una empresa de inversión directa coloca sus activos en un país extranjero con el objetivo de fabricar un producto, o parte de un producto, en el extranjero. Algunas empresas, especialmente de maquinaria y equipos, tienen fábricas, propias o contratadas, en muchos otros países y ensamblan sus productos a partir de piezas fabricadas en todo el mundo. Al mismo tiempo, pueden ofrecer esos mismos productos en los países en los que se fabrican sus partes o en los destinos finales en los que los productos son ensamblados.

Dependiendo de su marca, cualquier consumidor extranjero es un cliente potencial. Pero el reto esta en cómo identificar y acceder a un mercado internacional. Los clientes que viven en mercados extranjeros tienen diferentes hábitos de compra, preferencias y prioridades con los que están familiarizados. Mediante el seguimiento de estos clientes extranjeros a través de estudios de mercado y encuestas culturales, los especialistas en marketing pueden descubrir los mejores métodos para llegar a ellos. Tratar de comercializar una marca a clientes internacionales sin investigar, es simplemente buscar problemas. La consideración cuidadosa de las creencias y tradiciones de una cultura es imperativa en el marketing internacional.

Puede ser difícil para una corporación pequeña o mediana construir inicialmente un plan de marketing internacional, porque generalmente no tienen la experiencia o el presupuesto para los estudios de mercadeo previos y lanzar la campaña. Al asociarse con otro grupo o contratar expertos en marketing con conocimiento de los mercados extranjeros, las empresas más pequeñas pueden desarrollar su investigación cultural e implementar campañas más exitosas. Ya sea que una empresa elija asociarse con otra agencia extranjera o contratar a un representante interno de marketing, la faceta más importante al preparar una campaña de marketing internacional exitosa es la investigación previa. Los estudios determinaran la estrategia más apropiada a medida que avanzan, lo que le permitirá maximizar el potencial en ese nuevo mercado.

Una vez que se completa la investigación para el mercado elegido, se deben examinar y modificar las estrategias de marketing para que se ajusten a la demografía local. La contratación de representantes del país ayudará a garantizar que las diferencias culturales se manejen de manera adecuada y sensible. Para una marca internacional emergente, establecer alianzas y redes con otras empresas en el país es una recomendación para el éxito. Los socios locales dentro de un mercado objetivo ayudan a las nuevas empresas a establecerse en mercados donde de otro modo habrían pasado desapercibidas o tendrían una respuesta negativa a sus esfuerzos de marketing.

Finalmente, es importante revisar una estrategia de marketing internacional periódicamente. Incluso si una empresa envía representantes a viajar al mercado extranjero, es mucho más difícil mantenerse al tanto de una campaña de marketing en el extranjero. Esto significa que los resultados deben ser rastreados muy de cerca, y los ajustes deben hacerse regularmente para ayudar a que un producto o servicio obtenga el apoyo adecuado para el éxito.

## 63. MARKETING JUVENIL

En el sistema socioeconómico actual muchos jóvenes, aun adolescentes, tienen ingresos disponibles. Lo que les permite comprar ropa, productos de aseo personal y entretenimiento como nunca. Los especialistas en marketing, consientes de esta tendencia, comenzaron a diseñar productos y anuncios diseñados específicamente para jóvenes, generando un importante grupo demográfico de consumidores.

El marketing juvenil es cualquier esfuerzo de marketing dirigido a los jóvenes. Este grupo generalmente se divide en segmentos más pequeños según su edad, incluidos preadolescentes, adolescentes, estudiantes universitarios y adultos jóvenes. Cada segmento de mercado tiene productos y campañas publicitarias dirigidas específicamente a su edad.

Esta estrategia publicitaria no se limita a ningún canal o técnica de marketing. El mercadeo juvenil se lleva a cabo en televisión, radio, en forma impresa y en docenas de formas en línea. Las empresas a menudo patrocinan a atletas extremos, músicos y equipos deportivos como una forma de insertarse en la cultura juvenil. La autenticidad es particularmente importante para los jóvenes que quieren que las marcas que apoyan reflejen sus valores y gustos.

Los jóvenes son consumidores valiosos porque influyen en las decisiones de compra de sus amigos y familiares. Además de ser consumidores ellos mismos, los adolescentes pueden influir en los planes de vacaciones de su familia, el automóvil que eligen y la ropa que usan. Si un producto o marca es popular entre los jóvenes, gana una imagen que lo hace apreciado.

El marketing dirigido a los jóvenes es una estrategia utilizada por una amplia gama de empresas, en particular las que venden bienes de consumo. Las empresas que venden alimentos, ropa, productos electrónicos personales y entretenimiento invierten grandes sumas en el mercado juvenil. Todas las empresas, pequeñas y grandes, tienen posibilidades de mercadeo en este sector. Incluso las empresas que parecen no tener interés en los consumidores jóvenes intentan mantener publicidad relevante para ellos. Los consumidores jóvenes eventualmente se convertirán en adultos que necesitarán adquirir diferentes productos y servicios.

El marketing juvenil es una estrategia publicitaria común porque ser joven se asocia con ser libre, feliz, genial y culturalmente relevante. Esta es una imagen a la que aspiran todas las marcas, incluso si se dirigen a consumidores mayores. Las imágenes y los eslóganes que se utilizan para comercializar a los jóvenes a menudo influyen en los anuncios de las empresas que quieren parecer vitales, nuevas y con visión de futuro. El marketing juvenil toma tantas formas que es difícil hacer generalizaciones sobre las características ideales para un plan específico.

# 64. MARKETING LOCAL

El marketing local, también conocido como marketing de vecindario, se dirige específicamente a la comunidad alrededor de un negocio presencial como un restaurante, un almacén o consultorio. Los mensajes promocionales están dirigidos a la población local, en lugar de al mercado masivo.

Las empresas nacionales pueden usar anuncios costosos en programas de televisión y en revistas populares para llegar a una gran cantidad de consumidores potenciales, pero esas opciones no son aplicables para los propietarios de empresas locales. No solo existen consideraciones financieras, sino que pocos negocios locales atraen a consumidores que viven más lejos que a una cómoda distancia en automóvil. En cambio, estas empresas se involucran en soluciones más específicas, buscando a aquellos clientes en los vecindarios circundantes que podrían sentirse atraídos por la publicidad persuasiva y la referencia local.

En la práctica, el marketing local puede adoptar varias formas. Muchas empresas locales contactan directamente a los consumidores a través del correo, eventos en la ciudad, patrocinios de equipos locales o anuncios en el periódico de la ciudad, con la esperanza no solo de atraer nuevos clientes, sino también de generar negocios repetidos Un impulso de marketing local exitoso le permite a un negocio tener una presencia significativa en los mapas mentales de los consumidores de sus comunidades.

El marketing local es utilizado principalmente por pequeñas empresas: tiendas y restaurantes con una sola ubicación o punto de venta. Los propietarios de franquicias también pueden emplear el marketing local para promocionar sus ubicaciones específicas, complementando las campañas de marketing regionales o nacionales de la franquicia más grande que promocionan el nombre y los productos de la franquicia, pero no ubicaciones específicas.

El marketing local permite a una empresa desarrollar una base de clientes habituales en las inmediaciones de la ubicación de la empresa. El radio de influencia estándar es de aproximadamente 10 millas, pero podría ser incluso menor en áreas más urbanas, donde el tráfico local y la densidad del vecindario es mucho mayor. A los clientes les gusta comprar y comer cerca de sus casas; ahorra tiempo y es más conveniente. Los residentes crean sus propios mapas mentales del área circundante, con restaurantes favoritos y tiendas particulares recordadas rápida y fácilmente. Desarrollan hábitos de compra y alimentación basados en estos mapas, participando en una gran cantidad de negocios repetidos.

Sin embargo, al mismo tiempo, siempre se están instalando nuevos negocios, así como otros se cierran, por lo que estos mapas se actualizan constantemente. Por lo tanto, cualquier tienda o restaurante, y particularmente los nuevos, tienen que trabajar para publicitar su presencia incluso en su propio vecindario circundante, para ingresar a estos mapas mentales.

Los negocios en diferentes vecindarios aplicarán tácticas de mercadeo local a diferentes segmentos de consumidores, identificados por posición socioeconómica, composición demográfica y valores de compra, pero asumiendo que la ubicación de un negocio fue planeada y no aleatoria, los consumidores que viven en el vecindario ya son los tipos de consumidores que están interesados en ese negocio. Las campañas de mercadeo local pueden usar una serie de estrategias diferentes para crear conciencia dentro de un vecindario, a menudo comenzando con correos directos simples con cupones o próximas ventas.

Como con cualquier campaña de marketing, la información es clave. Las empresas deben identificar las organizaciones locales, incluidas las asociaciones deportivas, clubes y organizaciones de propietarios de viviendas, escuelas y centros residenciales como los complejos de apartamentos para personas de la tercera edad, que suelen albergar eventos comunitarios. Deben comprender los diversos horarios de estas organizaciones y comunicarse con los grupos para apoyar los eventos locales.

Patrocinar un equipo deportivo de la comunidad circundante, tener un puesto en una feria local, participar en un ministerio local; cada evento y actividad aumenta la presencia visible y la prominencia de un negocio en los mapas mentales de quienes viven en el vecindario. Además, dicha participación eleva la reputación de una empresa, lo que hace que sea más probable que las personas consideren relaciones comerciales y ofertas adicionales.

Este conocimiento también permitirá que una empresa local haga ofertas específicas a los diversos grupos de su comunidad. Por ejemplo, ofreciendo ofertas especiales a los empleados de organizaciones o empresas, o estudiantes de escuelas locales y pueden asociarse con otros negocios para ofrecer incentivos que atraigan a los consumidores a sus centros comerciales. El marketing local se fundamenta en el conocimiento y la interacción con los vecinos. No se trata solo de invertir dinero, sino de invertir tiempo y desarrollar relaciones. No se puede hacer simplemente desde una silla de oficina y una computadora, sino que requiere salir y conectarse con los clientes cara a cara.

## 65. MARKETING MULTI-CANAL

Como ya lo hemos anotado, Internet revolucionó el comercio, introduciendo a los consumidores a un nivel de información sin precedentes, así como a un poderoso medio de interacción entre empresas y clientes en todo el mundo. Así mismo, las tecnologías emergentes están mejorando aún más esta interacción. Hoy en día existen más opciones que nunca para que las empresas y los clientes se comuniquen y realicen negocios con clientes potenciales.

El marketing multicanal brinda a los clientes más de una forma de completar una transacción de venta, como a través de una tienda minorista, una página web en Internet o incluso a través de sus teléfonos inteligentes. Además, reconoce que los diferentes consumidores no solo favorecen canales particulares, sino que comúnmente pueden usar múltiples canales a lo largo del proceso de compra, por ejemplo, al encontrar información en una página web, pero en realidad hacer la compra en una tienda física.

Las empresas de comercio minorista, finanzas, informática, viajes, moda y muchas otras industrias utilizan múltiples canales para captar clientes. Diferentes tipos de negocios tienden a favorecer diferentes canales. Las empresas financieras, por ejemplo, utilizan los centros de llamadas en mayor escala que las marcas minoristas; mientras tanto, los catálogos se usan a menudo para ropa, artículos para el hogar y productos informáticos, pero no se presentan como un canal para productos de inversión. Además, casi todas las empresas pueden usar Internet como un canal importante para el comercio y han comenzado a integrar también otras tecnologías como el comercio móvil.

A medida que el mundo se vuelve cada vez más interconectado a través de Internet y la tecnología móvil, las comunicaciones multicanal se convierten en un aspecto normal del comercio y no en una excepción. Si bien muchos clientes aún prefieren interactuar con un solo canal, un número cada vez mayor utiliza múltiples canales en su proceso de compra, y aquellos que lo hacen compran en un porcentaje mayor.

El marketing multicanal implica aumentar los puntos de contacto con los clientes y llegar a segmentos de clientes adicionales proporcionando los puntos de acceso que ellos prefieren. Para ser efectivo, es imperativo que la empresa trabaje para coordinar su mensaje y sus datos. La publicidad en medios impresos, televisión, radio, correo directo y correo electrónico, anuncios en Internet y otras vías deben brindar experiencias de marca consistentes.

Cuando se contratan diferentes agencias para cada una de estas vías, desarrollar un mensaje coherente puede resultar difícil. Del mismo modo, las experiencias de los clientes a través de ventas directas, centros de llamadas, sitios web y entornos minoristas también deben tener una presentación consistente, no se desea que los consumidores sientan que están interactuando con una empresa diferente en cada punto.

Igualmente, es de vital importancia que los diferentes canales coordinen sus datos. Las ventas realizadas a través de un centro de llamadas o un sitio web tienden a recopilar más información del consumidor que las realizadas en una tienda minorista. Almacenar esta información en diferentes bases de datos: una utilizada por el centro de llamadas, otra utilizada por el sitio web, etc., priva a una empresa de muchas oportunidades para personalizar la experiencia del consumidor. Una vez que los datos se integran en todos los canales, abundan las nuevas oportunidades. Por ejemplo, las listas de marketing directo pueden ser más específicas para incluir información personalizada: un correo impreso personalizado puede ser más de costoso, pero genera una tasa de respuesta varias veces mayor.

Las empresas también pueden utilizar la información para crear oportunidades de seguimiento. Por ejemplo, un cliente que busca información en un sitio web, pero que no realiza una compra en ese momento, puede obtener un seguimiento del centro de llamadas. Los datos integrados también aumentan el servicio que se puede brindar cuando los clientes inician el contacto, como a través de un número de servicio al cliente o una ventana de chat en línea.

Sin embargo, medir el éxito a través de múltiples canales puede ser difícil. Si un cliente investiga una empresa a través de varios canales y finalmente realiza una compra en uno, por ejemplo, en el sitio web, no es fácil acreditar a los otros canales, impreso, correo electrónico, móvil, etc., en esa compra. Solo registrar el último punto de contacto puede sesgar las métricas y dar lugar a una mala interpretación del retorno real de la inversión en los diferentes canales. Una empresa necesita un sistema más desarrollado de identificación de resultados de sus puntos de contacto para establecer una imagen más precisa del rendimiento de sus esfuerzos de marketing.

## 66. MARKETING PERSONALIZADO

El marketing personalizado es la última forma de marketing dirigido, creando mensajes para consumidores individuales. Dicho esto, la mayoría de las veces es un proceso automatizado, que utiliza software de computadora para elaborar los mensajes individuales y crea motores de recomendación centrados en el cliente en lugar de motores de venta centrados en la empresa. Además de las promociones personalizadas, el marketing personalizado también se puede aplicar a los propios productos mediante el uso de un sistema de configuración que permite a los clientes elegir especificaciones individuales para los productos que les interesan. Al ofrecer a los consumidores los productos que ya desean, es mucho más probable que las empresas puedan convertir las visitas online en ventas.

Más empresas están implementando algún nivel de personalización en sus campañas de marketing, con las empresas basadas en Internet a la cabeza. El software de Internet permite a las empresas identificar las ubicaciones físicas desde las que los clientes inician sesión, mantener registros de las transacciones de los clientes con ellos y utilizar cookies de seguimiento para conocer otros intereses de compra de los consumidores. Con estos datos, un sitio web puede personalizar la experiencia de un visitante al mostrarle una página personalizada, con su preferencia de idioma y los productos y ofertas en los que es más probable que esté interesado.

Otras empresas están liderando el camino en términos de personalización de productos. Por ejemplo, empresas especializadas en la venta de computadores invitan a los clientes a armar sus equipos seleccionando las diversas especificaciones para su máquina. Mientras tanto, vendedores de vehículos, viviendas y oficinas, muebles y otros productos, permiten que sus clientes seleccionen elementos de diseño de acuerdo con sus preferencias individuales.

Aparte de Internet, las tiendas de comestibles con tarjetas de fidelización también están personalizando la experiencia de compra, enviando cupones a los clientes según su historial de compras. El servicio personalizado siempre ha sido un elemento de la pequeña empresa y la tienda local, donde las personas conocen a sus clientes por su nombre; ahora las tecnologías de bases de datos también están equipando a las empresas más grandes para personalizar sus listados.

En contraste con el marketing masivo que envía mensajes a grandes grupos de clientes, e incluso el marketing dirigido, que se enfoca en un segmento de consumidores en particular, el marketing personalizado implica el envío de información a una audiencia de una persona a la vez. En teoría, debería ser efectivo con todos los clientes. En la práctica, sin embargo, la capacidad de personalizar depende de la información disponible sobre el cliente; por lo tanto, el marketing personalizado es más eficaz con los consumidores que se sienten más cómodos compartiendo información. La buena noticia es que más personas están dispuestas a cambiar un mínimo de privacidad por una experiencia personalizada. En comparación con la población total, las personas más jóvenes, que han crecido con la tecnología, se sienten más cómodas compartiendo información que los clientes mayores.

La tecnología también está equipando a las empresas grandes para personalizar sus productos y servicios y el marketing personalizado en realidad tiene impacto en otras estrategias de marketing:

**Mercadeo por Internet.** Además de hacer recomendaciones personalizadas, las páginas web también se pueden diseñar para mostrar otro contenido basado en el historial del cliente; de hecho, se pueden construir páginas de destino completas a partir de esta información. Por lo tanto, cuando un cliente llega al sitio web, la fuente de referencia, la ubicación geográfica y el historial de compras pueden influir en lo que se presenta en la página.

**Correo directo y correo electrónico.** Saludar a alguien por su nombre es más atractivo que un saludo generalizado, pero los correos directos pueden hacer mucho más que eso. Los datos de clientes potenciales se pueden integrar en los correos, de modo que los productos u ofertas específicos se destaquen en consecuencia. Esto es notablemente más fácil con el correo electrónico, aunque las reducciones en los costos variables de impresión también lo hacen posible para el correo físico. Por ejemplo, si su lista de correo se genera a partir de su base de datos de clientes, la información sobre compras anteriores se puede utilizar para sugerir compras futuras.

Las actividades de marketing de bases de datos que ya generan listas muy específicas también se pueden utilizar para atender a personas específicas.

**Marketing empresa a empresa.** Antes de ponerse en contacto con los agentes y los responsables de la toma de decisiones en la empresa objetivo, se puede recopilar información sobre las condiciones específicas a los que se enfrentan en su puesto, y esto se utiliza para enmarcar las propuestas y negociaciones. Además, una búsqueda en redes sociales tales como LinkedIn pueden mostrar relaciones mutuas que se pueden aprovechar para obtener referencias o establecer elementos de contacto común.

**Marketing de medios sociales.** Este método permite la comunicación con los clientes en las redes sociales, respondiendo sus preguntas e interactuando con ellos. Una interacción personal a diferencia de las respuestas automáticas es muy útil. Puede parecer mucho esfuerzo para un solo cliente, pero es más probable que los usuarios activos de las redes sociales compartan información con amigos, lo que incrementa la posibilidad de conexión con aún más contactos.

## 67. MARKETING POR AFINIDAD

Cuando una empresa se asocia con una organización para proporcionar bienes a cambio del acceso a un nuevo mercado, ambas partes se benefician. A través de su asociación de afinidad, una empresa aumenta su base general de clientes, mientras que la otra ofrece incentivos a quienes usan la tarjeta de crédito con su servicio, lo que aumenta la cantidad de personas que probablemente comprarán sus productos. Hay dos partes involucradas en una campaña de marketing por afinidad: el grupo de afinidad y la empresa que proporciona al grupo un nuevo producto o servicio.

Las empresas que se asocian con grupos de afinidad difieren ampliamente en tamaño, alcance y productos ofrecidos. Las empresas que forman sociedades de afinidad pueden ser tan pequeñas como una cafetería que vende pasteles de una panadería local, o tan grandes como las compañías de tarjetas de crédito que marcan los logotipos de los equipos deportivos en sus tarjetas para atraer fanáticos.

La mayor fortaleza de una campaña de marketing por afinidad puede ser cuán personalizable es. Hay cientos de grupos de afinidad y mercados objetivo para que las empresas se presenten y, con la campaña adecuada, estas estrategias son en gran medida exitosas.

Las organizaciones de afiliados siempre buscan más incentivos para incentivar a sus miembros a mantener su afiliación, lo que los convierte en uno de los grupos de afinidad más exitosos a los que se dirigen las campañas.

El simple hecho de comunicarse con un nuevo grupo u organización no es suficiente para desarrollar una relación sólida. Las campañas exitosas de marketing por afinidad requieren equipos de estrategas de marketing y negociadores comerciales para aprovechar una asociación sólida con otra empresa u organización.

Al comienzo de una campaña por marketing de afinidad, las empresas generalmente tienen una idea aproximada de a qué grupo de afinidad desean llegar. Los gerentes de marketing primero buscan identificar áreas de mercado potenciales y comienzan a trabajar con el área de ventas de una empresa para descubrir los beneficios potenciales de ingresar a estos mercados. Esta parte de la campaña de marketing es muy intensiva en números, lo que requiere que el equipo de marketing examine cómo los diferentes grupos de afinidad podrían afectar las ventas de un producto.

Después de decidir un grupo de afinidad al que dirigirse, el equipo de marketing comienza a crear una lista de metas y objetivos para su campaña. Esto incluye no solo las cifras de ventas, sino también aspectos como la imagen de la empresa. La imagen de la empresa y de la marca es un elemento importante de cualquier campaña de marketing, por lo que el equipo de marketing debe identificar organizaciones que complementen su imagen actual.

Después de desarrollar una lista de socios potenciales, los gerentes de marketing se comunican con esas organizaciones y empresas para negociar los términos de la asociación. Durante las negociaciones, los especialistas en marketing explican exactamente por qué una organización debe asociarse con una empresa, desde ofertas y acuerdos promocionales hasta satisfacer las necesidades cada vez mayores de los miembros de una organización. Además, las asociaciones comerciales implican una gran cantidad de responsabilidad legal, lo que significa que ambas organizaciones deben redactar términos y responsabilidades para garantizar que se satisfagan todas las necesidades. Si ambas organizaciones están de acuerdo con los términos del acuerdo, se desarrolla una asociación de afinidad.

A partir de aquí, la campaña de marketing por afinidad realmente toma forma, ya que los expertos en relaciones públicas y las agencias de publicidad transmiten nuevos acuerdos y ofertas que la organización o empresa ofrece a sus clientes o afiliados. La campaña está dirigida al público objetivo y los representantes de ventas comienzan a realizar un seguimiento del impacto de la campaña. Los líderes de ambos extremos de la asociación se reúnen con frecuencia para analizar cualquier mejora o ajuste que se pueda realizar en la campaña, teniendo en cuenta la investigación de mercado y las cifras de ventas. Si una empresa se asoció con una organización sin fines de lucro, a menudo realizan encuestas para conocer la reacción del público a la nueva asociación y si mejora la imagen de la empresa. Las organizaciones sin fines de lucro informan cualquier aumento en la afluencia de fondos y deciden si continuar o no con la campaña de marketing.

## 68. MARKETING POR ALIANZA

El marketing por alianza se produce cuando dos o más empresas cooperan para promocionar y vender conjuntamente un producto, servicio o incluso un concepto. Puede tener lugar a cualquier escala, incluso a nivel internacional, siempre que brinde un beneficio a todas las partes interesadas involucradas.

El marketing por alianza puede ser empleado por prácticamente cualquier empresa cuando puede encontrar socios interesados en una cooperación de beneficio mutuo. Fundamentalmente, implica la puesta en común de recursos, ya sean conocimientos/experiencia, infraestructura de distribución, reconocimiento/reputación de marca o simplemente dinero, para lograr un resultado que sería más costoso obtener de forma independiente.

Estas alianzas pueden ser:

- **Alianzas de empresas no competitivas.** Esto incluiría dos empresas de diferentes líneas industriales que se unen para ofrecer servicios o productos al mismo nicho o grupo de clientes.

- **Alianzas de destino.** En las que empresas como hoteles, restaurantes y empresas turísticas unen recursos para promocionar su ubicación a posibles viajeros.

- **Alianzas tecnológicas.** Estas alianzas se forman para promover un nuevo dispositivo o concepto. En este caso, las empresas que podrían competir potencialmente en la oferta de nueva tecnología se enfrentan a una mayor competencia de otras empresas que representan la tecnología alternativa existente y establecida. Una alianza permite a estas empresas crear una mayor presencia en el mercado para desplazar la tecnología antigua y asegura que puedan establecer los estándares para la producción de la nueva tecnología.

- **Alianzas de expansión.** Estas alianzas son particularmente útiles para acceder a a nuevos mercados, ya que la expansión independiente requiere una gran inversión de recursos y el desarrollo de nuevos canales de distribución. Esto es especialmente útil para aprovechar los mercados extranjeros; una empresa de un país puede ofrecer un producto a través de otra empresa ya establecida en otro país, accediendo así inmediatamente al nuevo mercado.

Este principio también funciona para la expansión doméstica. Starbucks, por ejemplo, se alió con Pepsi para distribuir sus bebidas listas para beber a gasolineras, supermercados y tiendas de conveniencia. Starbucks accedió a la red de distribución establecida de Pepsi sin tener que construir la suya propia; a cambio, Pepsi obtuvo ingresos de nuevos productos, como Frappuccino embotellado, que no competían directamente con sus propias bebidas.

Con frecuencia, los nuevos clientes se sienten atraídos por las empresas que emplean estrategias de marketing por alianza. Las empresas suelen comerciar con clientes leales, lo que aumenta los negocios para ambos miembros de la alianza. Los clientes leales de un aliado se integran en la nueva base de clientes, ya que prestarán más atención a las referencias de los productos y servicios de esa empresa. Al aprovechar las marcas, la reputación, la distribución y las ofertas de un aliado, las empresas comercializan a grupos de clientes que antes estaban fuera de su alcance.

El marketing por alianza efectivo implica coordinar las fortalezas de diferentes empresas para satisfacer la demanda del mercado. Esto requiere una importante planificación previa, así como un esfuerzo continuo para mantener la nueva relación comercial. En un primer momento, el equipo de marketing identifica la oportunidad de negocio que potencialmente podría aprovecharse a través de una alianza. Luego, investiga posibles aliados, considerando la probabilidad de obtener un retorno de la inversión en dicha relación.

Al considerar una alianza internacional, se debe realizar una investigación adicional sobre la economía del otro país: tasas de cambio de moneda, tasa de inflación proyectada, tasas de interés, leyes sobre derechos de propiedad intelectual, etc.

Una vez que se encuentra un socio, o múltiples socios para una alianza, cada parte interesada debe establecer planes y expectativas por adelantado. Ya sea que la alianza involucre o no la creación de una nueva entidad comercial como en una empresa conjunta, ambas empresas necesitan una comprensión clara de lo que se espera que haga cada socio y cómo se tomarán las decisiones de gestión en los esfuerzos cooperativos. Detallar los compromisos y las expectativas aumenta la cantidad de intercambio de beneficio mutuo que puede tener lugar entre los socios. Además del marketing externo, también es importante realizar "marketing interno". Los empleados de los socios deben estar de acuerdo con el programa, entendiendo lo que están brindando y el valor que están recibiendo de esta asociación.

Las estrategias de alianza más efectivas operan en torno a objetivos a largo plazo. Se necesita tiempo para desarrollar una inversión significativa en otra empresa, ya que los pagos a corto plazo generalmente no justifican los costos y riesgos de dicha inversión. No obstante, las partes interesadas en una alianza deben esperar que sus socios se desempeñen; si una empresa no cumple con sus compromisos, debe ser eliminada de la alianza en favor de un socio más activo y eficaz.

## 69. MARKETING POR CANALES

El potencial para reducir costos, mejorar la eficiencia, expandir los mercados y aumentar la satisfacción del cliente a menudo hace que las alianzas comerciales sean demasiado productivas para dejarlas pasar. Se ha vuelto cada vez más difícil para las empresas vender un producto en un solo lugar, lo que requiere una mayor cooperación global para aumentar las tasas de éxito.

En los negocios, un "canal" es el camino a través del cual los bienes fluyen desde los productores hasta los consumidores. Es importante considerar cada punto del camino para crear una imagen completa de cómo se fabrican y venden realmente los bienes.

Tome cereales para el desayuno, por ejemplo. El canal comienza en un campo de trigo donde se produce el ingrediente más básico del cereal. Luego, el grano viaja a un dispensario de granos, luego a la fábrica de cereales, a través de un distribuidor de comestibles y finalmente termina en los estantes de la tienda. Una vez que el cereal termina en un tazón en la mesa de la cocina de alguien, el canal está completo. El canal abarca todos los puntos de la vida de esa caja de cereales para el desayuno.

El marketing de canal implica encontrar nuevos socios para ayudar a transferir bienes de los productores a los consumidores. Muy pocos productores venden realmente los bienes que producen ellos mismos, que en su lugar se venden a través de un intermediario. Considere el cereal una vez más. No hay tienda de cereales; los productores confían en las tiendas de abarrotes para vender sus productos.

Encontrar nuevos canales y maximizar el potencial de esos canales es el objetivo principal del marketing de canales. Es principalmente una estrategia de marketing de empresa a empresa (B2B), que involucra a las empresas que se comercializan a sí mismas a otras empresas en lugar de a los consumidores individuales. Por ejemplo, un ejecutivo de cuentas de la empresa A intentará convencer a un gerente de la empresa B de que se beneficiaría si comenzara a vender los productos de la empresa A.

El canal de marketing que elige una empresa afecta muchos aspectos de la forma en que se vende un producto. El precio de un producto dependerá en gran medida del tipo de entorno en el que se venda. Los esfuerzos de capacitación y publicidad deberán adaptarse para satisfacer las necesidades del vendedor. En última instancia, toda la percepción de un producto estará influenciada por la forma en que los socios de canal lo presenten.

El marketing de canal es principalmente una estrategia empleada por grandes empresas que ofrecen muchos productos en un amplio territorio de ventas. Los beneficios del marketing de canal se obtienen mejor en economías de escala donde las cargas de producción, distribución y venta al por menor a veces son significativas. Sin embargo, hay excepciones a la regla. Incluso los pequeños productores siempre están buscando nuevos puntos de venta para vender sus productos. Piense en un fabricante de joyas con la oportunidad de vender en un canal de compras por televisión. Su potencial de ventas ahora es mucho mayor de lo que sería vender solo en joyerías boutique.

Por lo general, los departamentos de marketing más grandes están mejor equipados para manejar las demandas del marketing de canales. Crear y mantener relaciones con socios de canal requiere mucho tiempo, negociación y evaluación. Cuantos más recursos tenga que dedicar un departamento de marketing a una relación con un socio de canal, mejor funcionará.

Las mejores relaciones de marketing de canal ocurren entre socios complementarios. Los desarrolladores de software trabajarán mejor con los minoristas de productos electrónicos que con las zapaterías. Pero los socios no necesitan ser idénticos. Un productor podría desarrollar una relación con un minorista mucho más grande que él o viceversa. Del mismo modo, las empresas que parecen no estar relacionadas pueden formar asociaciones de canal exitosas. Una empresa de juguetes podría llegar a un acuerdo para vender su producto en estadios deportivos. El único requisito duro y rápido es que ambos socios encuentren valor en la relación.

El primer paso para crear un plan de marketing de canal es identificar posibles socios de canal. Esto implica un análisis cuidadoso del producto vendido, los productos de los competidores y los mercados donde se aplican. El análisis debe ser minucioso, técnico y comparar datos duros del mercado para encontrar el socio adecuado.

Una vez que se ha identificado a un socio, debe estar convencido de que una asociación de canal beneficiaría a ambas partes. Los productores deben comercializar sus productos según las necesidades de los minoristas de la misma manera que una empresa trata de hacer un lanzamiento a los consumidores.

Después de llegar a un acuerdo, ambas partes redactarán y firmarán un contrato vinculante. Es importante que cada contingencia sea contabilizada. La única manera de que una asociación de canal funcione es que todos los detalles más pertinentes se acuerden en un contrato antes de que comience la asociación.

Con el contrato vigente, las dos partes pueden comenzar a intercambiar bienes y servicios. Durante la duración del contrato, será necesario que los gerentes de ambos lados solucionen los problemas y aborden las inquietudes a medida que surjan. Incluso los contratos más completos no pueden abordar todos los problemas posibles, por lo que ambas partes deben mantener una relación comercial productiva. Al finalizar el contrato, los términos pueden ser renegociados o la sociedad puede ser separada.

## 70. MARKETING POR CATÁLOGO

Los catálogos han sido una de las formas favoritas de comprar durante más de doscientos años. Hacia finales del siglo XIX en los Estados Unidos ya las personas comenzaron a liberarse de la estrecha selección de las tiendas locales al comprar bienes de consumo a través de catálogos. A principios de 1900, Sears, Roebuck and Company y Montgomery Ward eran algunas de las principales empresas de pedidos por correo que utilizaban catálogos para llegar a clientes de todo el país.

El marketing por catálogo es una forma especializada de marketing directo que aún ocupa un lugar importante entre las diversas estrategias de marketing que se utilizan en la actualidad, incluidas las redes sociales y la publicidad en Internet. A pesar de que las personas compran productos en línea con mayor frecuencia, muchos todavía utilizan el catálogo como su fuente de información preferida sobre los productos y servicios de una empresa.

Los minoristas de pedidos por correo utilizan el marketing por catálogo para llegar a un público más amplio. Grandes almacenes como J.C. Penney, por ejemplo, utilizan tanto sus tiendas como su gran catálogo de pedidos por correo como formas de conectarse con los clientes.

Las empresas especializadas en comercio B2B también utilizan el marketing por catálogo. Es posible que las empresas que se especializan en vender a un tipo particular de industria no tengan sus catálogos completos en línea. En su lugar, imprimen y distribuyen sus catálogos de productos directamente a sus compradores.

Muchas empresas utilizan salas de exposición para dar a los consumidores la oportunidad de ver una pequeña muestra de productos en persona para luego dar a sus clientes la posibilidad de comprar a través de una gama más amplia de opciones en un catálogo.

El marketing por catálogo ha experimentado cambios tremendos desde mediados de la década de 1990, agregando nuevos canales a través de los cuales las empresas llegan a sus clientes. A principios de 2000, los grandes minoristas comenzaron a cambiar su enfoque hacia el comercio electrónico, imprimiendo menos catálogos y reestructurando sus negocios para reflejar la preferencia general de los consumidores por comprar en línea, trasladando sus catálogos a sitios web y enviando catálogos solo a un número limitado de compradores confirmados. Algunas empresas sienten que los catálogos brindan a sus clientes mejor presentación de sus productos y que muchos de sus clientes usan los catálogos junto con Internet para realizar sus compras.

Se podría pensar que las típicas compradoras por catálogo son mujeres empleadas de poco más de 50 años y con un ingreso de alrededor de 55 mil dólares por año, en su mayoría casadas y viviendo en los suburbios. Sin embargo, este encasillamiento del comprador por catálogo, aunque bastante aproximado, no es del todo cierto. Algunos clientes de diversa edad y condición simplemente prefieren comprar en un catálogo a comprar en línea. Otros consumidores usan catálogos junto con el sitio web de una empresa. Igualmente, aquellos clientes que no se sienten cómodos comprando artículos en línea o aquellos a quienes les gusta hablar con una persona real por teléfono pueden simplemente llamar para hacer sus pedidos.

Las empresas primero deben decidir si ofrecer un catálogo de línea completa o uno más especializado que establezca categorías específicas de productos y si enviar sus catálogos por correo o elegir otra forma de distribución. Debido a que imprimir y enviar catálogos suele ser costoso, a veces los exhiben en sus tiendas y salas de exhibición.

Los equipos de diseño de catálogos crean y organizan los catálogos para su distribución. Determinan qué ilustraciones y fotografías se incluirán, así como deciden el diseño y la redacción exacta del catálogo.

El siguiente paso en el proceso es la distribución y el seguimiento de la estrategia de marketing por catálogos a medida que se envían a circulación. Si más de un catálogo fue producido, un sistema de seguimiento del resultado de ventas es necesario para determinar cuál resultó en la mayor cantidad de ventas. Igualmente, es importante comparar cuántas ventas se produjeron en línea, cuantas como ventas directas en sus tiendas y cuantas a través del catálogo. Los resultados permitirán a los ejecutivos decidir si publicar un catálogo nuevamente o si es necesario reemplazarlo por una estrategia más costo-efectiva.

Aunque el retorno de la inversión en catálogos es bajo en comparación con otros métodos de marketing, tenga en cuenta que muchos consumidores aún prefieren mirar un catálogo en lugar de un sitio web o ir a una tienda.

- **Investigue a sus clientes.** Mire lo que compran; y, ya sea que compren en línea, por teléfono, por correo o en tiendas. También examine los datos sobre su demografía.

- **De la mayor visibilidad en su catálogo a tus mejores canales de ventas.** Mire los catálogos anteriores para ver cómo se presentaron y mejorarlos.

- **Use imágenes destacadas para los productos más vendidos,** poniendo menos énfasis visual en los productos menos populares. Coloque recordatorios de ofertas especiales, envío gratuito y otras promociones en todas partes del catálogo y en el formulario de pedido.

- **Envíe correos escalonados** para asegurarse de que su catálogo esté en manos de los clientes en un momento en que no sean bombardeados con otros catálogos.

• **Revise su catálogo periódicamente.** Mire lo que funcionó y lo que no. Su catálogo es un proyecto que debe estar en constante estado de actualización.

## 71. MARKETING POR CORREO DIRECTO

Las empresas quieren llegar a sus clientes utilizando las formas más eficientes y rentables posibles. No quieren gastar dinero en anunciar productos y servicios a aquellos que no están en su mercado objetivo. Quieren estar seguros de que están llegando al grupo demográfico que está interesado en lo que hacen, dicen o venden.

Si bien quizás no sea tan ostentoso como otras formas de marketing, el marketing por correo directo es una de las formas de publicidad más rentables y mínimamente intrusivas. Mediante el uso de las herramientas de investigación adecuadas, las empresas pueden enviar sus mensajes directamente a grupos demográficos específicos, dirigiéndose a los clientes más probables. Usando estrategias creativas, las empresas de correo directo pueden captar la atención de sus consumidores ideales y atraerlos para que compren bienes o servicios. Algunas estrategias de marketing por correo directo incluyen tarjetas postales, cupones, ofertas especiales, circulares publicitarias, periódicos gratuitos, CDs de prueba gratuitos, catálogos y solicitudes de tarjetas de crédito preaprobadas.

El marketing por correo electrónico es ahora una rama muy popular del marketing por correo directo. Sin embargo, vale la pena tener en cuenta que los estados tienen leyes con respecto al "spam" o correo electrónico no deseado. Por lo tanto, las empresas que desean mantener una reputación positiva utilizan una política de suscripción para el marketing por correo electrónico y se dirigen solo a los clientes interesados.

Algunas empresas ofrecen beneficios económicos potenciales directamente en sus campañas de correo directo. Las tiendas departamentales envían cupones, sabiendo que la mayoría de los clientes gastarán más del valor del cupón una vez dentro. Los bancos envían ofertas que prometen bonos en efectivo si los clientes abren una cuenta corriente con un depósito directo.

Los políticos y los grupos de intereses especiales utilizan el correo directo para solicitar donaciones o votos. Puede venir en forma de carta persona o como una postal con un recurso a favor o en contra de un candidato, un impuesto adicional o una nueva legislación.

Las organizaciones benéficas y los grupos sin fines de lucro también utilizan el marketing por correo directo para recaudar fondos. Un método común para las organizaciones benéficas es enviar etiquetas de dirección de remitente gratuitas a los posibles donantes, acompañadas de un sobre de envío. Algunos representantes de estas organizaciones descubrieron que el secreto de las contribuciones por correo directo es contactar a la gente con frecuencia.

Aunque los consumidores pueden volverse ciegos a la publicidad, hay un retorno significativo en el marketing por correo directo. La clave es apuntar al grupo demográfico correcto. Las listas de nombres y direcciones se pueden comprar a empresas especializadas, que pueden clasificar a los consumidores potenciales por ingresos, género, límite de crédito, historial de compras, estado de los padres y edad de los hijos, estado civil, educación y geografía. A partir de ahí, las ofertas se adaptan a sus respectivos consumidores potenciales.

Los encargados de marketing primero deben determinar si el objetivo es retener clientes o atraer nuevos, quién es su público objetivo y qué están buscando. Luego miran sus presupuestos para determinar qué estrategia de marketing directo funcionaría mejor para ellos, ya sea campañas de catálogo, postales o correo electrónico. Una vez que tienen las respuestas a estas preguntas, comienzan a construir el plan de implementación estratégica.

La imagen corporativa debe transmitirse a través de las piezas de correo directo, lo que significa que se requiere un diseño y una dirección fuertes. La imagen corporativa es vital, y los detalles aparentemente pequeños, como la calidad del papel y la resolución de los gráficos utilizados, causarán una gran impresión. Algunas empresas pueden contratar a una empresa de correo directo para que se encargue de la creación, el diseño y la impresión de material publicitario. Las empresas más grandes pueden manejar la creación, el diseño, la redacción y posiblemente incluso la impresión de su material internamente.

Para crear una lista de contactos, los especialistas en marketing recopilan información sobre clientes potenciales a través de investigaciones internas. Muchas tiendas ofrecen un porcentaje sustancial de descuento en la primera compra cuando los consumidores solicitan una tarjeta de crédito en la tienda o cuando se suscriben a una lista de correo electrónico. Otras organizaciones y empresas pueden instalar un stand en una feria o conferencia, ofreciendo la oportunidad de ganar un premio cuando los clientes se suscriban para recibir sus boletines y correos.

Además de las empresas especializadas que recopilan y venden información de contacto a empresas y organizaciones, las encuestas de clientes, los registros públicos, los informes de minoristas y el software de datos se pueden usar para recopilar tendencias demográficas; otras compañías usan solo listas basadas en permisos. Estas empresas generalmente pueden reducir sus listas de correo por demografía, por edad, tipo de trabajo, nivel educativo, propiedades, uso de tarjetas de crédito, puntaje de crédito etc. Las empresas interesadas compran estas listas y envían sus ofertas por correo directo a este mercado muy específico.

Una vez que se ha lanzado la campaña de correo directo y los clientes han respondido, las empresas realizan un seguimiento de los resultados para determinar el efecto de la campaña. Medir la cantidad de respuestas, el aumento del tráfico y el margen de ganancias brinda a los especialistas en marketing información importante sobre si la pieza de correo directo produjo los resultados deseados y qué se debe ajustar en campañas futuras.

## 72. MARKETING POR DIVERSIDAD

El marketing de diversidad es empleado por cualquier empresa que busque llegar a nuevos clientes en diferentes grupos raciales, étnicos, culturales o sociales. Es particularmente importante al interactuar con el mercado global, ya que las audiencias en diferentes países rara vez responden al mismo mensaje de la misma manera. Mientras tanto, a medida que el mercado interno se vuelve más diverso, más empresas están adoptando tácticas de marketing de diversidad.

Hace cincuenta años, una empresa podía comercializar con éxito solo a los compradores WASP (protestantes anglosajones blancos), ya que representaban la mayoría del mercado de consumo. Eventualmente, algunas empresas se dieron cuenta del potencial comercial del marketing dirigido a la población afroamericana también, y se intentaron varios esfuerzos de marketing multicultural, pero una empresa aún podría experimentar el éxito sin él.

Hoy, sin embargo, el mercado es decididamente diferente. La población estadounidense se ha vuelto cada vez más diversa y, si las tendencias continúan, los grupos minoritarios de hoy en día constituirán la mayoría de la población alrededor de 2040. Por lo tanto, es posible que una estrategia de "mercado general" ya no sea efectiva en algunos contextos, lo que requerirá profesionales para diversificar sus estrategias de marketing.

Los principales grupos de consumidores a los que se llega actualmente a través del marketing de diversidad incluyen a los hispanos, los afroamericanos, los asiático-americanos y otras comunidades minoritarias.

Los hispanos actualmente representan el crecimiento más rápido de estas poblaciones y ahora superan en número a los afroamericanos en el mercado estadounidense. Sin embargo, no representan un solo grupo de consumidores. Los inmigrantes de primera generación de habla hispana, por ejemplo, responden de manera diferente a los mensajes publicitarios que sus hijos bilingües y de habla inglesa.

Además, los mexicoamericanos, los cubanoamericanos y varios otros subgrupos, incluidos los hispanos blancos, difieren entre sí; por lo tanto, cualquier mercadeo de diversidad hacia los hispanos debe diversificarse aún más en mercados de componentes más pequeños.

Los afroamericanos fueron el primer grupo identificado que requería un enfoque de marketing diferente. En contraste, los asiático-estadounidenses han sido históricamente agrupados en la categoría de "mercado general", ya que se suponía que habían sido más aculturados y no tan diferentes de los blancos. Recientemente, los especialistas en marketing han estado utilizando enfoques de diversidad para los asiático-estadounidenses, quienes, como población, tienden a tener más educación, tener mayores ingresos, realizar más compras de tecnología y participar más en las redes sociales.

Otras comunidades minoritarias son un segmento pequeño dentro del mercado general, pero la comunicación entre los miembros contribuye a obtener altos rendimientos en términos de referencias y compras de lealtad. Por otra parte, la diferencia en la estructura familiar de las distintas comunidades afecta los patrones de compra; aquellos grupos demográficos que representan a las parejas sin hijos o con uno solo, tienden a tener más ingresos disponibles que los consumidores con familias numerosas.

El marketing de diversidad efectivo significa adaptar el mensaje al mercado, en lugar de tratar de adaptar el mercado al mensaje. Un mal intento de llegar a clientes diversos sería desarrollar primero una campaña publicitaria y luego tratar de agregar un aspecto multicultural, por ejemplo, utilizando exactamente la misma publicidad, solo con imágenes de personas de diferente origen racial. La campaña de diversidad efectiva comienza con el contexto multicultural en mente. La investigación de mercado se realiza sobre los consumidores objetivo, no solo sobre sus hábitos de compra, sino también sobre sus valores, ideales, percepciones y métodos de comunicación. La diversa base de consumidores de hoy es bastante conocedora de la publicidad; pueden detectar la diferencia entre un mensaje auténtico y un mensaje copiado y pegado con una nueva paleta de colores.

Los equipos de marketing no necesitan absolutamente miembros de todos los grupos étnicos, pero, sin embargo, deben reclutar talentos desde diversas perspectivas. Con demasiada frecuencia, un grupo de personas con ideas afines puede decidir que una campaña publicitaria les queda bien, sin considerar si es aplicable a otras audiencias críticas para el éxito de su producto. Los especialistas deben probar los métodos publicitarios en grupos focales y pequeñas áreas para recopilar información sobre cómo reaccionan los distintos grupos culturales a sus campañas.

A medida que se desarrolla una campaña de diversidad, el perfil de la audiencia objetivo también debe desarrollarse y diversificarse. Una vez más, los hispanos se componen de muchos subgrupos diferentes. Del mismo modo, existen muchas diferencias dentro de las comunidades afroamericanas: no son solo un grupo de mercado único y de ideas afines.

El contacto con las comunidades objetivo y la inversión en ellas es un componente importante de una estrategia de marketing de diversidad. Dicha actividad hace más que simplemente establecer una reputación o una mentalidad compartida en el grupo objetivo: también conecta a la empresa con los líderes de la comunidad y les brinda más contexto para los métodos de comunicación y las expectativas. Trabajar junto a personas dentro de la comunidad mejora la credibilidad del negocio. Por el contrario, es probable que trabajar sin su opinión resulte en mensajes mal dirigidos y/o ignorados.

## 73. MARKETING POR GOTEO

El marketing por goteo es un plan para comunicar información sobre una empresa a través de un flujo constante de mensajes de marketing, incluidos correos electrónicos, publicaciones en redes sociales, postales, llamadas telefónicas, folletos y boletines impresos. Estas herramientas aumentan el conocimiento de la marca para los consumidores y cultivan clientes potenciales para los equipos de ventas. En muchos casos, el marketing por goteo utiliza servicios automatizados para enviar estos mensajes en determinados momentos, lo que permite a las empresas enviar respuestas inmediatamente después de que un consumidor exprese interés en la información. Del mismo modo, pueden programar publicaciones en redes sociales con anticipación para que sus actualizaciones se publiquen de forma regular, pero no demasiado frecuente.

El marketing por goteo se refiere a un término agrícola. Cuando los agricultores usan el riego por goteo, riegan sus cultivos de manera lenta pero constante para que no absorban demasiada agua, pero aún estén saciados. Del mismo modo, los profesionales de marketing que utilizan campañas de marketing por goteo intentan dar a los consumidores la información que necesitan, de forma regular, y tienen cuidado de no exagerar. Los consumidores pueden ver demasiados correos electrónicos de una empresa como spam y optar por no recibir mensajes. Obviamente, este es un resultado que los profesionales de marketing quieren evitar.

Un estudio realizado muestra que el envío de correos electrónicos regulares y personalizados a clientes actuales y potenciales generará un aumento promedio en las ventas repetidas. Las empresas utilizan esta táctica conocida como campañas de marketing por goteo para reducir el tiempo que lleva cerrar un trato. Estas campañas aprovechan el hecho de que es más probable que los clientes compren un producto de una empresa que ya conocen y en la que confían.

El marketing por goteo permite a las empresas mantenerse frescas en la mente de los clientes incluso cuando no están en el mercado para el producto que vende una empresa. Al mantenerse continuamente en contacto con los consumidores, las empresas esperan que algún día, cuando estén listas, recuerden el producto y realicen una compra.

También conocido como "nutrición de prospectos", el marketing por goteo se dirige tanto a los clientes existentes como a los nuevos prospectos. Se utiliza para dar a conocer a las personas los nuevos productos. Una tienda de ropa enviará folletos a las personas al comienzo de cada temporada, por ejemplo, para mostrar los últimos estilos. El marketing por goteo también se emplea para animar a las personas a volver a utilizar los servicios de una empresa. Una empresa de automóviles, por ejemplo, enviará correos electrónicos a los clientes después de un cambio de aceite para recordarles sus futuras necesidades de mantenimiento.

En efecto, como un agricultor que cuida sus cultivos, las empresas que utilizan el marketing por goteo están atendiendo a sus clientes. Sin este tipo de marketing, las empresas corren el riesgo de dejar que valiosos prospectos comerciales se olviden de sus servicios o los pierdan ante la campaña de marketing por goteo de un competidor.

**Una audiencia atenta:** Por lo general, estas campañas se comparten con personas que han mostrado algún nivel de interés en una empresa, ya sea registrándose para obtener más información en un sitio web o compartiendo una tarjeta de presentación con un comercial. A diferencia de las llamadas en frío o los correos electrónicos aleatorios, los consumidores que ven un mensaje de marketing por goteo están familiarizados con la marca.

**Construcción de relaciones:** El marketing por goteo brinda a las empresas la capacidad de construir una relación con grandes grupos de consumidores o prospectos sin mucho esfuerzo o gasto, en comparación con la tarea de llamar a cada persona individual en una lista de prospectos. Cuando una empresa envía información actualizada y relevante de manera constante, está cultivando la confianza de los clientes.

**Buen momento:** Al planificar cuidadosamente cuándo enviar mensajes, es más probable que los profesionales de marketing que utilizan campañas por goteo compartan información relevante. Sus mensajes actúan como un recordatorio poco después de la visita de un cliente potencial a una tienda o como un aviso para visitar durante una gran venta.

**Mayor probabilidad de ventas:** Debido a que están dirigidas a un público en particular, personas que han mostrado interés en una empresa, las campañas de marketing por goteo dan como resultado una mayor tasa de respuesta. En otras palabras, es más probable que cada mensaje enviado resulte en una venta que uno enviado a un grupo más grande que incluye consumidores no interesados.

Las pequeñas y grandes empresas de todas las industrias utilizan el marketing por goteo. Este tipo de marketing es generalmente utilizado por empresas que venden directamente a los consumidores, así como aquellas que venden productos y servicios a otras empresas. De hecho, las empresas cuyos productos y servicios se compran con poca frecuencia, como casas, seguros y automóviles, tienen la mayor necesidad de campañas de marketing por goteo.

Los profesionales de marketing también utilizan estas campañas para promocionar un próximo evento. Enviarán a los asistentes a una conferencia correos electrónicos informativos o literatura por correo antes del evento. Estos materiales pueden incluir información sobre el hotel, un enlace para descargar el primer capítulo del libro de un orador o consejos sobre la vida nocturna del área de la conferencia.

Dado que la mayoría de las campañas de marketing por goteo son esfuerzos a largo plazo, los profesionales de marketing deben controlar cómo se reciben sus campañas. Usan tecnología para rastrear, por ejemplo, cuántas personas abrieron su correo electrónico, en qué enlaces web se hizo clic dentro de un correo electrónico y cuántas personas solicitaron ser eliminadas de la lista de correo de la empresa. Usualmente utilizan software de análisis de gestión de clientes potenciales para realizar un seguimiento de sus campañas y clientes potenciales, las personas que eventualmente pueden comprar su producto o servicio. Los resultados de estas revisiones pueden impulsar el avance de la campaña; el equipo de marketing puede probar otra táctica o usar otro tono en su redacción para atraer clientes.

Las empresas suelen desarrollar una campaña de marketing por goteo mirando al futuro. Quieren llegar a los clientes cuando es más probable que sean receptivos a un mensaje. Estos mensajes pueden estar vinculados a ciertos lanzamientos de productos, días festivos o temporadas. Por ejemplo, el departamento de marketing de una tienda por departamentos enviará un recordatorio sobre los productos de su empresa en agosto, cuando los padres estén pensando en comprar material escolar.

Al mismo tiempo, los profesionales de marketing no quieren inundar a los clientes con materiales de marketing, por lo que es importante planificar una estrategia para cuándo se enviarán los materiales. Mientras miran los próximos meses, deciden si las notas semanales, quincenales o mensuales serán las más efectivas. El resto del proceso de planificación implica tomar decisiones sobre el tono de los mensajes de marketing, las personas que recibirán los mensajes y cómo se evaluará la campaña general a lo largo del año.

Para desarrollar un plan efectivo de marketing por goteo, los siguientes pasos son aplicables:

**Segmente su lista de contactos:** Antes de que los encargados de marketing realicen una campaña por goteo, analizan su lista de clientes y la dividen en grupos. De esta forma, pueden enviar un tipo de mensaje a los clientes mayores y utilizar otro tipo de mensajes para los clientes más jóvenes.

**Proporcione información útil e interesante:** Las campañas de marketing por goteo suelen incluir información útil junto con llamadas a la acción. Un correo electrónico puede incluir consejos sobre la compra de una casa, por ejemplo, o un gráfico de comparación de precios de productos populares con enlaces que animan a los consumidores a visitar el sitio web de una empresa.

**Diseñe mensajes personalizados:** Los mensajes personalizados tienden a atraer clientes de manera más efectiva. Cuando los clientes ven información que es relevante para ellos, es más probable que presten atención.

**Evalúa el progreso de la campaña:** Los profesionales de marketing vigilan continuamente cómo se reciben sus mensajes. El correo electrónico proporciona una manera fácil de medir su eficacia; pueden ver cuántas personas hicieron clic en ciertos enlaces dentro de los mensajes y cuántos de esos clics generaron ventas reales.

## 74. MARKETING POST CLICK

El marketing posterior al clic es la práctica de interactuar con clientes potenciales en línea después de que hacen clic en los anuncios de pago por clic de una empresa, abren sus correos electrónicos o buscan productos. Al centrarse en los visitantes que ya están interesados en la marca, el producto o el servicio, el marketing posterior al clic lleva a los clientes a páginas de destino que facilitan el proceso de compra. Por supuesto, tiene más sentido centrar el tiempo y la atención en los clientes potenciales que ya están en una tienda que en las personas que pasan por allí. Sin embargo, en línea, muchos anunciantes parecen esforzarse más en dirigirse a las masas, que pueden o no tener interés en sus productos.

Dado que las compras en línea son tan prolíficas, tiene sentido que los dueños de negocios traten sus tiendas en línea de la misma manera que tratarían una tienda física. Sin embargo, los vendedores de negocios en línea a menudo se sienten tentados por lo barato que pueden llegar a miles de personas, y crean anuncios publicitarios al azar y envían correos electrónicos con poco retorno. Ahí es donde entra en juego el marketing posterior al clic, es decir centrado en aquellos clientes potenciales después de haber tenido un contacto inicial. En los últimos años, los profesionales del marketing de búsqueda han considerado que el marketing posterior al clic es una de las formas más efectivas de mejorar el retorno de búsqueda y las tasas de conversión.

Parece poco intuitivo, pero es una realidad desafortunada para muchos usuarios de Internet que hacen clic en anuncios y visitan páginas de inicio de una empresa y, sin ninguna dirección obvia, se confunden acerca de cómo reclamar una oferta o comprar el producto. El marketing posterior al clic intenta resolver este problema, dirigiendo los clics a páginas de destino o páginas especiales en sitios web que presentan contenido relevante para el anuncio. Allí, el cliente verá repetida la oferta del anuncio y será guiado a realizar una compra a través de imágenes y contenido. Con servicios como Google Analytics, los profesionales del marketing posterior al clic pueden recopilar información sobre sus clientes potenciales. Estos datos permiten dirigir a los consumidores particulares después de ese clic inicial, mejorando las tasas de conversión y los resultados de ventas al ofrecer información personalizada.

La mayoría de las empresas que operan en línea emplean algún tipo de estrategia de marketing posterior al clic en los esfuerzos de divulgación. Incluso las operaciones más pequeñas que no disponen de presupuesto para atraer a clientes de todos los rincones de Internet se benefician al prestar atención a los consumidores que ya han expresado interés en ellos.

Por ejemplo, una empresa puede hacer un excelente trabajo de marketing posterior al clic al dirigir a aquellos que hacen clic en sus anuncios a una página de destino fácil de usar. La empresa puede solicitar al posible cliente que ingrese el tipo de producto o servicio que le interesa y su código postal, para enviarle una estimación de costos. Al completar estos sencillos pasos, los clientes potenciales se sienten atraídos y se les brinda de inmediato una forma fácil de registrarse.

Dado que un muy alto porcentaje de los visitantes de un sitio web no convierten en la primera visita, se recomienda que todas las empresas en línea implementen el marketing posterior al clic para aumentar la conversión. Estos resultados no son exclusivos de ningún tipo de negocio, lo que significa que las organizaciones empresa a empresa, los proveedores de servicios, los minoristas de ropa, los fabricantes de muebles y cualquier otro tipo de industria pueden beneficiarse del marketing posterior al clic.

Una campaña de marketing post-clic efectiva comienza por aprender un poco más sobre los clientes objetivo. Según el anuncio, las palabras clave, el correo electrónico o el enlace las redes sociales en las que alguien hace clic, el equipo de marketing puede obtener información sobre el consumidor potencial: Quiénes son, qué buscan comprar, por qué están buscando este producto o servicio específico, qué tan listos están para hacer una compra o si hay un contexto especial para su navegación, como la temporada de año, el regreso a clases, o unas próximas vacaciones. Una vez que el equipo de marketing ha recopilado la mayor cantidad de información posible, puede dirigir el clic al siguiente paso. A menudo, es una página de destino que se adapta específicamente al anuncio, la palabra clave o el correo electrónico que el cliente ya ha visto, lo que significa que no tiene que buscar en todo un sitio web para encontrar el producto correcto.

Para que funcione de manera más eficaz, una página de destino debe incluir contenido que aliente a los usuarios a realizar una compra, lo que se denomina llamada a la acción. Esto puede tomar varias formas, incluido el registro, una solicitud de información, una suscripción a un boletín electrónico o una compra. En el marketing posterior al clic, incluso después de que un cliente toma esta llamada a la acción y realiza una compra, el trabajo del equipo de marketing posterior al clic está lejos de terminar. Si el cliente potencial tomó la acción solicitada y realizó una compra una vez, lo mejor para la empresa es convertirlo en un cliente habitual. Si hicieron clic y se retiraron sin realizar una compra, las cookies y la publicidad dirigida pueden ayudar a atraerlos para que regresen.

Un equipo de marketing posterior al clic puede mejorar aún más la eficacia de su campaña si personaliza su contenido de seguimiento con cualquier información que haya recopilado sobre un cliente potencial específico; cualquier cosa, desde el nombre hasta los deseos del producto, ayudará a que un posible cliente se sienta especial y apreciado.

## 75. MARKETING PROMOCIONAL

El marketing promocional es el uso de cualquier oferta especial destinada a aumentar el interés de un cliente e influir en una compra, y hacer que un producto o empresa en particular se destaque entre sus competidores. En última instancia, el objetivo de cualquier campaña de marketing promocional es dar a conocer un producto o aumentar su atractivo. El marketing promocional tiene la ventaja de ser valioso tanto para los clientes nuevos como para los existentes: ofrece a los nuevos clientes una razón para probar un producto por primera vez, al tiempo que genera lealtad en los clientes existentes.

Los elementos promocionales pueden ser parte de una campaña de marketing directo, como volantes o correo electrónico que incluyen cupones. También pueden incluir concursos que fomenten la participación en una oferta de la empresa o muestras de productos que ofrezcan algo gratis a los clientes para generar su interés en el producto. Las promociones también son comunes durante las interacciones en vivo entre clientes y vendedores, lo que fomenta la compra de productos adicionales. Cualquier empresa que pueda ofrecer a sus clientes algún beneficio adicional a su compra normal puede utilizar técnicas de marketing promocional.

Por ejemplo, una empresa de ropa especializada en materiales ecológicos, en una época en la que términos como verde y sostenible están ganando fuerza en la conciencia pública, quería ampliar la cantidad de vendedores minoristas en línea de sus productos. Decidió dirigirse a los clientes que, como muchas personas con mentalidad de sostenibilidad, tienen menos probabilidades de comprar productos que tienen demasiados empaques desechables que generan basura y desechos, e hizo una oferta especial, enviando sus productos en una bolsa de mano que se podía convertir fácilmente en una bolsa liviana para el uso diario. Este método de envío único demostró su ingenio, así como su dedicación a la sostenibilidad. Después de solo un mes de esta campaña promocional, recibió varias solicitudes de clientes potenciales y adquirió dos minoristas en línea adicionales.

Las empresas minoristas y de servicios que operan con vitrinas utilizan estrategias de marketing promocional para aumentar sus ventas. Usan lo que se conoce como promociones en el punto de venta para hacer que otros productos sean atractivos para los clientes que ya compraron algo. Por ejemplo, una tienda de teléfonos celulares que quisiera hacer que los accesorios, como auriculares y cargadores para automóviles, fueran más atractivos, podría ofrecer una promoción a los clientes con un descuento si compran esos accesorios junto con sus teléfonos. Dado que los clientes ya se han comprometido con una compra mayor, es más probable que estén interesados en comprar esos accesorios que otros clientes potenciales. El descuento obliga a los clientes que a imaginar que tienen que pagar un precio mayor por el mismo producto si no lo adquieren en ese momento con la oferta especial de descuento.

Las empresas que comercializan a otras empresas también se benefician del marketing promocional. Como en el caso mencionado anteriormente de la empresa ecológica, se destacó entre otros fabricantes de ropa al brindar algo extra y memorable a sus clientes. Una promoción de empresa a empresa también puede ser tan simple como ofrecer un descuento a los clientes para generar lealtad a la marca, alentar una venta o brindar al cliente la oportunidad de pasar los ahorros a sus propios clientes.

Las campañas de marketing promocional siempre deben tener un propósito particular. Algunas promociones existen para traer nuevos clientes a una empresa, mientras que otras se enfocan en asegurar la repetición de negocios de los clientes existentes. Independientemente de quién sea el objetivo, una empresa debe tener un objetivo claro que pueda medir antes de comenzar una nueva campaña promocional.

Las empresas primero deben determinar sus clientes objetivo y la mejor manera de llegar a ellos. Diferentes tipos de clientes responden bien a diferentes tipos de promociones. Tal vez es probable que el cliente promedio de una empresa use un cupón, o tal vez una promoción en la tienda sería más efectiva.

Una promoción no es efectiva si el público no la conoce, por lo que los elementos publicitarios, ya sea que se muestren en comerciales de televisión o correo directo, debe aumentar la conciencia sobre la marca y los productos o servicios en oferta. Al mismo tiempo, la promoción debe hacer que el contenido de sus anuncios sea más interesante y atraiga a más espectadores para que participen en la oferta.

Al final de la promoción, la empresa debe evaluar la efectividad de la campaña como aumentó la base de clientes, costo de la campaña para los negocios que generó. Con los datos recopilados durante la campaña promocional, la empresa puede aprender más sobre lo que quieren sus clientes y cómo mejorar el uso de las promociones en futuras campañas.

## 76. MARKETING RELACIONAL

Una de las tareas más caras y difíciles a las que se enfrenta cualquier empresa es conseguir nuevos clientes. Ganar la atención de un cliente potencial, hacer un argumento convincente y luego facilitar la venta que lo acompaña puede generar grandes gastos cuando se considera cada paso. Adquirir un nuevo cliente puede costar varias veces más que retener a un cliente existente. Esto presenta un serio reto para muchas empresas. Ninguna empresa puede sobrevivir y crecer si no aumenta constantemente su base de clientes.

El marketing relacional está dirigido a formar relaciones a largo plazo con los clientes. En lugar de tratar de fomentar una venta única, trata de fomentar la lealtad del cliente proporcionando productos y servicios ejemplares. Esto es diferente a la mayoría de las prácticas publicitarias normales que se enfocan en una sola transacción: ver un anuncio y comprar un producto. El marketing relacional, por el contrario, generalmente no está vinculado a un solo producto u oferta. Se trata de una empresa que refina la forma en que hace negocios para maximizar el valor de esa relación para el cliente.

Muchas empresas separan las dos funciones y dedican distintas áreas de su departamento de marketing a trabajar en una u otra. Los nuevos clientes se consideran transaccionales porque el objetivo es lograr que compren, mientras que los clientes existentes requieren estrategias diferentes. Para retener a los clientes actuales, las empresas se involucran en estrategias de marketing relacional para atraer continuamente negocios repetidos. Si bien ambos tipos de clientes deben ser reconocidos y respetados, el objetivo, en última instancia, es convertir a cada cliente nuevo en un cliente recurrente.

El marketing relacional implica principalmente la mejora de las operaciones internas. Muchos clientes dejan una empresa no porque no les gusta el producto, sino porque son frustrados por el servicio al cliente postventa. Si una empresa maximiza su operación interna para satisfacer todas las necesidades de servicio de sus clientes, los clientes estarán más contentos incluso frente a los problemas del producto.

La tecnología juega un papel importante en el marketing relacional. Internet ha facilitado que las empresas rastreen, almacenen, analicen y luego utilicen grandes cantidades de información sobre los clientes. A los clientes se les ofrecen anuncios personalizados, ofertas especiales y un servicio acelerado como muestra de agradecimiento por su lealtad. Las redes sociales permiten que las empresas atraigan a sus clientes de manera informal y continua. En el pasado, habría sido imposible mantener registros útiles sobre cada cliente, pero la tecnología facilita que las empresas automaticen sus esfuerzos de marketing.

La marca es el componente final del marketing relacional. Una empresa puede formar una relación a largo plazo con un cliente si ese cliente siente que la marca que compra refleja quién es o quién quiere ser. Los clientes están menos inclinados a cambiar a una marca diferente si creen que el cambio hace efecto en su percepción de identidad.

Todo negocio tiene algo que ganar al desarrollar relaciones a largo plazo con sus clientes. Las empresas pequeñas a menudo atienden a un flujo constante de clientes habituales y hacen poco esfuerzo para atraer nuevos clientes, mientras que empresas más grandes suelen invertir en llevar a cabo sofisticadas campañas de marketing relacional. Para algunas, el marketing relacional es una estrategia que involucra a todos los departamentos: ventas, servicio al cliente, envío, etc., con propósito orientado al cliente.

Así mismo, los líderes de una industria se enfrentan constantemente a la competencia de nuevas empresas que afirman ofrecer productos similares con un nivel de servicio de mayor calidad. Aferrarse a sus clientes existentes es la única forma en que pueden mantener su posición en la cima de su industria. Esto es cierto para las empresas de todas las industrias.

El marketing relacional puede implicar la revisión de aspectos importantes de la forma en que una empresa realiza negocios. Esto puede ser costoso, llevar mucho tiempo y tener serias consecuencias tanto para los clientes como para los empleados. La única forma de llevar a cabo una estrategia de marketing relacional de manera reflexiva y efectiva es seguir un plan de marketing integral.

Las empresas primero deben analizar los datos demográficos e históricos de sus clientes para comprender quiénes son, qué compran y cómo atenderlos a largo plazo. La empresa debe entender por qué los consumidores regresan para repetir el negocio. Existe la tendencia a pensar que los clientes regresan porque la empresa los ha atendido bien, pero quizás regresan a una tienda porque es la más cercana a su domicilio, o la única en la zona que tiene el producto que quieren comprar. Analizar la naturaleza de la lealtad del cliente es el mejor método para desarrollar un plan de marketing de relaciones de trabajo.

Con los datos de los clientes, la empresa puede comenzar a segmentar estos clientes y desarrollar estrategias de marketing únicas para cada segmento. Un cliente que aprecia el valor de un producto tiene cualidades diferentes a las de uno que ha tenido una experiencia de servicio al cliente útil. Estos clientes son leales por diferentes motivos y requieren estrategias de marketing relacional personalizadas.

Una vez que se ha implementado la estrategia de marketing, se requiere una evaluación constante para determinar su éxito. Hay una serie de métricas que las empresas pueden usar para medir si se están manteniendo a sus clientes. La más obvia es la repetición de ventas, pero también pueden observar si los clientes están gastando más, abriendo boletines de correo electrónico, recomendando la empresa a amigos o siguiéndolos en las redes sociales. Todos estos son indicadores de varios tipos de lealtad del cliente.

Como ya se anotó, las redes sociales son uno de los componentes más importantes del marketing relacional. Sitios como Instagram, Facebook y Twitter hacen que sea rápido y fácil para las empresas comunicar información a sus clientes. Pero para que esta sea una relación a largo plazo, la empresa tiene que lograr que sus clientes se conviertan en seguidores regulares de sus perfiles de redes sociales. Es útil consultar los datos que ilustran las razones por las que los clientes eligen "likes" en los perfiles de una empresa. Los clientes no eligen seguir a una empresa por mera curiosidad, por lo tanto, las empresas pueden aumentar sus seguidores en las redes sociales si ofrecen incentivos como cupones o información privilegiada.

**Buenas prácticas de marketing relacional**

- Realice sondeos y encuestas periódicas para solicitar comentarios de los clientes.
- Respete esos comentarios e incorpórelos a las prácticas comerciales de la empresa.
- Use todos y cada uno de los medios de comunicación social para conectarse con los clientes.
- Use tecnologías efectivas de monitoreo de clientes.
- Use políticas claras para dictar cómo todos los empleados de la empresa deben interactuar con los clientes en situaciones tanto positivas como negativas.
- Aproveche el valor de los clientes potenciales que ya han expresado interés en la empresa.

- Mantenga una estrategia integral de gestión de relaciones con los clientes.
- Lleve a cabo sesiones de capacitación periódicas para todos los miembros del personal.
- Manténgase a la vanguardia de las ofertas de productos.
- No sacrifique la calidad por la innovación.
- Mantenga un alto índice de satisfacción de los clientes en todas las áreas de la empresa.
- Establezca un medio de reconocimiento del aprecio a sus clientes.

## 77. MARKETING SISTEMATIZADO

La mayor parte de la publicidad que ve es completamente irrelevante. Mire una hora de televisión y lo bombardean con anuncios de medicamentos recetados que no necesita, automóviles que no puede pagar, comida que no le gusta comer y políticos por los que nunca votaría.

Esto ilustra uno de los desafíos más antiguos para los especialistas en marketing: la mayoría de los mensajes de marketing caen en saco roto. Debido a que nunca ha habido una buena manera de conectar mensajes de marketing específicos con clientes específicos, muchas personas ignoran la mayoría de los esfuerzos publicitarios. Tradicionalmente, los anunciantes tienen que lanzar una red amplia y esperar poder llegar al menos a una parte de su público objetivo. Esto conduce a una gran cantidad de tiempo, dinero y energía desperdiciados.

Todo eso cambió con el auge de Internet y el comercio electrónico. Los entornos en línea permiten a los minoristas crear espacios comerciales que se adaptan específicamente a los compradores individuales. Ahora los clientes pueden buscar solo las cosas que necesitan sin deambular por tiendas masivas llenas de productos irrelevantes. Esto permite a los especialistas en marketing crear mensajes publicitarios personalizados que hablen directamente a su público objetivo. Además, las actividades en línea se pueden rastrear para tener una mejor idea de las preferencias de un cliente, creando datos duros que los especialistas en marketing pueden usar para elaborar mensajes publicitarios más convincentes.

Internet ha dado paso a una nueva era de marketing en la que los anunciantes pueden comercializar a individuos en lugar de demográficos. Esto conduce a mayores ventas, mayor satisfacción del cliente y estrategias de marketing más eficientes. Las conjeturas y la intuición que se han utilizado clásicamente para crear campañas publicitarias han disminuido con el tiempo. Los especialistas en marketing ahora pueden confiar en la evidencia empírica y los entornos personalizables para crear una experiencia de compra verdaderamente personal para el cliente.

El marketing sistematizado es un campo emergente que utiliza el poder de la informática para ayudar con las estrategias de marketing. La computación es una forma de dar forma y función a bloques de información demasiado grandes para que cualquier persona los analice. Las actividades en línea generan enormes cantidades de información sobre los usuarios. Todo, desde su página de Facebook hasta su historial de búsqueda, crea un registro de quién es usted y qué le gusta. Estos datos son muy buscados por los anunciantes que quieren conectar a los consumidores con los productos que más les interesa comprar. Para ello, deben crear tecnologías que puedan procesar y responder a toda esta información.

Los componentes principales del marketing sistematizado involucran algoritmos, fórmulas matemáticas, programas de computadora y otras herramientas analíticas para refinar la experiencia de compra de los clientes. La misión no es crear publicidad, sino encontrar mejores formas de conectar a los clientes con la publicidad. La mayor ventaja del marketing sistematizado es que automatiza muchas de las funciones tradicionales del marketing. En lugar de que un vendedor real elija qué anuncio aparecerá frente a un consumidor, una computadora toma esta decisión en función de los datos que ha recopilado. Esto conduce a una mayor eficiencia para los comerciantes y mayores ganancias para los minoristas.

Probablemente ha estado involucrado con el marketing sistematizado y ni siquiera lo sabe. Cuando realiza una búsqueda en Google, anuncios relacionados aparecen en la parte superior de la página. Después de comprar un libro en Amazon.com, recomienda otros libros que podrían gustarle. Netflix le muestra películas en función de las películas que ya ha visto. Todos estos mensajes de marketing se basan en su comportamiento anterior en línea. Este comportamiento ha sido rastreado y analizado para brindar a los consumidores una experiencia más personalizada la próxima vez. El marketing sistematizado brinda a los anunciantes una forma sin precedentes de conectar a sus clientes con los productos que son más relevantes para ellos.

El marketing sistematizado es un campo altamente técnico que se basa en varias disciplinas dentro de la informática y en una gran área de la teoría económica.

- **Recuperación de información:** Internet contiene una cantidad inimaginable de información. Acceder a la información específica que desea a menudo puede ser un desafío. La recuperación de información intenta crear conexiones más fuertes, rápidas y eficientes entre los usuarios y la información que desean. En un sentido comercial, cuanto más fácil pueda encontrar un cliente lo que quiere, más probable es que lo compre.

- **Aprendizaje automático:** esta es una rama de la inteligencia artificial que intenta crear formas para que las máquinas reconozcan y reaccionen a patrones complejos. Es, sencillamente, enseñar a las máquinas a aprender cosas de su entorno. En el contexto de la publicidad sistematizada, el aprendizaje automático se utiliza para detectar patrones de comportamiento del cliente y ofrecer experiencias en línea relevantes.

- **Optimización:** no todos los sitios web funcionan de la forma prevista para todos los usuarios. La optimización es un proceso para maximizar la accesibilidad de un sitio web. Este proceso toma muchas formas. La optimización móvil implica adaptar su sitio web para que sea accesible en teléfonos inteligentes. La optimización de motores de búsqueda mejora la clasificación de su sitio web en los resultados de búsqueda. El objetivo de la optimización es que su sitio web sea fácil de usar y fácil de encontrar para la mayor cantidad de personas.

- **Microeconomía:** la microeconomía es el estudio de la economía a pequeña escala. Tiene que ver con la forma en que las personas toman decisiones sobre qué comprar. La publicidad sistematizada intenta conectar mensajes de marketing personalizados con compradores individuales. Usando las teorías de la microeconomía, la publicidad sistematizada puede encontrar mejores formas de interactuar con los consumidores en un nivel directo.

Los grandes minoristas y los portales en línea populares son las empresas que están más interesadas en el marketing sistematizado. Los minoristas quieren utilizar esta estrategia para aumentar las ventas y la satisfacción del cliente. Empresas como Amazon.com y Walmart.com utilizan publicidad sistematizada para hacer coincidir sus productos con las necesidades de sus clientes. Si la experiencia de compra del cliente se adapta específicamente a sus hábitos de consumo, es probable que compre más y compre con más frecuencia. La publicidad sistematizada permite a los minoristas recomendar productos basados en compras anteriores, ofrecer ofertas personalizadas y adaptar los mensajes de marketing a la demografía del cliente.

Los portales en línea como Facebook y Pandora utilizan la publicidad sistematizada para crear valor para sus marcas. Pandora, por ejemplo, crea estaciones de radio basadas en la preferencia musical del usuario. Cuanto más use esa persona el sitio web, mejor entenderá el programa sus preferencias y más relevantes se volverán las selecciones de canciones. Si un usuario disfruta de lo que está escuchando, es probable que regrese al sitio web una y otra vez. El valor de este tráfico se puede aprovechar para vender espacios publicitarios y crear otros productos comerciales como aplicaciones para teléfonos inteligentes que respaldan la marca.

Los sitios web y las empresas más pequeñas no tienen la infraestructura técnica para recolectar y analizar los datos de los clientes, pero eso no significa que no puedan beneficiarse de la publicidad sistematizada. Las empresas pueden explotar los algoritmos que guían a los principales motores de búsqueda para obtener clasificaciones más altas para sus sitios web. Si un sitio web es más fácil de encontrar, será visitado con más frecuencia. En lugar de diseñar sus propios algoritmos, las pequeñas empresas pueden aprovechar los que ya existen.

Los consumidores con una fuerte presencia en línea son los que más se benefician del marketing sistematizado. Cuantos más datos se hayan recopilado sobre ellos, más relevante será su experiencia en línea. Los usuarios con una huella en línea más pequeña tendrán que clasificar productos no deseados, anuncios irrelevantes y recomendaciones equivocadas.

El marketing sistematizado solo ha sido posible durante un poco más de 20 años y solo recientemente se ha investigado seriamente. Existe un enorme potencial para que el campo crezca y se expanda. Estos son algunos de los principales objetivos de los investigadores de marketing computacional en el futuro:

- **Mejor relevancia de los anuncios:** los anuncios que aparecen en los resultados de búsqueda se basan en los términos de búsqueda que se ingresaron. Crear el vínculo más fuerte posible entre los términos y los anuncios es la mejor manera de lograr que los usuarios hagan clic en esos anuncios.

- **Redes sociales y marketing conductual:** los investigadores desean utilizar el contenido biográfico registrado en los sitios de redes sociales, los perfiles de usuario y los historiales de búsqueda para ofrecer anuncios personalizados a los clientes. Maximizar el potencial de toda esta información íntima es una de las mayores áreas de crecimiento.

• **Reducción de costos:** un anuncio solo vale la pena si genera más ingresos de los que cuesta. Los investigadores quieren usar técnicas de sistematización para reducir los costos de publicidad y aumentar los retornos de cada anuncio.

• **Modelos de marketing automatizados:** implica el uso de modelos inteligentes para predecir los resultados de las decisiones de marketing. Estos modelos ayudan a pronosticar el comportamiento de los consumidores reales en los mercados reales.

• **Recolección de información del usuario:** los anunciantes desean obtener la imagen más completa posible de sus consumidores en el momento de la compra. Encontrar nuevas fuentes de información detallada es la mejor manera para que los anunciantes comprendan las necesidades de sus clientes.

• **Análisis multiplataforma**: Internet no es el único ámbito publicitario que importa. Los especialistas en marketing desean integrar el análisis computacional en sus campañas publicitarias impresas, de televisión y de radio.

El marketing sistematizado es menos una estrategia autónoma y más una herramienta que se utiliza para complementar los planes tradicionales de marketing en línea. Los especialistas en marketing analizan la información que se ha recopilado sobre los clientes para averiguar quiénes son y qué quieren. Los técnicos extraen de bases de datos y otras fuentes de información para proporcionar un retrato del consumidor al equipo creativo. Con estos datos, los especialistas en marketing pueden redactar una copia, establecer esquemas de diseño y adaptar los puntos de precio a su público objetivo.

Una vez que se ha implementado una campaña publicitaria, se utilizarán estrategias de marketing sistematizado para evaluar y refinar esa campaña. El primer paso será identificar todas las áreas donde los clientes interactúan con los productos que se venden. Esto incluye todo, desde el sitio web oficial de una empresa hasta los minoristas afiliados y los motores de búsqueda donde aparece la publicidad. Una vez que se ha definido el panorama, los ingenieros de marketing pueden encontrar las mejores formas de optimizar la tecnología con la que tienen que trabajar.

Es necesario definir puntos de referencia claros para el éxito o el fracaso. Si se determina que los números son demasiado bajos, probablemente se deba a que los clientes no encuentran lo que buscan. Las estrategias de marketing sistematizado se utilizan para modificar el proceso para satisfacer mejor las necesidades de los clientes. Los especialistas en marketing pueden redefinir los algoritmos que utilizan para intentar obtener resultados de búsqueda más relevantes. Los datos de los clientes se pueden volver a analizar para tener una mejor idea de las tendencias de compra y la demografía. Los productos se pueden etiquetar con información descriptiva que los hace más fáciles de encontrar durante las búsquedas. Ninguna de estas estrategias implica cambiar la estética o el mensaje central de la campaña publicitaria. Solo refinan la elección del mensaje que se entrega a los clientes.

## 78. MARKETING TRADICIONAL

El marketing tradicional es una categoría bastante amplia que incorpora muchas formas de publicidad y marketing. Es el tipo de marketing más reconocible, que abarca los anuncios que vemos y escuchamos todos los días. La mayoría de las estrategias de marketing tradicionales se incluyen en una de cuatro categorías: impresión, difusión, correo directo y teléfono. Los anuncios de televisión son solo un ejemplo de marketing tradicional, una categoría que incluye varias técnicas de marketing comprobadas. Algunas estrategias de marketing tradicionales son casi tan antiguas como la civilización misma, y todavía son efectivas en la actualidad.

El marketing impreso es la forma más antigua de marketing tradicional. Definida libremente como publicidad en papel, esta estrategia se ha utilizado desde la antigüedad, cuando los egipcios creaban mensajes de venta y carteles de pared en papiro. Hoy en día, el marketing impreso generalmente se refiere a espacios publicitarios en periódicos, revistas, boletines y otros materiales impresos destinados a la distribución.

El marketing de difusión incluye anuncios de televisión y radio. Las transmisiones de radio han existido desde principios de 1900, y la primera transmisión comercial, un programa de radio respaldado por anuncios al aire, se emitió el 2 de noviembre de 1920. La televisión, el siguiente paso en la tecnología de entretenimiento, adoptó la publicidad más rápidamente, con menos de diez años entre su creación y el primer comercial de televisión en 1941.

El marketing por correo directo utiliza material impreso como postales, folletos, cartas, catálogos y volantes enviados por correo postal para atraer a los consumidores. Uno de los primeros y más conocidos ejemplos de correo directo es el Catálogo Sears, que se envió por primera vez a los consumidores en 1888.

Por último, el marketing telefónico, o telemarketing, es la práctica de enviar mensajes de venta por teléfono para convencer a los consumidores de que compren un producto o servicio. Esta forma de mercadeo se ha vuelto controvertida en la era moderna, con muchos vendedores telefónicos que usan tácticas de ventas agresivas. Por esta razón, el gobierno federal de los EE. UU. ha aprobado leyes estrictas que rigen el uso del telemercadeo para controlar algunas de estas técnicas.

Debido a que abarca tantas estrategias diferentes, casi todas las empresas que venden un producto o servicio utilizan uno o más tipos de marketing tradicional como parte de una estrategia publicitaria general. En su mayor parte, esta forma de publicidad depende del presupuesto de marketing disponible de la empresa.

Es más probable que las empresas medianas y las grandes corporaciones usen comerciales de televisión. La publicidad en televisión suele ser la forma de marketing más cara, con precios que dependen de las franjas horarias y el contenido de la programación. Esta empresas utilizan el correo directo con más frecuencia, ya que los gastos de diseño, impresión y envío pueden sumar cantidades considerables. A menudo utilizan todas las formas de marketing tradicional de una forma u otra.

Los empresarios y las pequeñas empresas, que pueden tener presupuestos de marketing limitados, suelen utilizar el marketing impreso en periódicos o boletines para anunciarse a los clientes locales. Muchos también colocan anuncios de radio locales. Algunos usan correo directo y algunos pueden emplear telemercadeo limitado. Si bien los comerciales de televisión en red generalmente están fuera del rango de presupuesto para las empresas pequeñas, la programación de cable local ha hecho que la publicidad televisiva sea más accesible para este tipo de empresas, con costos moderados por un comercial, más los gastos de producción.

Las estrategias para desarrollar un plan de marketing tradicional varían ampliamente, según la forma de publicidad utilizada y el tipo de negocio. En algunas empresas, particularmente las pequeñas empresas, todo el personal contribuirá a la planificación y ejecución. Las empresas más grandes suelen tener departamentos de marketing dedicados a crear campañas publicitarias que utilizan el marketing tradicional.

El primer paso para desarrollar un plan es elegir los medios: televisión, impresos, radio, correo directo o telemercadeo. Esta elección depende del presupuesto y del mensaje de marketing transmitido. Por ejemplo, una tienda que anuncia una venta utilizará estrategias de impacto más inmediato, como la transmisión o la impresión, mientras que una empresa que lanza una campaña de concientización general puede elegir el correo directo, que permanece en manos de los consumidores durante un período de tiempo más largo.

Para el marketing impreso y de difusión, la empresa debe hacer arreglos para comprar espacio publicitario. El momento de este paso depende del tiempo de entrega, o con cuánta anticipación se debe comprar el espacio publicitario. Algunos medios impresos, como las revistas de circulación amplia, tienen plazos de entrega de varias semanas. Otros mercados tienen tiempos más cortos, y algunos periódicos permiten la colocación de anuncios al día siguiente.

El desarrollo de materiales de marketing también varía según la forma. El correo directo y las campañas impresas requieren diseño gráfico y redacción. Para el telemercadeo, los anunciantes escriben un guion para que lo sigan los representantes de ventas o la compañía de telemercadeo subcontratada. Los anuncios de radio pueden ser producidos y pregrabados, o escritos y leídos por personalidades en el aire. Finalmente, los comerciales de televisión pueden ser escritos por el departamento de marketing y producidos internamente, o pueden ser subcontratados a compañías productoras.

## 79. MARKETING UNO A UNO

El toque personal de recordar los gustos y preferencias de un cliente se llama marketing uno a uno. Se ha convertido en una forma de marketing efectiva y ampliamente utilizada, aunque generalmente es una base de datos computarizada, no una persona, que recuerda las preferencias personales del cliente. Muchos minoristas en línea y tiendas minoristas han desarrollado sistemas sofisticados para rastrear los clics, las visitas y las compras de los clientes a fin de crear un plan de marketing único para cada uno de ellos.

El marketing uno a uno, a veces escrito como marketing 1:1, es una estrategia que se basa en conocer las elecciones individuales realizadas por un cliente y luego adaptar el alcance del marketing a cada cliente de manera diferente en función de esas elecciones. Es un enfoque que no se utiliza para llamar la atención del cliente, sino para mantener su atención y su negocio.

Hay varios tipos básicos de estrategias de marketing 1:1:

**Preferencias:** la empresa aprende las preferencias y gustos personales de cada consumidor y adapta su plan de marketing a ellos. Amazon es conocida por tener quizás la estrategia de personalización 1:1 más exitosa, recomendando productos basados en compras e intereses anteriores.

**Personalización:** la empresa no aprende las preferencias de cada cliente, sino que le da al cliente individual la capacidad de personalizar el producto según sus propios gustos. Un buen ejemplo de esta estrategia es un fabricante de computadoras que ofrece una plataforma básica de una computadora portátil y luego le brinda al cliente la capacidad de adaptar muchas de las características de la computadora portátil: procesador, almacenamiento de memoria, programas cargados, ajustados a sus propios gustos y necesidades. Muchos sitios web de noticias en línea utilizan la misma estrategia al permitir que los visitantes elijan los tipos de noticias, internacionales, políticas, financieras, etc. que desean que se muestren de manera más destacada en el sitio.

**El toque personal:** Pocas cosas causan una mayor impresión en un consumidor que la atención y el aprecio personales. Los mejores meseros de los restaurantes saben cuál es el pedido de un cliente en el momento en que cruza la puerta, y eso lo hace volver. Los banqueros de inversión son especialistas en marketing 1:1. Llegan a conocer las personalidades de sus clientes y las preferencias y prioridades de inversión, así como el nivel de riesgos que están dispuestos a asumir.

**Marketing de sugerencias:** las empresas de marketing en línea como Amazon y Netflix se han convertido en maestras en recopilar, almacenar e interpretar el historial de clics de los clientes en sus sitios. Toman esa información y crean un plan de marketing especializado solo para cada cliente, con recomendaciones sobre productos teles como el próximo libro para leer o la próxima película para ver.

**Comercialización de clientes preferidos:** muchos minoristas ahora ofrecen una "membresía" sin costo para los consumidores. La membresía brinda incentivos al cliente en forma de precios más bajos o recompensas por compras frecuentes. Para ganar esos incentivos, el cliente debe registrarse con su identificación de membresía. Esto permite a la empresa realizar un seguimiento de todos los artículos comprados durante cada visita. Una vez que los minoristas conocen los patrones y preferencias de compra de cada cliente, pueden enviar cupones personalizados a ese miembro con ahorros en sus artículos preferidos.

A medida que las compras por Internet se han vuelto cada vez más frecuentes, también lo ha hecho el marketing uno a uno. Los clientes que regresan a los sitios en línea donde realizaron una compra anterior muchas veces encontrarán un mensaje de sugerencias esperándolos. Además, pueden recibir correos electrónicos de seguimiento con esas sugerencias para compras adicionales.

Los grandes vendedores en la red y muchos otros minoristas en línea, han desarrollado sofisticados sistemas de marketing 1: 1 que siguen y rastrean cada clic de cada cliente, registrando y categorizando cada compra para desarrollar un perfil de cliente personalizado basado en esos patrones de clics y compras. Con esos datos, las empresas desarrollan planes de marketing que son diferentes y especialmente diseñados para cada cliente. Es esencialmente una aplicación de una base de datos que le da la bienvenida cada vez que visita el sitio con una sugerencia personalizada de lo que le gustaría comprar.

Sin embargo, los minoristas de Internet no son los únicos comercializadores 1:1. Incluso los minoristas grandes y aparentemente impersonales, como las cadenas de supermercados, han desarrollado métodos para diseñar planes de marketing personalizados para generar lealtad. La clave para desarrollar un plan de marketing 1:1 exitoso es crear un sistema de datos para aprender y recordar los gustos y patrones de compra de todos y cada uno de los clientes. Los métodos para hacerlo variarán según la forma en que la empresa interactúe con sus clientes. En el caso de minoristas en línea como Amazon, los datos se recopilan capturando la información general de los consumidores y conectándola a los registros de todos los artículos que el cliente ha visto y comprado. Esto crea un perfil único para cada cliente.

Cuando el producto o servicio se compra en persona, construir un sistema de recopilación de datos requiere más trabajo y creatividad. Cada vez más, las empresas utilizan algún tipo de tarjeta de identificación de cliente para ayudar a desarrollar una base de datos que se puede convertir en perfiles personalizados.

Algunas cadenas de tiendas, por ejemplo, alienta a los compradores a inscribirse en una tarjeta del "club de clientes preferidos" ofreciendo precios más bajos a los clientes que usan la tarjeta. Los clientes se registran para obtener la tarjeta al proporcionar su información de contacto básica: nombre, dirección, número de teléfono, dirección de correo electrónico, y luego, cada vez que realizan una compra, presentan su tarjeta, lo que permite registrar, almacenar y clasificar cada artículo comprado por cada miembro del club. Con esa información, la empresa desarrolla un plan de marketing 1:1 para cada cliente y les envía cupones y promociones para los artículos que compran con frecuencia.

Algunas empresas también desarrollan planes de marketing 1:1 que permiten que cada cliente personalice el producto por sí mismo, según sus preferencias individuales. En lugar de recopilar y almacenar información sobre cada cliente, el cliente esencialmente diseña su propio producto.

## 80. MARKETING VIA MOBILES

El marketing móvil abarca todas aquellas actividades que conectan a los anunciantes con los consumidores a través de dispositivos y redes móviles. Los dispositivos móviles incluyen teléfonos, PDA, dispositivos multimedia, consolas de juegos portátiles, tabletas y, por supuesto, aquellos dispositivos que funcionan como todos los anteriores. Es posible que algunos dispositivos móviles solo estén abiertos a algunos canales de publicidad, por ejemplo, un teléfono celular básico puede recibir mensajes de texto; mientras que otros dispositivos admiten muchas aplicaciones adicionales, incluido el acceso móvil a Internet, la mensajería de video y la capacidad de iniciar e interactuar activamente con la publicidad como escanear un código QR.

Cuando los anunciantes comenzaron a experimentar con los mensajes de texto, a muchas personas les preocupaba que sus teléfonos celulares pronto fueran atacados por spam, tal como lo habían sido sus cuentas de correo electrónico. Afortunadamente, los proveedores de telefonía celular también reconocieron esta amenaza. Decidieron vigilar sus propias redes, estableciendo pautas y mejores prácticas para la publicidad móvil. Como resultado, los usuarios de teléfonos móviles de América del Norte y Europa no tienen que lidiar con spams de teléfonos móviles.

Los anuncios de texto para dispositivos móviles generalmente son opcionales, y los usuarios pueden enviar un mensaje de texto con la palabra STOP a cualquier mensaje que estén cansados de recibir. Este desarrollo no solo ha sido excelente para los consumidores, sino también para los especialistas en marketing, ya que aumenta el valor de la publicidad que se transmite, si los anuncios que llegan a los clientes en los teléfonos móviles se leen, o al menos se reconocen, y no solo se desechan virtualmente.

A medida que los dispositivos móviles se vuelven cada vez más comunes, más empresas se involucran en el marketing móvil. La Asociación de Marketing Móvil, una asociación comercial global que promueve el marketing móvil, representa a más de 700 miembros, incluidos proveedores de servicios, anunciantes y marcas de una variedad de industrias.

La clase de usuarios de teléfonos inteligentes no se define por la demografía: edad, raza o clase, sino por los comportamientos compartidos, como la breve exploración de los medios en la que los usuarios ingresan a la red con frecuencia durante períodos cortos de tiempo, como mientras esperan en una fila, y cambian rápidamente de un uso a otro cada vez que hay un momento aburrido. Esta búsqueda de respuesta instantánea, no solo para el entretenimiento, sino también para completar tareas prácticas, como obtener información sobre un producto, da como resultado un mayor consumo de contenido y, por lo tanto, más puntos de contacto para los especialistas en marketing.

Además, los usuarios de teléfonos inteligentes y los de iPads responden de manera diferente a la publicidad móvil. Para la mayoría de los usuarios de dispositivos móviles, la información se percibía como la cualidad más importante en un anuncio, seguida de la relevancia. Por el contrario, es más probable que los usuarios de tabletas iPad presten atención a los anuncios interactivos con colores llamativos y pongan menos énfasis en el contenido.

Al desarrollar una campaña de marketing móvil, los especialistas en marketing deben desarrollar múltiples canales, manteniendo su mensaje consistente en todo momento. El canal más fácil para comenzar es el servicio de mensajes cortos (SMS), básicamente, enviar mensajes de texto a los clientes. SMS, y su complemento mejorado, el servicio de mensajes multimedia (MMS), es un servicio opcional, por lo que las empresas ya saben que sus mensajes de marketing son vistos por una audiencia receptiva.

Para mantener la receptividad de la audiencia, las empresas suelen hacer que el mensaje sea interactivo. Por ejemplo, pueden realizar una encuesta sobre los próximos productos u ofertas, para averiguar qué es lo que más le interesa al cliente, y a los clientes les gusta dar su opinión. Además, realizar un seguimiento de sus tasas de exclusión: las cancelaciones pueden ser una señal de que está enviando mensajes con demasiada frecuencia o, por el contrario, la ausencia de cancelaciones es una señal de que puede aumentar la frecuencia de sus mensajes.

Aparte de los mensajes SMS, el marketing móvil también ha comenzado a incorporar nuevas tecnologías. Los códigos QR símbolos que los dispositivos móviles pueden escanear para llevarlos a un contenido específico. Dicho contenido puede ser principalmente informativo describiendo las características de un producto, o puede incluir una llamada a la acción persuasiva. Si el cliente escanea el código QR, ya está interesado en el producto.

## 81. MARKETING VIRAL

El marketing viral es una estrategia comercial que utiliza las redes sociales existentes para promocionar un producto. Su nombre hace referencia a cómo los consumidores difunden información sobre un producto con otras personas en sus redes sociales, de la misma manera que un virus se propaga de una persona a otra. La base del marketing viral está en la difusión de información de boca en boca, pero la tecnología moderna ha permitido que el efecto viral también incluya muchas plataformas basadas en Internet.

El marketing viral generalmente proporciona a su audiencia algo de valor de forma gratuita. Esto puede ser algo tan simple como una canción o un juego divertido. Cualquiera que sea el contenido viral, debe alentar a las personas a compartir con otros para que la mayor cantidad posible de personas reciban el mensaje del contenido.

El marketing viral es útil como herramienta de marketing independiente o como parte de una campaña más grande que utiliza varios tipos de marketing. Es especialmente útil para empresas o negocios pequeños porque el marketing viral puede ser una alternativa más económica que los esfuerzos de marketing tradicionales y puede usarse junto con otros métodos de marketing como comerciales, avances, carteles y otras formas de marketing tradicional.

Una nueva compañía, por ejemplo, puede crear un video de Internet que muestre una escena muy llamativa y aparentemente imposible. Si el video está hecho para parecer real, puede animar a las personas que lo ven a compartirlo con otros. Una vez que el video recibe suficientes vistas, la compañía puede revelar su verdadero propósito, convenciendo a sus espectadores a que busquen más información sobre su producto sin usar un anuncio tradicional. El contenido no tiene que ser encubierto para ser viral. Las campañas políticas a menudo crean videos con clips de sonido de un candidato opositor que dice algo que la gente puede encontrar ofensivo. Los políticos esperan que al señalar una declaración escandalosa, el video se vuelva viral y provoque que otros desarrollen una actitud negativa hacia el oponente objetivo.

Existe una idea errónea común de que el marketing viral depende de la capacidad de crear de manera confiable algo extremadamente popular. En realidad, una campaña de marketing viral exitosa se basa más en comprender cómo conectarse con datos demográficos específicos presentándoles contenido valioso. El marketing viral es un enfoque centrado en el cliente, por lo que el primer paso es identificar el grupo demográfico objetivo para un producto y lo que más valoran en los productos, lo que requiere que los especialistas en marketing investiguen y analicen los datos demográficos. Una vez que una empresa sabe lo que quiere su grupo demográfico objetivo y cómo se comunica, comienza a crear contenido que esas personas querrán compartir.

El marketing viral es un proceso continuo e interactivo. Una empresa que implementa una campaña viral no debe simplemente dejar que siga su curso sin ajustes. La campaña debe permanecer activa en los foros de mensajes de Internet, interactuando con verdaderos fanáticos y actualizando regularmente los sitios web con más información basada en las discusiones de los fanáticos. Como la mayoría de las campañas virales, el éxito crece junto con el interés en el producto. Cuanto más rápido se propaga un mensaje de marketing, más probable es que se vuelva viral. Hoy en día, la información compartida a través de la tecnología móvil es, con mucho, la información que se mueve más rápido en el mundo.

## 82. MEGAMARKETING

Megamarketing es la expansión del marketing más allá del comprador a terceros que influyen, o bloquean, las transacciones. Estos terceros incluyen sindicatos, instituciones culturales, grupos reformadores, bancos y, lo que es más importante, gobiernos. Es particularmente importante en términos de comercio internacional, donde los gobiernos nacionales pueden aplicar políticas económicas proteccionistas que bloquean la entrada de empresas extranjeras a sus mercados. Dicha política gubernamental representa un negocio de bloqueo de terceros entre compradores y vendedores; por lo tanto, esa parte debe ser objeto de negociación para que se lleve a cabo el convenio deseado.

El marketing a través de la política es una práctica antigua. Durante el tiempo en que los países han establecido aranceles comerciales proteccionistas, las empresas poderosas y los grupos de empresas han cabildeado por una legislación que los favorezca. Hoy, sin embargo, la mayor parte de la actividad de megamarketing se dedica a presionar a los gobiernos para que eliminen los aranceles y otras barreras para el comercio.

Sin embargo, una tarifa gubernamental puede representar solo una de varias barreras, o puertas, que deben abrirse, lo que hace que el megamarketing sea una actividad multipartidista mucho más extensa. Por ejemplo, después de persuadir a un gobierno para que elimine una tarifa, una empresa debe obtener el apoyo de los sindicatos que lo buscaron en primer lugar. El megamarketing no está dirigido a los clientes principales, sino a los terceros que afectan las percepciones y la capacidad de los clientes para comprar los productos de una empresa. Estos incluyen políticos, funcionarios públicos, agencias reguladoras, grupos de interés especial, medios nacionales y líderes de opinión.

En un mercado potencial, hay algunos grupos que se oponen a un negocio, algunos que lo apoyan y muchos otros que no están interesados. La campaña de megamarketing tiene como objetivo apaciguar o persuadir a la oposición, reunir partidarios y convertir a los partidarios desinteresados en potenciales en aliados.

Influir en los gobiernos no es un asunto simple, y fácilmente puede costar más de lo que vale una empresa mediana, requiere mega-dólares, por así decirlo. En consecuencia, el megamarketing es principalmente una herramienta para grandes empresas con operaciones internacionales, o para coaliciones de empresas que pueden reunir el poder político necesario para defender su caso.

Muchas herramientas están disponibles para una campaña de megamarketing y emplean alguna combinación o todas las siguientes:

Los intermediarios son especialistas en representar los intereses de una empresa ante los funcionarios y agencias gubernamentales correspondientes que afectan los negocios de esa empresa. Al igual que los abogados que se especializan en aspectos específicos de la ley, los intermediarios son expertos en saber qué parte del gobierno monitorear y enviar mensajes para obtener los mejores resultados. Pueden representar los intereses de empresas individuales o industrias enteras.

Las relaciones públicas dirigidas al marketing que busca cambiar las percepciones y opiniones del público en general, particularmente en un país democrático, donde se espera que dicha opinión influya en la política del gobierno. Sin embargo, generalmente tiene menos retorno de la inversión que la intermediación directa. Un ejemplo de este componente del megamarketing sería la publicidad de las compañías petroleras de sus esfuerzos de administración ambiental o los empleos que crean, con el objetivo de contrarrestar la narrativa de algunos políticos de que las compañías petroleras son agencias codiciosas que destruyen el medio ambiente y deben pagar impuestos cada vez más.

Las relaciones con agencias gubernamentales y políticos locales pueden ser especialmente rentables en áreas altamente reguladas, ya que pueden permitir a las empresas asociarse con agencias en el desarrollo, prueba e implementación de nuevas regulaciones, los incentivos, como una oferta para desarrollar un área en particular o la promesa de que se crearán puestos de trabajo, pueden influir mucho en las decisiones de los políticos que buscan la reelección.

Las alianzas políticas de la industria pueden aumentar el poder general de un grupo de empresas para abrir mercados o mantenerlos cerrados para su protección; generalmente los beneficios de esta actividad se reparten entre todos los participantes. Por lo tanto, puede ser eficaz para evitar una pérdida de cuota de mercado frente a un nuevo competidor; pero no es probable que sea eficaz para aumentar la cuota de mercado frente a otros competidores.

Las contribuciones políticas tienen un impacto significativo en las decisiones oficiales, pero también conllevan cierto riesgo de reacciones negativas por parte del público que denuncia su uso en la política. Sin embargo, la percepción del público de quién hace y quién recibe contribuciones es a menudo muy diferente de la realidad. Un gerente de marketing debe conocer el entorno político relevante con mucha precisión para asignar fondos donde se obtenga el mayor retorno de la inversión.

## 83. TELEMARKETING

El telemercadeo es una estrategia de mercadeo que implica conectarse con los clientes por teléfono o, más recientemente, a través de videoconferencias basadas en la web. Desafortunadamente, es una de las estrategias más riesgosas en el mercadeo moderno porque muchas organizaciones utilizan prácticas irritantes o poco éticas. Una de las versiones de telemercadeo que se percibe de manera más negativa se conoce como "llamada automática", una práctica que implica el uso de un mensaje pregrabado entregado a través de una máquina de marcación automática que puede comunicarse con miles de personas todos los días. Debido a estos y otros métodos impopulares, existen muchas regulaciones gubernamentales de telemercadeo en varios países del mundo.

Si bien muchos métodos de telemercadeo son vistos negativamente por los consumidores y los legisladores, el campo del telemercadeo es amplio e incluye varios métodos que son éticos y altamente efectivos. El telemercadeo puede ayudar a una amplia variedad de organizaciones a lograr mejores resultados de diferentes maneras. Aunque la forma más obvia de telemercadeo implica llamadas de la empresa a personas en sus hogares para presentarles productos, el telemercadeo también es una estrategia importante en las ventas de empresa a empresa, la promoción de eventos, las campañas políticas y la generación de clientes potenciales para procedimientos de ventas más sofisticados.

Las empresas que deseen promocionar un evento que atraiga a un grupo demográfico específico también pueden utilizar el telemercadeo para llegar a participantes potenciales. Por ejemplo, una empresa que organiza conferencias de educación continuada podría usar el telemercadeo para contactar a un gran número de practicantes para crear conciencia sobre una próxima conferencia y animar a los interesados a asistir.

Las campañas políticas utilizan ampliamente el telemercadeo para recaudar fondos y convencer a las personas de que voten por el candidato o la causa de la campaña. Las grandes campañas, como las de las elecciones presidenciales, tienden a utilizar sistemas automatizados para llegar al mayor número de personas posible. Las campañas locales para puestos como alcalde o representante en el Congreso, o para medidas electorales locales, a menudo emplean en su lugar representantes telefónicos en vivo. Se utiliza un método similar para universidades y organizaciones sin fines de lucro que desean recaudar fondos y aumentar la participación.

Cualquier organización interesada en usar el telemercadeo primero debe tener una sólida comprensión del producto que desea comercializar. Esto no solo significa brindarle al equipo de marketing mucha información sobre las características y especificaciones del producto, sino que también significa realizar una investigación sobre quién estaría interesado en el producto. La mayoría de los objetivos de telemercadeo son un grupo demográfico específico. Una organización que utiliza el telemercadeo debe realizar una investigación de mercado para conocer su grupo demográfico objetivo, como los hábitos de compra del grupo demográfico y los tipos de productos que más valoran.

Con el equipo de marketing debidamente informado y la investigación de mercado completa, el próximo paso de la empresa es establecer objetivos claros para lo que debe lograr la campaña de telemarketing. La campaña puede tratarse de cerrar ventas, generar nuevos clientes potenciales o simplemente recopilar datos de mercado que se pueden usar en otras campañas de ventas y marketing.

Una vez que una organización tiene en mente los objetivos de su campaña, puede crear los contenidos que se utilizarán durante las llamadas de telemercadeo. Muchas organizaciones escriben guiones que los asociados telefónicos memorizan y recitan durante las llamadas. Otros simplemente les dan objetivos a sus asociados telefónicos y les permiten mantener conversaciones más naturales con los clientes para lograr esos objetivos. Si la empresa no quiere usar un guion, puede establecer una meta para que los asociados telefónicos recopilen información del cliente, como el interés en el servicio y los mejores horarios para futuros contactos o prestación de servicios.

La etapa final de las campañas de telemarketing depende de los objetivos de la campaña. Si se trata de una campaña de venta directa, la etapa final es el cierre de una venta. Esto puede suceder en una llamada o después de varias llamadas de vuelta durante un período de tiempo específico. Las campañas diseñadas para generar clientes potenciales terminan entregando esos clientes potenciales a un equipo de ventas. Independientemente del propósito de la campaña, el equipo de marketing debe evaluar qué tan bien la campaña logró sus objetivos y usar tanto los datos recopilados como las grabaciones de llamadas en vivo para determinar las áreas en las que se puede mejorar la campaña o los asociados telefónicos.

## 84. WEB MARKETING

El web marketing, o Marketing por Internet, se refiere a una amplia categoría de presentación publicitaria que toma muchas formas diferentes, pero involucra cualquier actividad de mercadeo realizada en línea. Internet ha cambiado fundamentalmente casi todos los aspectos de nuestras vidas. Desde la forma en que interactuamos con amigos, familiares, compañeros de trabajo y empresas, es una tecnología que ahora se considera indispensable para muchas personas.

Las empresas entienden el valor que Internet les ofrece, brindándoles oportunidades interactivas para conectarse con los clientes actuales y atraer nuevos consumidores. A medida que Internet evoluciona, las empresas seguirán refinando sus esfuerzos de marketing en línea y llegarán a un mayor número de compradores potenciales que antes.

Los especialistas en marketing han cambiado sus esfuerzos en línea porque tiende a ser significativamente menos costoso. Muchos espacios publicitarios en línea son de uso gratuito. Las empresas pueden subir videos o iniciar un blog sin costo alguno. Otros puntos de venta, como los sitios web oficiales o el marketing de búsqueda pagado, cuestan una fracción de lo que costaría una gran campaña publicitaria de televisión.

La web también presenta nuevas e interesantes oportunidades para que las empresas perfilen a sus clientes. El espacio interactivo de Internet simplifica la capacidad de una empresa para rastrear, almacenar y analizar datos sobre la demografía, las preferencias personales y el comportamiento en línea de un cliente. Estos datos permiten al anunciante brindar una experiencia publicitaria más personalizada y relevante para el cliente.

## Algunos Tipos de Web Marketing

**Publicidad gráfica:** el uso de anuncios publicitarios y otros anuncios gráficos para comercializar productos en línea.

**Marketing de motores de búsqueda:** uso de motores de búsqueda para ayudar a conectar a los usuarios con los productos y servicios que más les interesan. Las empresas pueden pagar para recibir una clasificación preferencial en una lista de resultados de búsqueda.

**Optimización de motores de búsqueda:** una forma orgánica para que las empresas mejoren su visibilidad en los motores de búsqueda.

**Marketing en redes sociales:** uso de sitios como Instagram, Facebook y Twitter para conectarse con los clientes.

**Marketing por correo electrónico:** comunicarse con los clientes mediante el uso de correos electrónicos específicamente diseñados.

**Marketing de referencia:** uso de canales de Internet para animar a los consumidores a recomendar productos a sus amigos y familiares.

**Marketing de afiliados:** colaboración con otras empresas para facilitar a los consumidores la compra de productos en línea.

**Marketing dirigido:** aumento del valor de la presencia web de una empresa al agregar contenido único como blogs, juegos y videos tutoriales.

**Marketing de video:** uso de videos web con fines promocionales.

La mayoría de las empresas hoy en día han desarrollado algún tipo de presencia en línea. Las plantillas gratuitas simplifican el desarrollo de un sitio web de aspecto profesional, y los perfiles de redes sociales son gratuitos y millones de personas pueden acceder a ellos. Las empresas que venden productos a nivel nacional o internacional tienen más que ganar con el marketing en la web. La forma más fácil de conectarse con una base de clientes dispersa de manera rentable es interactuar con los usuarios en Internet.

El web marketing combina una amplia gama de estrategias de marketing, lo que requiere una comprensión del marketing tradicional y una comprensión de las tecnologías emergentes. Los especialistas en marketing deben comprender las fortalezas y debilidades de varios esfuerzos de marketing en línea a medida que desarrollan sus estrategias, analizando estos aspectos mediante la creación de un plan de marketing.

El vendedor debe entender lo que está vendiendo y quién es su cliente objetivo. Diferentes estrategias publicitarias atraen a diferentes segmentos de la población. Los medios sociales, por ejemplo, son muy utilizados por los jóvenes, mientras que los usuarios mayores de Internet dependen más del correo electrónico. Un análisis exhaustivo de la investigación de mercado revela información reveladora sobre lo que quieren los clientes y dónde se reúnen.

Una vez que la empresa haya determinado su público objetivo y su estrategia general, debe comenzar a desarrollar su presencia en línea. Esto puede involucrar todo, desde producir videos hasta crear sitios web completos. La infraestructura tecnológica detrás del marketing web es tan importante como su mensaje y estética. Las empresas deben asegurarse de que sus mensajes de marketing sean accesibles para todos, independientemente de la tecnología que utilicen.

Después de que los anuncios aparecen en línea, la empresa realiza un seguimiento de la impresión que están causando. El marketing web facilita a las empresas el seguimiento del éxito de sus sitios web. Cada vez que se hace clic en un anuncio de banner o se ve un video, esa información se envía al vendedor. Si se cumplen los objetivos del sitio web, la campaña puede considerarse un éxito. Si los números objetivo se están quedando cortos, la empresa deberá refinar su estrategia publicitaria.

Las empresas invierten un porcentaje significativo de sus presupuestos de marketing tratando de mejorar su clasificación en los resultados de búsqueda. En algunos casos, pagarán para mejorar su clasificación. En otros casos, reelaborarán el contenido de su sitio para obtener una mejor clasificación.

# 7

# Atención al Cliente y Servicio Postventa

*"El marketing trae los clientes, el Servicio al Cliente los seduce y el Servicio Postventa los retiene".*

# 7
# Atención al Cliente y Servicio Postventa

El éxito o el fracaso de una empresa dependen de la calidad de sus productos o servicios, de la capacidad para ofrecerlos y venderlos y de la habilidad para mantener a sus clientes.

## Servicio al Cliente

Los clientes lo exigen y las empresas afirman que lo tienen, pero en verdad qué es el Servicio al Cliente? Es un tema frecuente de discusión en los círculos de negocios y es materia de constante interés para las empresas que se esfuerzan y compiten para obtener más clientes y ganancias.

Para facilitar la comprensión del concepto de Servicio al Cliente es necesario entender que es "**la percepción de calidad del cliente en las interacciones que tiene con un proveedor de productos o servicios**". Dicho de otra manera, que un cliente reconozca un servicio como de buena o mala calidad es, además de una identificación práctica, una percepción subjetiva basada en su experiencia cuando interactúa con su empresa.

Por lo tanto, también depende de los aspectos que el cliente considera prioritarios en su expectativa de servicio. Algunos clientes considerarán un servicio de buena calidad por su precio y oportunidad de adquisición, otros lo percibirán por su sensación de buen trato interpersonal y gratificación emocional.

## Servicio al Cliente y Servicio Postventa

Algunas veces confundimos los dos conceptos. Servicio al Cliente es una condición empresarial permanente: latente antes de la venta, viva y eficaz durante la venta y obligatoria después de la venta.

No importa qué productos o servicios ofrezca su empresa, es sumamente importante que haga del Servicio al Cliente una prioridad. Muchos negocios gastan millones de dólares en marketing y publicidad para atraer clientes, para luego alejarlos con un mal o inexistente Servicio al Cliente. Si desea conservar a los clientes que usted atrae a sus puertas, es imperativo que provea un Servicio al Cliente de calidad excepcional.

### Interacciones o “momentos de oportunidad”

Al intentar proveer un servicio excepcional al cliente, se debe reconocer que la mayoría de los factores que determinan la reputación de su empresa, para sus clientes actuales y potenciales, está en manos de los empleados de primera línea, es decir los de contacto directo con los clientes. Eso significa que usted debe dar a esos empleados el entrenamiento y la autoridad para asegurar que toda aquella persona que se acerca a su “punto de contacto”, sea el mostrador de un almacén, la recepción de un hotel o la respuesta a una llamada telefónica esté satisfecha, no solo con sus productos y servicios, sino con la clase de experiencia que tiene al hacer negocios con usted.

El servicio al cliente es el factor diferencial entre las empresas, esa es nuestra arma de competencia. En términos simples, el servicio al cliente significa hacer lo que sea necesario para satisfacer a sus clientes, tan rápido como sea posible. Si usted desconoce lo que es el servicio al cliente, no podrá proveerlo. Y si no puede proveerlo, no tendrá éxito.

### Cultura de Servicio al Cliente

Sus empleados de primera línea, y en general todo su personal debería tenerlos en cuenta como parte de su “filosofía empresarial”, deben estar plenamente identificados y capacitados con los siguientes principios fundamentales:

- **Conocimiento**: No solo deben conocer ampliamente acerca de los productos o servicios y procesos industriales, comerciales y administrativos de su empresa o negocio necesarios para atender debidamente a sus clientes regulares o potenciales, sino que deben estar en plena capacidad de comunicar esa información de manera profesional, clara y efectiva y estar dispuestos a caminar la milla extra para atender y resolver los requerimientos de los clientes.

- **Empoderamiento**: No se puede ofrecer un servicio excepcional a los clientes sin tener empleados que tengan la capacidad y autonomía para tomar decisiones y ejecutar acciones. No limite a sus empleados con políticas y procedimientos engorrosos. Deles la autonomía para hacer lo que sea necesario para satisfacer a los clientes y hágales saber que a veces se pueden cometer errores en el proceso, que serán discutidos y mejorados, mientras implique la voluntad proactiva de lograr la satisfacción de los clientes.

- **Honestidad:** Sus empleados deben ser personas con carácter y criterio honesto y responsable. Aun en aquellas situaciones de las que se puedan presentar retos industriales imprevistos y ajenos a nuestra voluntad que puedan afectar un proceso comercial o industrial, nuestros clientes deben ser enterados honesta y directamente, ofreciendo las posibles alternativas, esfuerzos de cumplimiento reales y aplicables adquiriendo compromisos en los términos que se puedan cumplir.

  Siempre es mejor un cliente informado, honesta y sinceramente, de retrasos o inconvenientes en su interacción con nuestra organización, a un cliente al que se le crean expectativas que no estamos seguros de poder cumplir. Este último es un cliente perdido y, lo que es peor, un pésimo testimonio de mala reputación para nuestra empresa.

  En este caso es aplicable ofrecer disculpas y asumir la responsabilidad por errores cometidos, luego corregirlos y ofrecer algún tipo de compensación por el inconveniente ocasionado. Puede ser un descuento, una producción o suministro de productos sin costo, o envíos gratuitos si es el caso.

- **Diligencia:** Su staff debe tener como práctica común devolver las llamadas prontamente. Llegar a tiempo a las citas de negocios demuestra respeto y verdadero interés. Mantener la cultura empresarial de responder prontamente las comunicaciones de correo electrónico dentro de los términos más inmediatos posibles, preferiblemente en el mismo día, llamar a los clientes tan rápidamente como estén listas sus órdenes o pedidos etc., son muestras evidentes de calidad que dejan una muy buena impresión en sus clientes.

- **Confiabilidad**: Las promesas incumplidas son la principal fuente de insatisfacción en los clientes y puede alejarlos de su negocio rápidamente. Si usted dice que un pedido estará listo para una fecha específica, téngalo listo para ese día o antes si puede. Como ya se anotó, sus empleados deben informar oportunamente a su cliente de cualquier retraso o inconveniente en su proceso y ofrecer términos ciertos para la solución.

- **Conveniencia**: Mientras más facilidades preste para que sus clientes hagan negocios con usted, más negocios conseguirá. La conveniencia incluye un sitio de fácil acceso, horas de atención que satisfagan las necesidades de sus clientes, y presentación practica y el envío oportuno de sus productos o la prestación de sus servicios.

## Un buen Servicio al Cliente "Vende"

Las siguientes son algunas herramientas que una buena política de Servicio debe tener a la mano para su interacción con sus Clientes potenciales y activos:

- **Comunicación.** Ninguna interacción con un cliente es posible sin una comunicación efectiva. Esta debe ser clara, es decir, entendible y especifica con relación a los temas que el cliente quiere resolver o tratar, fácil de comprender, breve, oportuna, con términos y obtener confirmación de recepción y comprensión.

- **Personalización.** Toda interacción debe ser dirigida al cliente de manera personal. En lo posible por su nombre. Expresar nuestro agradecimiento por hacer negocios con nuestra empresa es una práctica inteligente y positiva.

- **Simpatía.** Una actitud de interés y cortesía es esencial para hacer sentir a los clientes que usted valora el que ellos hagan negocios con usted.

- **Verdadero Interés.** Escuchar plena y cabalmente las preguntas, requerimientos y necesidades de nuestros clientes nos da la oportunidad de resolver mejor sus inquietudes y expectativas y nos permite tomar las acciones más apropiadas para resolverlas.

- **Identificación.** Ponernos el lugar de nuestros clientes y entender su perspectiva con respecto a sus requerimientos o expectativas y expresar esa identificación son estrategias de comunicación efectiva.

- **Solución.** No importa que tan amigable sea nuestra interacción con un cliente, no tiene ningún efecto sin una solución viable o una respuesta razonable. Sin embargo, la honestidad prima en estas circunstancias. Nuestros clientes agradecen una información honesta sobre las circunstancias que puedan afectar su proceso mientras que entiendan que estamos haciendo todo lo que está a nuestro alcance para responder a su requerimiento.

- **Compensación.** Una política de compensación y recuperación de la confianza del cliente es una condición obligatoria en una buena cultura de Servicio que finalmente redunda en beneficio de los resultados empresariales.

## MARKETING INTERNO

El marketing interno corresponde a la idea de que las actitudes de los clientes hacia una empresa se basan en toda su experiencia con esa empresa, y no solo en su experiencia con los productos de la empresa. Cada vez que un cliente interactúa con un empleado, afecta su satisfacción general. Todos, desde un empleado de ventas hasta un especialista en soporte técnico por teléfono, ayudan a dar forma a la experiencia de ese cliente. Por lo tanto, la satisfacción del cliente depende en gran medida del desempeño del personal de una empresa. Brindar un servicio al cliente excepcional es tan importante como brindar productos excepcionales.

Muchos consumidores abandonan una transacción de venta porque reciben un servicio al cliente deficiente. Incluso si querían o necesitaban comprar un producto, están tan desanimados por su experiencia con una empresa que retrasan su compra. En este contexto, los empleados de una empresa pueden verse como sus herramientas de marketing más importantes. Estos empleados están en primera línea, adaptando las estrategias de marketing de una empresa a las necesidades de cada cliente con el que trabajan. Su actitud, apariencia y enfoque comunican algo sobre la empresa que representan.

Si una empresa quiere brindar una experiencia de cliente ejemplar, debe capacitar a sus empleados para brindar esa experiencia. Pero crear una fuerza laboral educada sobre los objetivos de la empresa y entusiasmada por alcanzar esos objetivos no es tan fácil como algunos esperarían. Las empresas deben hacer esfuerzos serios para distribuir información oportuna y relevante para que todos los empleados trabajen hacia objetivos comunes. Una fuerza laboral desorganizada y un mensaje de marketing inconsistente son formas fáciles de perder negocios.

Con una estrategia de marketing interno, los empleados son tratados como "clientes internos" que deben estar convencidos de la visión de una empresa y tienen tanto valor para la empresa como los "clientes externos". El objetivo del marketing interno es alinear todos los aspectos de las operaciones internas de una empresa para garantizar que sus empleados sean lo más capaces posible de proporcionar valor a los clientes. Si una empresa puede operar de manera coordinada y estandarizada, esa empresa puede brindar una experiencia más consistente a sus clientes.

Las empresas lideres mantienen cultura organizacional que enfatiza la innovación, la creatividad y la experiencia. Para promover esta cultura, son muy selectivas cuando reclutan empleados y extremadamente minuciosas cuando los capacitan. Se dan cuenta de que la mejor manera de promover la imagen de su marca es que todos los empleados, en particular los que trabajan con los clientes, representen con precisión esa imagen. Cualquiera que haya estado en contacto sabe que los empleados son expertos en los productos que venden y están dispuestos a responder un sinfín de preguntas. Son inteligentes, accesibles y bien informados, lo que refleja positivamente a la empresa en su conjunto.

Los profesionales de recursos humanos suelen encabezar las campañas de marketing interno. Dado que el marketing interno se centra en aprovechar el valor de los empleados, la comunicación sólida entre la empresa y los empleados es crucial. Su principal responsabilidad será difundir información sobre los objetivos y estrategias de la empresa, y brindar capacitación y apoyo para ayudar a los empleados a lograr esos objetivos. En rigor, cualquier empresa puede implementar una campaña de marketing interno. Incluso las empresas más pequeñas querrán capacitar a los empleados para proyectar la visión y los objetivos del negocio. Alinear las actitudes de los empleados con la misión del negocio es crucial para cualquier empresa que quiera comprometerse con sus clientes.

Sin embargo, son típicamente las empresas más grandes las que más invierten en estrategias de marketing internas. Debido a que tienen muchos más empleados, que a menudo trabajan en departamentos y oficinas desconectados, es más difícil imponer una cultura en toda la empresa. Las empresas con muchos empleados que trabajan en administración, ventas, marketing, producción y logística deben hacer un esfuerzo concertado para educar a todos sobre los objetivos de marketing de la empresa. Los minoristas, las cadenas de restaurantes y otras empresas que interactúan con un gran número de clientes estarán especialmente interesados en el marketing interno. Necesitan crear una cultura organizacional que se extienda por toda la empresa y se proyecte hacia los clientes.

El marketing interno es una de las formas de marketing más complicadas que existen. Se trata de crear mensajes persuasivos e informativos que resuenen en todos los departamentos y empleados de una empresa. La mejor manera de realizar marketing interno de manera efectiva es crear un plan integral.

El primer paso de cualquier plan es identificar objetivos claros para la estrategia de marketing interno. Esto podría ser cualquier cosa, desde aumentar el conocimiento de una nueva estrategia de marketing hasta promover el conocimiento de la marca entre los empleados. En todo caso, su objetivo es brindar un servicio de atención al cliente superior y continuo a medida que avanzan en sus funciones.

Una vez que se han identificado los objetivos, se pueden desarrollar planes para alcanzar esos objetivos. Estos pueden ser complicados y complejos, o relativamente simples. Si una empresa quiere promover el conocimiento de un nuevo producto, puede realizar presentaciones en las reuniones de personal. Pero si necesitan cambiar fundamentalmente la cultura de su empresa, es posible que deban agregar personal, reorganizar departamentos o desarrollar nuevas líneas de productos, proporcionando programas de capacitación integrales y utilizando nuevas tecnologías para mejorar la eficiencia.

Antes de que el plan se ponga en acción, los empleados deben ser educados sobre sus objetivos y metas. Todos en la empresa deben saber cuáles son los objetivos del plan y cómo se van a lograr. Las empresas utilizarán reuniones departamentales, boletines, retiros corporativos y foros para ayudar a difundir esta información. El plan debe ser accesible para cualquier empleado en cualquier momento. Este paso es importante porque el marketing interno se enfoca en crear conciencia y enfocar los esfuerzos. Los empleados deben sentir que son participantes en el plan y sus comentarios e ideas deben ser respetados. Muchas empresas también ofrecen incentivos como bonos o días de vacaciones para ayudar a motivar a los empleados a alcanzar los objetivos.

Una vez que el plan se ha puesto en marcha, los encargados deben seguir de cerca y evaluar los resultados para determinar si el esfuerzo fue exitoso o no. Muchos programas de marketing interno utilizan encuestas y formas de comentarios de los empleados para tener una idea de cómo se sienten acerca de las empresas para las que trabajan. Realizando sus propias encuestas internas para rastrear las actitudes sobre la lealtad, la satisfacción laboral y las políticas de la empresa les ayuda a alinear el mensaje de su marca con la cultura de su empresa.

# Fuentes y Créditos

## HISTORIA


* *Archaeology of prehistoric native America: an encyclopedia*, By Guy E. Gibbon, Kenneth M. Ames

* *The essence of anthropology*, by William A. Haviland, Harald E. L. Prins, Dana Walrath, Bunny McBride

* *Mexico's Indigenous Past*, By Alfredo López Austin, Leonardo López Luján, Bernard R. Ortiz De Montellano

* *Globalization, Knowledge and Society*. Albrow, Martin; King, Elizabeth. London: Sage. (1990).

* *"Imagining the Internet"*. History of Information Technologies. Elon University School of Communications.

* *"When did globalization begin?"*. H. O'Rourke, Kevin; G., Williamson, Jeffrey, European Review of Economic History. (2002).

* *Globalization in World History*. Hopkins, Antony G., New York: Norton. (2002).

* *International Business*, Joshi, Rakesh Mohan, Oxford University Press, New Delhi and New York. (2009).

* *International business: competing in the global marketplace*. Hill, Charles W.L. New York: McGraw-Hill. (2014).

* *Build Your Cultural Agility The Nine Competencies of Successful Global Professionals*. Caligiuri, Paula London: Kogan Page, Limited. (2021).

* *"Measuring digital development: Facts and figures 2019"*. Telecommunication Development Bureau, International Telecommunication Union (ITU)

* *A Concise Economic History of the World (4th Paperback ed.)*. Cameron, Rondo; Neal, Larry. Oxford. (2003).

* *Concise Economic History of the World: From Paleolithic Times to the Present* Rondo, Cameron; Oxford University Press. (1993).

* *The ancient history: containing the history of the Egyptians, Assyrians, Chaldeans, Medes, Lydians, Carthaginians, Persians, Macedonians, the Seleucidae in Syria, and Parthians, Volume 1* Charles Rollin; Robert Carter. (1944).

## PSICOLOGIA DEL CONSUMIDOR

* *"Creative Strategies in Social Media Marketing: An Exploratory Study of Branded Social Content and Consumer Engagement. Psychology & Marketing*, Ashley, C., & Tuten, T. (2015).

* *"Eliciting brand-related social media engagement: A conditional inference tree framework".* Schivinski, Bruno *Journal of Business Research*. (2019).

* *"The Birth of Consumer Behavior: Motivation Research in the 1950s"* Fullerton, R.A. *Journal of Historical Research in Marketing,* Vol. 5. (2013).

* *"Investigating the relationship between product involvement and consumer decision-making styles"* Bauer, H. H., Sauer, N. E., and Becker, C., *Journal of Consumer Behaviour*. Vol. 5. (2006).

* *"The antecedents of brand loyalty: a meta-analysis study".* Wu, Wann-Yih; Anridho, Nadia. *International Journal of Services and Standards.* (2016).

* *Consumer Behavior (10th Ed.).* Blackwell, Miniard and Engel. Thomson Learning. (2006).

* *"A Case Study on Classic Airlines: Practical Marketing Solutions"* The Journal of Business Studies Quarterly.

* *"A Review of the Theoretical Underpinnings of Loyalty Programs"* Conor M. Henderson, The Journal of Consumer Psychology.

* *"The influence of brands in the fashion purchasing process".* Mullarkey, G. W. (2001).

* "Does my bottom line look big in this?" University of Cambridge Judge Business School. News and Media.

* *"Effect of Clothing Style on the Perception of Personal Traits"*, Soae L. Paek., The Journal of Clothing and Textile Research.
* *"Manwatching: A Field Guide to Human Behavior"*. Desmond Morris. (1979).

* *"How to increase your sales using a psychological marketing strategy"* Dr. Gary Austin Witt.

* Bowker, official U.S. ISBN agency and catalog reference of Books in Print.

* *"Psychological Benefits of Leisure Participation: A Taxonomy of Leisure Activities Based on their Need-gratifying Properties"* The Journal of Counseling Psychology

* *"Assessing the Use and Impact of Humor on Advertising Effectiveness: A Contingency Approach"*, Harlan Spotts et al., The Journal of Advertising.

* *"Strategic Marketing Guidelines for Financial Planning Professionals"*, Rachel K. Smith, Services Marketing Quarterly.

* *"The nature of trust in brands: a psychosocial model"*, Richard Elliot, The European Journal of Marketing.

* *"Why trust is important in customer relationships and how to build it"*, Tina Harrison, The Journal of Financial Services Marketing.

* *"Tourist information and pleasure motivation"*, Cees Goossens, The Annals of Tourism Research.

* *https://techjury.net/blog/app-usage-statistics*

* https://es.wikipedia.org/wiki/Condicionamiento-clasico

## MARKETING

* *"Marketing dynamics theory and practice"*. Rajagopal New Delhi: New Age International. (2007).

* *"Integrated Marketing Communications"* Pickton, D.; Broderick, A.; Harlow, Essex, Pearson. (2005).

* *"Contemporary marketing"* Boone, Louis; Kurtz, David Hinsdale, Illinois: Dryden Press. (1974).
* *"Integrated marketing communications: From media channels to digital connectivity"* Mulhern, Frank Journal of Marketing Communications. (2009).

* *"The effects of social media on emotions, brand relationship quality, and word of mouth: An empirical study of music festival attendees".* Hudson, Simon; Roth, Martin S.; Madden, Thomas J.; Hudson, Rupert. Tourism Management. (2015).

* *"Unraveling the Personalization Paradox: The Effect of Information Collection and Trust-Building Strategies on Online Advertisement Effectiveness"* Aguirre, Elizabeth; Mahr, Dominik; Grewal, Dhruv; de Ruyter, Ko; Wetzels, Martin. Journal of Retailing. (2015).

* *"How do motives affect attitudes and behaviors toward internet advertising and Facebook advertising?"* Celebi, Serra Inci.. Computers in Human Behavior. (2015).

* *"Estimating outdoor advertising media visibility with voxel-based approach."* Chmielewski, Sz., Tompalski, P. Applied Geography. (2017).

* *"Analytics Tools & Solutions for Your Business - Google Analytics".* Google Marketing Platform. Retrieved January 9, 2022.

* *"People Analytics: Transforming Management with Behavioral Data".* Lukem Programs for Professionals | MIT Professional Education. (2016).

* *"Understanding consumer database marketing"* Schoenbachler, Denise D.; Gordon, Geoffrey L.; Foley, Dawn; Spellman, Linda. Journal of Consumer Marketing. (1997).

* *"Retailer adoption of the Internet – Implications for retail marketing".* Hart, Cathy; Doherty, Neil; Ellis-Chadwick, Fiona European Journal of Marketing. (2000).

* *"Dynamic Digital Marketing: Master the World of Online and Social Media Marketing to Grow Your Business"* McGruer, Dawn. John Wiley & Sons. (2020).

* *"The evolution of consumer behavior in the digital age"*. Su, Bill *Medium*. (2018).
* *"Consumers trust user-generated content more than traditional advertising"*. Brown, Eileen. *ZDNet*. (2020)

* *"2019 B2B Content Marketing Research: It Pays to Put Audience First"*. Content Marketing Institute. (2018).

* *"How to Use SEO to Build Your Brand"*. Neil Patel. (2016).

* *"Social media marketing and advertising"* Dwivedi, Yogesh K.; Kapoor, Kawaljeet Kaur; Chen, Hsin. (2015).

* *"Increasing brand awareness is main goal for social media strategies"* Insights, Smart. (2020).

* *"Influencer marketing: The impact of disclosing sponsorship compensation justification on sponsored content effectiveness"*. Stubb, Carolina; Nyström, Anna-Greta; Colliander, Jonas. Journal of Communication Management. (2019).

* *"Digital brand content: underlying nature and rationales of a hybrid marketing practice"*. Arrivé, Sandra. Journal of Strategic Marketing. (2021).

* *"Power of consumers using social media: Examining the influences of brand-related user-generated content on Facebook"*. Kim, Angella J.; Johnson, Kim K.P. Computers in Human Behavior. (2016).

* *"Digital marketing technologies and new markets: from embryonic markets to digital marketing"* Correia, Antonia; Kozak, Metin; Fyall, Alan; Gnoth, Juergen. (2016).

* *"Advertising and promotion: An integrated marketing communication perspective"* (9th ed). Belch, E; Belch, A. New York, NY: McGraw-Hill/Irwin. (2012).

* *"Advertising strategy, creativity and media"* Fill, C; Hughes, G; De Franceso, S. London, UK. Pearson. (2013).

* *"Domains of Digital Marketing Channels in the Sharing Economy"*. Key, Thomas Martin. Journal of Marketing Channels. (2017).

* *"A dictionary of social media"* Chandler, Daniel. Munday, Rod., Oxford University Press. (2016).

* *"Social Media Marketing Management: A Conceptual Framework"*. Parsons, Amy L.; Lepkowska-White, Elzbieta. Journal of Internet Commerce. (2018).

* *"The Sharing Economy: Opportunities and Challenges for Marketing Channels and Supply Chains"* Herndon, Neil C. Journal of Marketing Channels. (2017).

* *"Domains of Digital Marketing Channels in the Sharing Economy"*. Thomas, Martin. Journal of Marketing Channels. (2017).

* *"Understanding digital marketing: marketing strategies for engaging the digital generation"* Ryan, Damian; Jones, Calvin. Kogan Page. (2009).

* *"Business strategy and the management of digital marketing" Eric* M. Olson; Kai M. Olson; Andrew J. Czaplewski; Thomas Martin Key. Business Horizons. (2021).

* "*Social Media and Mobile Marketing Strategy*" Priluck, R. Oxford University Press. (2016).

* "*Driving Digital Strategy: A Guide to Reimagining Your Business*" Gupta, S. Harvard Business Review Press. (2018).

* *https://www.statista.com/statistics/264810/number-of-monthly-active-facebook-users-worldwide/*

* *https://www.statista.com/statistics/183585/instagram-number-of-global-users/*

* *https://www.statista.com/statistics/303681/twitter-users-*

* *https://datareportal.com/essential-youtube-*

* *https://CTIA - Wireless Industry*

* *https://Social Media Marketing News | Marketing Dive*

* *https://techjury.net/blog/app-usage-statistics*

ATENCION AL CLIENTE


* *"The Value of Keeping the Right Customers"* Gallo, A. Harvard Business Review Online. (2014).

* *"Customer Service Skills For Success"* Lucas, Robert. New York: McGraw-Hill. (2015).

* *"Service Management Operations, Strategy, Information Technology"* Bordoloi, Sanjeev. New York: McGraw-Hill. (2019).

* *"Customer support services: more than administrative support – it has to be strategic!"* Crittenden, Victoria. European Journal of Marketing. (2020).

* *"10 reasons why AI-powered, automated customer service is the future"*. ibm.com. (2017).

* *"Seven Keys to Building Customer Loyalty--and Company Profits"* Solomon, Micah. (2010).

* *"Customer Satisfaction: A Central Phenomenon in Marketing"*. Kucukosmanoglu, Ahmet Nuri; Sensoy, Ertan. (2010).

* *"The role of cognition and affect in the formation of customer satisfaction: a dynamic perspective."* Homburg, Christian; Nicole Koschate; Wayne D. Hoyer. Journal of Marketing. (2006).

* *"Personal characteristics as moderators of the relationship between customer satisfaction and loyalty—an empirical analysis"* Homburg, Christian; Annette Giering. Psychology & Marketing. (2001)

* *"Fundamentals of Customer-Focused Management: Competing Through Service"* John, Joby. Westport, Conn., Praeger. (2003).

* *"Marketing Services: Competing Through Quality"* Berry, Leonard L.; A. Parasuraman. New York: Free Press. (1991).

* *"Over-time Variation in Customer Satisfaction Scores"* Dawes, J. Stocchi; L., Dall'Olmo-Riley. F. International Journal of Market Research. (2020).

* *"The Effect of Customer Satisfaction on Consumer Spending Growth'* Fornell, C.; R.T. Rust; M.G. Dekimpe. Journal of Marketing Research. (2010).

* *"The evolution and future of national customer satisfaction index models"* Johnson, Michael D.; Anders Gustafssonb; Tor Wallin Andreassenc; Line Lervikc; Jaesung Cha. Journal of Economic Psychology. (2001).

* *"Customer Relationship Management, Emerging Concepts, Tools and Application"*, Edited by Jagsish N Sheth, Atul Parvatiyar and G Shainesh, published by Tata McGraw-Hill Education.

* *"Value managed relationship: The key to customer retention and profitability"* Buchanan, R.; Gilles, C. European Management Journal. (1990).

* *"Managing customer relationships for profit"* Storbacka, K.; Strandvik, T.; Gronroos, C. International Journal of Service Industry Management. (1994)

* *"Marketing: The economics of customer satisfaction"* Carr, Nicholas G. Harvard Business Review. (1999).

* *"Customer satisfaction, productivity, and profitability: Differences between goods and services."* Anderson, Eugene W.; Claes Fornell; Roland T. Rust. Marketing science 16, no. 2. (1997)

* "The Different Roles of Satisfaction, Trust, and Commitment in Customer Relationships" Garbarino, Ellen; Mark S. Johnson. Journal of Marketing. (1999).

* *"The Loyalty Effect"* Reichheld, F. Harvard Business School Press, Boston. (1996).

* *"Zero defection: quality comes to services"*, Reichheld, F.; Sasser, W. Harvard Business Review. (1990).

* *"Breaking the cycle of failure in service"* Schlesinger, L.; Heskett, J. Sloan Management Review. (1991).

* *"Seeking treasure from social media tracking? Follow the customer"* Lester, Aaron. Search Business Analytics. (2013).

## ACERCA DEL AUTOR

### EXPERIENCIA PROFESIONAL

- Bachelor, Administración de Empresas, Major en Marketing, Programa de Extensión Internacional, Universidad Internacional de Florida FIU.
- Diplomado, Advanced Marketing Services, Programa de Extensión, Universidad de California, Berkeley.
- Cofundador y Vicepresidente, GRUPO TELESENTINEL. Organización Multinacional de Seguridad Privada con empresas en Colombia, Brasil y México.
- Asesor Gerencial. Grupo LAARCOM. Organización de Seguridad Electrónica. Quito y Guayaquil, Ecuador.
- Asesor Gerencial. LAAR COURIER. empresa líder en envíos a nivel nacional e internacional. Ecuador.
- Fundador, Director Ejecutivo. CONTROL SOLUCIONES DE SEGURIDAD LTDA, SECURITY COLOMBIA. Organizaciones de Consultoría e Investigaciones. Bogotá, Colombia.
- Fundador, Presidente. CONTROL SISTEMAS INTEGRALES DE SEGURIDAD LTDA. Empresa de comercialización de equipos y monitoria de seguridad privada. Bogotá, Colombia.
- Cofundador y Presidente, MULTIMEDIA LTDA. SOFTWARE Y MEDIOS LTDA. y CONEXIONES DE NEGOCIOS LTDA. Empresas especializadas en e-marketing, diseño y desarrollo de websites y software para internet. Bogotá, Colombia.
- Director Ejecutivo, GLOBAL SECURITY TRAINING ACADEMY LLC.; FLORIDA SECURITY TRAINING ACADEMY & AGENCY LLC. Academias y Agencia de Seguridad Privada. Orlando, Florida.
- Fundador, Director Ejecutivo, WEBCONNECTIONUSA. Organización Consultora en Emprendimiento, Marketing y Administración de Negocios. Orlando, Florida.
- Fundador, Director Ejecutivo, INTERSECURITY CONSULTING LLC. Organización Consultora de Seguridad Privada y Administración Empresarial. Orlando, Florida.
- Fundador, Director Ejecutivo, INTERSESERVICES CONSULTING. Organización Especializada en Consultoría Empresarial. Orlando, Florida.
- Ministro Ordenado, Pastor, Capellán, Vicepresidente, Spanish American International Chaplains Association of Florida. – SAICAF.
- Capellán, Departamento de Policía de la Ciudad de Orlando, Florida.

## EXPERIENCIA DOCENTE

- Conferencista, Criminal Justice Faculty, Everest University, Orlando, Florida.
- Profesor, Criminal Justice Faculty, Florida Technical College, Orlando, Florida.
- Profesor, Criminal Justice and Security Career Institute, Orlando, Florida.
- Director Académico, Programa de Administración de Seguridad Privada, Universidad Sergio Arboleda. Bogotá, Colombia.
- Profesor, Seguridad Privada, Facultad de Administración, Recursos Humanos, Universidad Sergio Arboleda. Bogotá, Colombia.
- Profesor Extracurricular, Facultad de Derecho y Ciencias Políticas, Universidad Nacional de Colombia, Bogotá.

## LIBROS

- Ministerio de Capellania, Coautor, Spanish American International Chaplains Association of Florida - SAICAF (2012)
- Chaplaincy Ministry, Coautor, Spanish American International Chaplains Association of Florida - SAICAF (2014)
- Handguns & Self Defense, InterSecurity Consulting (2021)
- Seguridad Personal y Armas de Fuego Como Último Recurso, InterServices Consulting (2023)
- Emprendimiento y Marketing, WebConnectionUSA, (2023)

Made in the USA
Columbia, SC
05 January 2024

29914871R00222